문해력 완성

중학 어휘 단계 **3**

교재 개발에 도움을 주신 모든 선생님들께 깊이 감사드립니다.

내용 검토진

강혜진 부산	고경은 경기 일산	구민경 대구	권성환 경북 안동	김건용 서울 성북
김광철 광주	김나경 경기 과천	김라희 경기 부천	김민석 경남 창원	김민영 서울
김민희 서울	김슬기 경기 용인	김영대 경기 수원	김예사 제주	김유석 대구 달서
김정욱 용인 수지	김종덕 광주 남구	마 미 경기 화성	문소영 경남 김해	박가연 부산
박세진 서울	박수영 서울 은평	박여진 부산 서구	박윤선 광주 남구	박은정 서울 강동
박현정 서울	박혜선 경북 안동	박호현 대구	백승재 경남 김해	서가영 대치
설고은 경북	신새희 경기 수원	신영수 서울 광진	신혜섭 대전	신혜원 경기 군포
신혜영 부산	안정광 순천, 광양	안혜지 부산	유미정 경기 안양	유진아 대구
윤성은 서울	윤인희 서울	윤희정 충북 청주	이강국 경기 평택	이경원 충북 청주
이기연 강원 원주	이기윤 부산	이동익 전북 전주	이미경 부산	이미옥 경기
이성훈 경기	이수진 경기 광주	이애리 경남 거제	이영지 경기 안양	이윤지 경기 의정부
이지희 서울 강남	이홍진 서울	이흥중 부산 사하	임지혜 경남 거제	장기윤 경북 구미
장정미 서울 강남	장지연 강원 원주	전현주 경남	전혜숙 대전 유성	전희재 경기
정미정 경기 고양	정서은 부산 동래	정세영 베트남 호찌민	정지윤 안양 평촌	정지윤 전북 전주
정필모 서울 서대문	정해연 전남 순천	정혜실 인천 청라	조승연 대전	조아라 부산
조은예 전남 순천	진윤정 서울	채송화 제주	천은경 부산	천정은 세종
최 강 대전	최수연 인천 남동	최홍민 경기 평택	표윤경 서울	하영아 김해, 창원
한광희 세종	한봉교 서울 성북	한신영 충남 당진	허혜지 서울	홍선희 인천 부평
홍현숙 경기 광명	황은영 서울			

디자인 자문단

강수진 전남 목포	강영애 경기 일산	강원국 광주	강혜진 부산	구민경 대구
김경주 순천, 여수	김라희 경기 부천	김민석 경남	김수진 서울 노원	김영웅 충남 천안
김예사 제주	김정욱 용인 수지	김종덕 광주	김희정 부산	박가연 부산
박명현 부산	박세진 서울	박소영 인천 송도	박유경 서울	박윤선 광주
박은정 서울	박종승 경남	박하섬 경남 양산	박혜선 경북 안동	박호현 대구
백승재 경남 김해	서가영 대치	석민지 시흥, 화성	설고은 경북	신경애 대구
신새희 경기 수원	신영수 서울 광진	신혜섭 대전	신혜원 경기 군포	엄현미 서울 동작
이강국 경기 평택	이미경 부산	이미옥 경기 부천	이애리 경남 거제	이여진 동탄
이윤지 경기 의정부	이지은 부산	이지희 대구	이홍진 서울	임부택 대치
장기윤 경북 구미	장연희 대구	전현주 경남	정미정 경기 고양	정해연 전남 순천
조아라 부산	채송화 제주	천은경 부산	최수연 인천	최인우 광주
한광희 세종	한남수 경남 진주	한봉교 서울 성북	허혜지 서울	현세령 동탄
홍석영 서울				

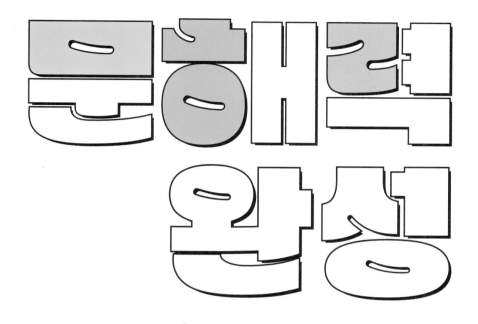

중학 어휘

문해력을 완성하는 어휘, 어떻게 공부할까?

1 문해력이 무엇인가요?

* 문해력은 글을 읽고 이해하는 능력을 말합니다.

* 중요한 정보와 덜 중요한 정보를 구별하면서 글을 읽고, 글의 내용에 대해 비판적으로 자신의 생각을 펼칠 수 있는 능력도 문해력에 포함됩니다.

* 따라서 문해력은 교과서의 내용을 파악하고, 선생님의 수업을 이해하며, 시험 문제를 푸는 등의 모든 과정에 반드시 필요한 학습 능력입니다.

2 문해력의 바탕은 어휘!

* 문해력을 키우려면 글을 많이 읽으면서 어휘를 충분히 익혀야 합니다.

* 학년이 올라갈수록 어휘가 어려워집니다. 어휘의 의미를 모르면 학습 내용을 이해할 수 없고 공부에 흥미를 잃을 수밖에 없습니다.

* 어휘력은 모든 학습의 기초입니다. 어휘를 알아야 독해가 원활하게 이루어질 수 있고, 문제를 잘 풀 수 있으며, 사고력이 튼튼해질 수 있습니다.

3 필요한 어휘를 모두 공부해요!

* 이 교재는 국어 교과서에 수록된 어휘, 시험에 잘 나오는 어휘, 독서에 필요한 어휘, 타 교과 공부에 도움이 되는 어휘 등 중학생이 알아야 할 필수 어휘를 풍부하게 수록하였습니다.

필수 어휘	⇨	교과서에 수록된, 중학생이 필수적으로 알아야 하는 어휘
관용 표현	⇨	주제별 한자 성어, 속담, 관용어
헷갈리기 쉬운 말	⇨	형태가 비슷하여 잘못 사용하기 쉬운 어휘
동음이의어 · 다의어	⇨	형태는 같지만 의미가 다르거나 여러 가지 뜻을 지닌 어휘

4 주제별로 묶어 공부해요!

★ 이 교재는 어휘를 주제별로 묶어 제시함으로써, 어휘의 의미를 보다 효과적으로 기억하고 연관되는 어휘가 무엇인지 확인할 수 있도록 구성하였습니다.

읽기	⇨	• 철학·논리 • 역사·심리 • 사회·경제 • 정치·법률 • 생명 과학 • 지구 과학 • 기술 • 문화·예술
문학	⇨	• 사람의 감정 • 사람의 성격과 생김새 • 사람의 행동 • 인간관계 • 시·공간적 배경 • 상황과 분위기 • 삶의 양상 • 선조들의 생활과 표현
관용 표현, 헷갈리기 쉬운 말	⇨	• 한자 성어 • 속담 • 관용어 • 헷갈리기 쉬운 말 • 동음이의어 • 다의어

5 어휘와 독해를 함께 공부해요!

★ 어휘의 뜻을 외우는 것만으로는 문해력을 키울 수 없습니다. 공부한 어휘를 바탕으로 글의 내용을 바르게 이해할 수 있어야 합니다.

★ 재미있는 지문을 읽고 다양한 유형의 독해 문제를 풀면서 어휘력을 확장하고 문해력을 튼튼하게 키울 수 있도록 구성했습니다.

6 체계적으로 공부해요!

★ 이 교재는 먼저 어휘의 뜻을 익힌 다음, 이를 문장과 짧은 지문에 적용하여 문제를 풀고, 마지막으로 자신의 실력을 점검해 볼 수 있도록 구조화했습니다.

어휘가 쓰인 문장의 맥락 확인하기, 어휘의 뜻풀이 익히기	⇨	사전적 의미 문제 풀기, 문맥적 의미 문제 풀기	⇨
배운 어휘를 적용해 지문을 읽고 독해 문제 풀기	⇨	테스트 문제를 풀면서 어휘를 확실하게 익혔는지 점검하기	

이 책의 구성과 활용법

1 어휘의 의미 익히기

▶ 교과서 필수 어휘, 시험에 잘 나오는 어휘를 모두 모아 정리하였습니다.

▶ '읽기', '문학', '관용 표현, 헷갈리기 쉬운 말' 등 영역별로 구분하였습니다.

▶ 주제별로 어휘를 묶어 제시하여 어휘의 의미를 선명하게 기억하도록 하였습니다.

이렇게 공부하세요!

❶ 예문의 빈칸을 채우며 어휘가 맥락 속에서 어떻게 쓰이는지 확인하기

❷ 어휘의 뜻풀이 살펴보기

❸ 어휘의 뜻풀이를 직접 써 보면서 어휘의 의미를 확실하게 익히기

❹ 어휘 쏙, 유의어, 반의어를 짚어 보며 어휘력 확장하기

2 문해력 기초 다지기

▶ 어휘를 잘 익혔는지 확인할 수 있도록 다양한 유형의 문제를 제시하였습니다.

▶ '사전적 의미'와 '문맥적 의미'의 단계별로 나누어 문제를 구성하였습니다.

▶ 채점 후에 틀린 문제의 어휘는 뜻풀이와 예문을 다시 살펴보세요.

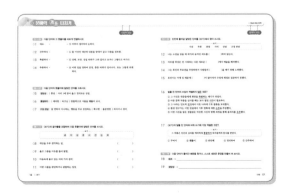

이렇게 공부하세요!

❶ 사전적 의미 ⇨ 어휘의 뜻풀이를 확실하게 이해했는지 확인하기

❷ 문맥적 의미 ⇨ 어휘를 문장의 맥락에 맞게 활용할 수 있는지 점검하기

❸ 어휘가 들어간 예문을 스스로 만들어 보는 활동을 통해 문해력 키우기

③ 문해력 완성하기

▶ 공부한 어휘를 독해에 적용해 봄으로써 문해력을 키울 수 있도록 구성하였습니다.

▶ 중학생이 읽어야 할 재미있는 지문과 다양한 유형의 문제를 제시하였습니다.

▶ 문제를 풀면서 자신의 문해력이 얼마나 향상되었는지 확인하세요.

이렇게 공부하세요!

❶ 지문을 꼼꼼하게 읽고 글의 주제와 문단별 중심 내용 정리하기

❷ 이해한 내용을 바탕으로 스스로 문제 풀어 보기

❸ '창의적 적용' 문제를 풀면서 지문의 핵심 내용과 앞에서 배운 어휘를 연결해 보기

❹ '정답과 해설'을 보면서 틀린 문제 점검하기

④ 어휘력 테스트

▶ 학습이 끝난 후에 자신의 어휘 실력을 점검해 볼 수 있도록 구성하였습니다.

▶ 본문에 제시된 회차에 맞추어 총 28회의 테스트 문제를 제공하였습니다.

▶ 채점 후에 틀린 문제의 어휘는 뜻풀이와 예문을 다시 살펴보세요.

이렇게 공부하세요!

❶ 시간을 정해 두고 문제를 풀어 보기

❷ 채점을 한 다음 몇 문제를 틀렸는지 확인하기

❸ 틀린 문제의 개수에 따라 학습 계획 조정하기

이 책의 차례

I 읽기

Ⅱ 문학

학습 계획표

＊학습 계획을 세우고, 그에 맞추어 꾸준하게 공부하세요.

회차	공부한 날		헷갈리는 어휘, 틀린 문제 메모
01회	월	일	
02회	월	일	
03회	월	일	
04회	월	일	
05회	월	일	
06회	월	일	
07회	월	일	
08회	월	일	
09회	월	일	
10회	월	일	
11회	월	일	
12회	월	일	
13회	월	일	
14회	월	일	
15회	월	일	
16회	월	일	
17회	월	일	
18회	월	일	
19회	월	일	
20회	월	일	
21회	월	일	
22회	월	일	
23회	월	일	
24회	월	일	
25회	월	일	
26회	월	일	
27회	월	일	
28회	월	일	

교재에 사용된 용어 알기

※ 교재에 사용된 용어들입니다. 일상생활에서도 자주 사용되므로 꼭 알아 두세요.

용어	뜻
사전적 의미	어휘가 가지고 있는 가장 중심적이고 기본적인 의미. 사전을 찾았을 때 나오는 의미이므로 사전적 의미라고 함.
문맥적 의미	어휘가 실제 글 속에서 사용될 때 문맥이나 상황에 따라 결정되는 구체적인 의미.
유의어	뜻이 서로 비슷한 말. 예 책 – 서적, 어머니 – 엄마 – 모친
반의어	그 뜻이 서로 정반대되는 관계에 있는 말. 예 남자 – 여자, 넓다 – 좁다
관용 표현	둘 이상의 어휘들이 결합하여 오랫동안 사용되면서 다른 의미로 굳어진 표현. 관용어와 속담, 한자 성어가 있음.
한자 성어	관용적인 뜻으로 굳어 쓰이는 한자로 된 말. 주로 유래가 있거나 교훈을 담고 있음. 예 와신상담(臥薪嘗膽): 불편한 섶에 몸을 눕히고 쓸개를 맛본다는 뜻으로, 원수를 갚거나 마음먹은 일을 이루기 위하여 어려움과 괴로움을 참고 견딤을 비유적으로 이르는 말.
속담	예로부터 민간에 전하여 오는 말로, 오랜 생활 체험에서 얻은 생각과 교훈을 간결하게 나타낸 어구나 문장. 예 선무당이 사람 잡는다: 능력이 없어서 제구실을 못하면서 함부로 하다가 큰일을 저지르게 됨을 비유적으로 이르는 말.
관용어	둘 이상의 단어가 결합해 원래의 의미와는 다른 의미로 사용되는 말. 예 발이 넓다: 사귀어 아는 사람이 많아 활동하는 범위가 넓다.
동음이의어	소리는 같지만 뜻이 다른 단어. 단어들 사이에 의미적 연관성이 없음. 예 배: ❶ 신체 일부 ❷ 교통수단 ❸ 열매
다의어	두 가지 이상의 뜻을 가진 단어. 의미들 사이에 관련성이 있음. 예 손: 1) 사람의 팔목 끝에 달린 부분(중심적 의미) 2) 손가락(주변적 의미)

I

읽기

01회 철학 · 논리

02회 역사 · 심리

03회 사회 · 경제

04회 정치 · 법률

05회 생명 과학

06회 지구 과학

07회 기술

08회 문화 · 예술

◯ 월 ◯ 일

어휘 체크

※ 잘 아는 어휘 ○표! 헷갈리거나 모르는 어휘 ×표! 학습 후 확실하게 이해했으면 ☆표!

고정 관념 ☐☐	간주하다 ☐☐	견지 ☐☐	관점 ☐☐	논증 ☐☐
추론하다 ☐☐	사유 ☐☐	상념 ☐☐	유추 ☐☐	정당성 ☐☐
촉발하다 ☐☐	대조 ☐☐	통찰하다 ☐☐		

고정 관념
固 굳을 고 | 定 정할 정 | 觀 볼 관 | 念 생각할 념

회전문은 기존의 문에 대한 ☐☐☐☐☐ 을 깬 발명품이다.

(뜻 알기) 잘 변하지 아니하는, 행동을 주로 결정하는 확고한 의식이나 생각.

(뜻 써 보기) _____

간주하다
看 볼 간 | 做 지을 주

경찰은 그를 범인으로 ☐☐☐☐ 하여 체포하였다.

(뜻 알기) 상태, 모양, 성질 따위가 그와 같다고 보거나 그렇다고 여기다.

(뜻 써 보기) _____

견지
見 볼 견 | 地 땅 지

예술가의 ☐☐☐☐ 로 보면 하찮은 풀꽃이라도 훌륭한 소재가 된다.

(뜻 알기) 어떤 사물을 판단하거나 관찰하는 입장.

(뜻 써 보기) _____

관점
觀 볼 관 | 點 점찍을 점

신희는 남들과는 다른 ☐☐☐☐ 으로 이 그림을 해석했다.

(뜻 알기) 사물이나 현상을 관찰할 때, 그 사람이 보고 생각하는 태도나 방향 또는 처지.

(뜻 써 보기) _____

(유의어) 시각(視角) 사물을 관찰하고 파악하는 기본적인 자세.

논증
論 논할 논 | 證 증거 증

학문에서는 철저한 ☐☐☐☐ 이 가장 중요하다.

(뜻 알기) 옳고 그름을 이유를 들어 밝힘. 또는 그 근거나 이유.

(뜻 써 보기) _____

추론하다
推 밀 추 | 論 논할 론

고고학자는 유물을 통해 선조들의 생활 방식을 ☐☐☐☐ 한다.

(뜻 알기) 미루어 생각하여 논하다.

(뜻 써 보기) _____

사유
思 생각 사 | 惟 생각할 유

우리의 ＿＿＿＿＿ 는 제한 없이 자유로워야 한다.

(뜻 알기) 대상을 두루 생각하는 일.

(뜻 써 보기) ＿＿＿＿＿＿＿＿＿＿＿＿＿＿＿＿

상념
想 생각 상 | 念 생각 념

유진이는 ＿＿＿＿＿ 을 떨치려고 머리를 세차게 흔들었다.

(뜻 알기) 마음속에 품고 있는 여러 가지 생각.

(뜻 써 보기) ＿＿＿＿＿＿＿＿＿＿＿＿＿＿＿＿

유추
類 무리 유 | 推 밀 추

아현이는 글을 몇 번이고 읽은 뒤에 정답을 ＿＿＿＿＿ 해 냈다.

(뜻 알기) 같은 종류의 것 또는 비슷한 것에 기초하여 다른 사물을 미루어 추측하는 일.

(뜻 써 보기) ＿＿＿＿＿＿＿＿＿＿＿＿＿＿＿＿

정당성
正 바를 정 | 當 마땅 당 | 性 성품 성

피의자는 자신의 행위에 대한 ＿＿＿＿＿ 을 입증하려고 노력했다.

(뜻 알기) 사리*에 맞아 옳고 정의로운 성질.

(뜻 써 보기) ＿＿＿＿＿＿＿＿＿＿＿＿＿＿＿＿

(어휘 쏙) 사리(事理) 일의 이치.

촉발하다
觸 닿을 촉 | 發 필 발

그의 말실수는 친구들 간의 오해를 ＿＿＿＿＿ 하였고 결국 다툼으로 번졌다.

(뜻 알기) 어떤 일을 당하여 감정, 충동 따위가 일어나다. 또는 그렇게 되게 하다.

(뜻 써 보기) ＿＿＿＿＿＿＿＿＿＿＿＿＿＿＿＿

대조
對 대할 대 | 照 비출 조

1) 이 서류의 원본과 사본을 ＿＿＿＿＿ 하였더니 오류가 있음을 발견했다.

(뜻 알기) 둘 이상인 대상의 내용을 맞대어 같고 다름을 검토함.

(뜻 써 보기) ＿＿＿＿＿＿＿＿＿＿＿＿＿＿＿＿

2) 그녀의 강인한 성격은 가녀린 외모와 ＿＿＿＿＿ 를 이룬다.

(뜻 알기) 서로 달라서 대비가 됨.

(뜻 써 보기) ＿＿＿＿＿＿＿＿＿＿＿＿＿＿＿＿

통찰하다
洞 꿰뚫을 통 | 察 살필 찰

수필은 작가의 삶을 ＿＿＿＿＿ 할 수 있는 문학 갈래 중 하나이다.

(뜻 알기) 예리한 관찰력으로 사물을 꿰뚫어 보다.

(뜻 써 보기) ＿＿＿＿＿＿＿＿＿＿＿＿＿＿＿＿

(유의어) 관철(觀徹)하다 사물을 속속들이 꿰뚫어 보다.

01 ~ 04 다음 단어와 그 뜻풀이를 바르게 연결하시오.

01 대조 ·

· ㉠ 미루어 생각하여 논하다.

02 간주하다 ·

· ㉡ 둘 이상인 대상의 내용을 맞대어 같고 다름을 검토함.

03 촉발하다 ·

· ㉢ 상태, 모양, 성질 따위가 그와 같다고 보거나 그렇다고 여기다.

04 추론하다 ·

· ㉣ 어떤 일을 당하여 감정, 충동 따위가 일어나다. 또는 그렇게 되게 하다.

05 ~ 07 다음 단어의 뜻풀이에 알맞은 단어를 고르시오.

05 정당성 : (통념 | 사리)에 맞아 옳고 정의로운 성질.

06 통찰하다 : (예리한 | 타고난) 관찰력으로 사물을 꿰뚫어 보다.

07 고정 관념 : 잘 변하지 아니하는, 행동을 주로 결정하는 (확고한 | 불분명한) 의식이나 생각.

08 ~ 11 〈보기〉의 글자들을 조합하여 다음 뜻풀이에 알맞은 단어를 쓰시오.

> 보기
> 념 지 상 증 사 견 논 유

08 대상을 두루 생각하는 일. ( )

09 옳고 그름을 이유를 들어 밝힘. ( )

10 마음속에 품고 있는 여러 가지 생각. ( )

11 어떤 사물을 판단하거나 관찰하는 입장. ( )

▶ 정답과 해설 32쪽

12 ~ 15 빈칸에 들어갈 알맞은 단어를 〈보기〉에서 찾아 쓰시오.

---- ● 보기 ● ----

사유   추론   관점   사리   상념   고정 관념

12 나는 소설을 읽을 때 작가의 숨겨진 의도를 (   )하며 읽는다.

13 마르셀 뒤샹은 전 시대와는 다른 새로운 (   )에서 예술을 해석했다.

14 그는 흑인의 투표권을 주장하면서 사람들의 (   )을 깨기 위해 노력했다.

15 효민이는 어제 일 때문에 (   )이 많아져서 수업에 제대로 집중하지 못했다.

16 밑줄 친 단어의 쓰임이 적절하지 <u>않은</u> 것은?

① 그 사건은 대중들에게 희망을 <u>촉발</u>하는 계기가 되었다.
② 아동 문학 작품을 심사할 때는 보다 열린 <u>시각</u>이 필요하다.
③ 그 나라는 인도적 <u>견지</u>에서 이웃 나라에 구호 물품을 보내줬다.
④ 환경 연구가는 이번 연설에서 기후 변화에 대한 <u>논증</u>을 주장했다.
⑤ 이번 사건을 맡은 경찰관은 비슷한 사건의 범행 과정을 통해 용의자를 <u>유추</u>했다.

17 〈보기〉의 밑줄 친 단어와 바꿔 쓰기에 가장 적절한 것은?

---- ● 보기 ● ----

그 작품은 인간의 심리를 예리하게 <u>통찰하여</u> 독자들에게 찬사를 받았다.

① 꾸며서   ② 꿰뚫어   ③ 판단해   ④ 정리하여   ⑤ 간주하여

18 ~ 19 다음 단어가 들어간 예문을 찾거나, 스스로 새로운 문장을 만들어 써 보시오.

18 대조 ⇨ _____

19 정당성 ⇨ _____

01~03 다음 글을 읽고 물음에 답하시오.

> 오클랜드 섬과 샌프란시스코를 잇는 금문교에는 17개의 통행료 징수대가 있다. 어느 날 아침, 나는 점심 약속 때문에 다리를 건너기 위해 통행료 징수대들 중 하나로 차를 몰고 다가갔다. 그때 마침 파티나 콘서트라도 열고 있는 것 같은 요란한 음악에 맞춰 징수대 안에서 한 남자가 춤을 추고 있었다. 내가 그에게 뭐하느냐고 묻자 그는 흥겨운 표정으로 파티를 열고 있다고 대답했다.
>
> 몇 달 뒤 나는 그 친구를 다시 발견했다. 그는 통행료 징수대 안에서 음악을 크게 틀어 놓고, 아직도 혼자서 파티 중이었다. 내가 그에게 지금 뭘 하고 있는 거냐고 물었다. 그러자 그가 말했다. "지난번에도 똑같은 걸 물었던 사람이군? 난 아직도 춤을 추고 있소. 파티를 계속 열고 있는 중이오. 다른 사람들이 내 직업을 따분하게 평가하는 걸 난 이해할 수 없소. 난 사방이 유리로 되어 있는 혼자만 쓸 수 있는 사무실을 갖고 있고, 미국 서부의 휴가객 절반이 구경하러 해마다 몰려오는 금문교와 샌프란시스코의 아름다운 경치를 여기서 다 구경할 수 있소. 그러니 난 얼마나 행운이오. 게다가 월급까지 받으며 춤 연습을 하면 되니 말이오."
>
> 처음에는 그를 실없는 사람이라고 간주했으나 그것은 사회적 성공을 중시하는 나의 고정 관념에서 나온 편견이었다. 속물적 관점에서 볼 때 그는 가난한 노동자에 불과하지만 철학적 견지에서 본다면 동양의 현자와 같았다.

> ♥ 문단별 중심 내용
> [1문단] 흥겹게 일하는 징수원을 만난 경험
> [2문단] 다시 만난 징수원을 통해 알게 된 행복한 삶
> [3문단] 속물적인 나의 고정 관념을 반성

01 이 글의 내용 전개 방식으로 가장 적절한 것은?

① 묻고 답하는 방식으로 교훈을 이끌어내고 있다.
② 구체적 경험을 통해 얻은 깨달음을 전달하고 있다.
③ 과거를 회상하면서 갈등의 해소 과정을 보여주고 있다.
④ 문제를 제기하고 다각적으로 해결 방안을 모색하고 있다.
⑤ 비판적 상황을 반어적으로 표현하며 반성을 촉구하고 있다.

02 다음의 뜻풀이를 참고하여 ㉠과 ㉡에 들어갈 알맞은 단어를 이 글에서 찾아 쓰시오.

> ㉠: (   ) ⇒ 사물이나 현상을 관찰할 때, 그 사람이 보고 생각하는 태도나 방향 또는 처지.
> ㉡: (   ) ⇒ 어떤 사물을 판단하거나 관찰하는 입장.

창의적 적용

03 이 글 속 '나'의 고정 관념과 '한 남자'의 삶의 태도를 대조하여 서술하시오.

_____

04~06 다음 글을 읽고 물음에 답하시오.

논증에는 ㉠연역 논증과 ㉡귀납 논증이 있습니다. 연역 ㉢논증은 대전제로부터 소전제를 매개로 하여 대전제의 개념 속에 포함되어 있는 결론을 이끌어 내는 방법으로 ㉣전제가 참이면 결론은 항상 참이 됩니다. ㉮'인간은 죽는다. 이순신은 인간이다. 그러므로 이순신은 죽는다.' 라는 문장에서 '인간이 죽는다'는 것과 '이순신이 인간'인 것이 참이므로 이 논증의 결론은 참입니다.

귀납 논증은 많은 사실들을 관찰하여 보편적인 결론을 ㉤도출해 내는 방법입니다. 그런데 귀납 추론은 전제가 참이어도 결론이 항상 참이 되지는 않습니다. 이는 다음 이야기를 통해 설명하겠습니다.

어느 마을에 똑똑한 칠면조 똑칠이가 있었습니다. 신중한 똑칠이는 하루, 한 주, 한 달 동안 농장에서 주인의 행동을 관찰한 뒤 "아침 9시가 되면 주인은 종을 치고 우리에게 모이를 준다."라는 결론을 내렸습니다. 오랜 관찰 끝에 내린 결론 덕에 똑칠이는 다른 칠면조보다 먼저, 그리고 배부르게 모이를 먹을 수 있었습니다. 어느 날 주인이 오전 9시에 종을 치자 똑칠이는 누구보다 빨리 주인에게 달려갔습니다. 그러나 그 날은 크리스마스 이브로, 가장 먼저 달려간 똑칠이는 슬프게도 목이 잘린 채 만찬 식탁에 오르고 말았습니다.

> ♥ **문단별 중심 내용**
> [1문단] 논증의 갈래와 연역 논증의 방식
> [2문단] 귀납 논증의 방식과 특징
> [3문단] 전제가 참이어도 결론이 참이 되지 않는 귀납 논증의 사례

04 이 글의 대한 이해로 적절하지 <u>않은</u> 것은?

① 연역 논증은 전제가 참이면 결론은 항상 참이다.
② 연역 논증은 전제가 참이 아니어도 결론이 참일 수 있다.
③ 귀납 논증은 전제가 참이어도 결론은 참이 아닐 수도 있다.
④ 많은 사실들을 관찰하여 보편적인 결론을 이끌어냈다면 귀납 추론을 한 것이다.
⑤ 연역 논증에서 '인간은 죽는다'는 전제가 참이면 '이순신은 죽는다'는 결론은 참일 것이다.

05 ㉠~㉤의 뜻풀이로 알맞지 <u>않은</u> 것은?

① ㉠ : 어떤 명제로부터 추론 규칙에 따라 결론을 이끌어 냄.
② ㉡ : 개별적인 특수한 사실이나 원리로부터 일반적이고 보편적인 명제 및 법칙을 유도해 냄.
③ ㉢ : 옳고 그름을 이유를 들어 밝힘. 또는 그 근거나 이유.
④ ㉣ : 추리를 할 때, 결론의 기초가 되는 판단.
⑤ ㉤ : 실제로 경험하지 않은 현상이나 사물에 대하여 마음속으로 그려 봄.

창의적 적용

06 ㉮를 참고하여 〈보기〉의 빈칸을 채워 탐험가의 추론을 완성하시오.

─ 보기 ─

사막을 조사하던 탐험가가 사막 한가운데서 많은 고래 **뼈**를 발견하고는 논리적 추론을 하였다.
"(   ). 이 사막에 고래 **뼈**가 있다. 그러므로 이 사막은 과거에 바다였다."

어휘 체크

※ 잘 아는 어휘 ○표! 헷갈리거나 모르는 어휘 ×표! 학습 후 확실하게 이해했으면 ☆표!

결렬 ☐☐	공감하다 ☐☐	기리다 ☐☐	내력 ☐☐	두둔하다 ☐☐
맹목적 ☐☐	단서 ☐☐	박탈하다 ☐☐	배척하다 ☐☐	자긍심 ☐☐
폄하하다 ☐☐	폐쇄적 ☐☐	회의적 ☐☐		

결렬
決 결단할 결 | 裂 찢을 렬

두 단체는 서로의 입장을 굽히지 않아 교섭이   되었다.

뜻 알기) 교섭이나 회의 따위에서 의견이 합쳐지지 않아 각각 갈라서게 됨.

뜻 써 보기) _____

공감하다
共 한가지 공 | 感 느낄 감

그들은 피해자의 고통에   하였다.

뜻 알기) 남의 감정, 의견, 주장 따위에 대하여 자기도 그렇다고 느끼다.

뜻 써 보기) _____

기리다

삼일절은 애국 열사들의 정신을   는 날이다.

뜻 알기) 뛰어난 업적이나 바람직한 정신, 위대한 사람 따위를 칭찬하고 기억하다.

뜻 써 보기) _____

내력
來 올 내 | 歷 지날 력

1) 할아버지께서는 당신이 살아온   을 글로 쓰셨다.

뜻 알기) 지금까지 지내온 경로나 경력.

뜻 써 보기) _____

2) 내가 고향을 떠난 데에는 나름의   이 있다.

뜻 알기) 일정한 과정을 거치면서 이루어진 까닭.

뜻 써 보기) _____

두둔하다
斗 말 두 | 頓 둔할 둔

부모는 자식을 무조건적으로   해서는 안 된다.

뜻 알기) 편들어 감싸 주거나 역성을 들어 주다.

뜻 써 보기) _____

맹목적
盲 소경 맹 | 目 눈 목
的 과녁 적

영미는 아무 목표도 없이   으로 공부만 했다.

뜻 알기) 주관이나 원칙이 없이 덮어놓고 행동하는. 또는 그런 것.

뜻 써 보기) _____

단서
端 끝 단 | 緒 실마리 서

이 고대 유적은 옛 사람들의 생활을 알 수 있는 중요한 　　　　　이다.

(뜻 알기) 어떤 문제를 해결하는 방향으로 이끌어 가는 일의 첫 부분.

(뜻 써 보기) _____

유의어 실마리 일이나 사건을 풀어 나갈 수 있는 첫머리.

박탈하다
剝 벗길 박 | 奪 빼앗을 탈

부를 부정하게 쌓아 온 공무원의 재산 소유권이 　　　　　되었다.

(뜻 알기) 남의 재물이나 권리, 자격 따위를 빼앗다.

(뜻 써 보기) _____

배척하다
排 밀칠 배 | 斥 물리칠 척

같은 민족끼리도 생각이 달라서 서로를 　　　　　하는 경우가 많다.

(뜻 알기) 따돌리거나 거부하여 밀어 내치다.

(뜻 써 보기) _____

자긍심
自 스스로 자 | 矜 자랑할 긍 | 心 마음 심

자신이 하는 일에 대해 　　　　　을 갖는 것이 좋다.

(뜻 알기) 스스로에게 긍지*를 가지는 마음.

(뜻 써 보기) _____

어휘 쏙 긍지(矜持) 자신의 능력을 믿음으로써 가지는 당당함.

폄하하다
貶 낮출 폄 | 下 아래 하

이번 성과가 좋지 않더라도 그의 노력을 　　　　　해선 안 된다.

(뜻 알기) 가치를 깎아내리다.

(뜻 써 보기) _____

폐쇄적
閉 닫을 폐 | 鎖 쇠사슬 쇄 | 的 과녁 적

그는 　　　　　인 성격 때문에 대인 관계가 좋지 못하다.

(뜻 알기) 외부와 통하거나 교류하지 않는. 또는 그런 것.

(뜻 써 보기) _____

반의어 개방적(開放的) 태도나 생각 따위가 거리낌 없고 열려 있는. 또는 그런 것.

회의적
懷 품을 회 | 疑 의심할 의 | 的 과녁 적

많은 사람들이 그의 성공에 대해 매우 　　　　　이다.

(뜻 알기) 어떤 일에 의심을 품는. 또는 그런 것.

(뜻 써 보기) _____

반의어 낙관적(樂觀的) 인생이나 사물을 밝고 희망적으로 보는. 또는 그런 것.

문해력 기초 다지기

01 ~ 05 다음 뜻풀이에 해당하는 단어를 말상자에서 찾아 표시하시오.

01 스스로에게 긍지를 가지는 마음.

02 어떤 일에 의심을 품는. 또는 그런 것.

03 일정한 과정을 거치면서 이루어진 까닭.

04 주관이나 원칙이 없이 덮어놓고 행동하는. 또는 그런 것.

05 교섭이나 회의 따위에서 의견이 합쳐지지 않아 각각 갈라 서게 됨.

사	결	렬	자	립	심
유	사	성	긍	도	리
내	회	질	심	정	회
력	성	상	응	답	의
온	실	처	맹	목	적

06 ~ 08 다음 단어의 뜻풀이에 알맞은 단어를 고르시오.

06 폄하하다 : 가치를 (깎아내리다 | 끌어올리다).

07 박탈하다 : 남의 재물이나 권리, 자격 따위를 (빼앗다 | 돌려주다).

08 단서 : 어떤 문제를 (도출 | 해결)하는 방향으로 이끌어 가는 일의 첫 부분.

09 ~ 11 제시된 초성을 참고하여 다음 뜻풀이에 알맞은 단어를 쓰시오.

09 편들어 감싸 주거나 역성을 들어 주다.
ㄷ ㄷ ㅎ ㄷ

10 외부와 통하거나 교류하지 않는. 또는 그런 것.
ㅍ ㅅ ㅈ

11 뛰어난 업적이나 바람직한 정신, 위대한 사람 따위를 칭찬하고 기억하다.
ㄱ ㄹ ㄷ

12~14 빈칸에 들어갈 알맞은 단어를 〈보기〉에서 찾아 쓰시오.

● 보기 ●

결렬   내력   폐쇄적   실마리   맹목적

12 그녀는 새로운 지도자를 (   )으로 지지하고 있었다.

13 그가 살아온 (   )을 살펴보면 예술을 향한 집념을 확인할 수 있다.

14 뉴스에서 버스 파업을 두고 노사 협의가 (   )되었다는 소식이 전해졌다.

15 밑줄 친 단어의 쓰임이 적절하지 <u>않은</u> 것은?

① 나는 태현이의 의견에 매우 <u>공감</u>했다.

② 그 선수가 학교 폭력 가해자를 <u>두둔하자</u> 논란이 일어났다.

③ 우리는 수출 목표 달성을 <u>기리기</u> 위해 기념일을 지정했다.

④ 사장님께서는 이번 신제품 광고 전략에 대해 <u>회의적</u>이셨다.

⑤ 친구는 나에게 그녀를 추천하면서 그녀의 능력을 <u>폄하하였다</u>.

16 〈보기〉의 빈칸에 들어갈 단어가 순서대로 바르게 나열된 것은?

● 보기 ●

• 범인을 찾을 때 도움이 될 만한 (   )는 모두 확인해야 한다.
• 외래 문물을 지나치게 (   )하면 고립될 수 있다.

① 인재, 수용   ② 증거, 박탈   ③ 단서, 박탈

④ 단서, 배척   ⑤ 논리, 거절

17~18 다음 단어가 들어간 예문을 찾거나, 스스로 새로운 문장을 만들어 써 보시오.

17 자긍심 ⇨ _____

18 박탈하다 ⇨ _____

01~03 다음 글을 읽고 물음에 답하시오.

　　흥선 대원군은 천주교 탄압을 계기로 발생한 병인양요에서 프랑스군을 물리쳤다. 그 후에 "바다의 ㉠관문을 굳게 지킬 것이며, 외국배는 삼가 통과할 수 없다"라는 비석을 세워 쇄국의 의지를 국내외에 선포하였다. 1868년(고종 6)에 발생한 독일 상인 오페르트가 흥선 대원군의 아버지인 남연군 묘를 도굴한 사건은 서양인에 대한 반감을 더욱 부추겼으며, 1871년(고종 9)에는 1866년에 발생한 제너럴셔먼호 사건을 계기로 미국과의 전쟁인 신미양요가 벌어졌다.

　　신미양요 이후 대원군은 "㉡양이가 침범하는데 싸우지 않으면 화친하는 것이요, 화친을 주장하는 것은 나라를 파는 일이다"라는 척화비를 전국 각지에 세워 서양과의 교류를 폐쇄한다는 의지를 널리 알렸다.

　　흥선 대원군은 서양의 침략을 자신의 정치적 정당성을 확보하는 데 활용하였다. 그는 ㉢맹목적 자문화 우월주의에 빠져 서구 문화를 ㉣폄하하고, 통상을 요구하는 서양 세력을 ㉤배척했다. 쇄국 정책으로 조선은 서양 세력의 침투를 일시적으로 저지하며 국가적 자긍심을 지킬 수 있었지만, 이러한 정책은 급변하는 국제 정세에 대한 객관적 인식이 없이 제대로 대응하지 못하여 조선의 근대화를 가로막았다는 비판을 받았다.

> ♥ **문단별 중심 내용**
> [1문단] 쇄국정책의 원인이 된 병인양요와 신미양요
> [2문단] 서양과의 교류 폐쇄 의지가 담긴 척화비
> [3문단] 대원군의 쇄국 정책에 대한 역사적 평가

01 이 글을 통해 추론하기 어려운 것은?

① 19세기 후반 조선에 서양 세력이 자주 출몰했다.
② 흥선 대원군의 쇄국 정책은 개인적인 원인도 작용했다.
③ 흥선 대원군은 서양의 문화가 조선의 문화보다 열등하다고 생각했다.
④ 흥선 대원군은 서양 세력을 물리침으로써 조선의 국제적 위상을 드높였다.
⑤ 정치적 정당성을 확보하는 행위가 역사적 정당성을 확보하지 못하는 경우도 있다.

02 ㉠~㉤의 뜻풀이로 알맞지 <u>않은</u> 것은?

① ㉠: 국경이나 요새의 성문.　　　　　② ㉡: 서양 오랑캐. 서양 사람을 낮잡아 이르는 말.
③ ㉢: 어떠한 제한이 붙는.　　　　　　④ ㉣: 가치를 깎아내림.
⑤ ㉤: 따돌리거나 거부하여 밀어 내침.

창의적 적용

03 〈보기〉의 밑줄 친 문제를 해결하기 위해 가져야 할 자세를 〈조건〉에 맞게 쓰시오.

> ● 보기 ●
> 우리나라도 다양한 민족이 공존하는 다문화 사회가 되어 편견, 차별 등의 <u>문제</u>가 발생하기도 한다.

> ● 조건 ●
> '자긍심', '배척'이라는 단어를 사용하되, 대구가 이루어지게 문장을 구성할 것.

04~06 다음 글을 읽고 물음에 답하시오.

이 몸이 죽어죽어 일 백번 고쳐 죽어 / 백골이 진토되어 넋이야 있건 없건 / 임 향한 일편단심은 변할 줄이 있으랴.

충신의 대명사처럼 일컬어지는 정몽주가 남긴 고려 왕조에 대한 충성을 다짐하는 시조다. 정몽주는 고려 말의 신진 사대부로, 부패하고 무능한 국가 권력을 개혁하고자 한다는 점에서 당대의 신진 사대부들과 뜻을 같이 했다. 그러나 정도전을 비롯한 일부 세력은 고려 왕조를 부정하고 새로운 왕조를 세우는 것을 주장하자, 정몽주는 이를 반대하다가 끝내 이성계 세력에 의해 죽임을 당한다. 고려 왕조를 향한 정몽주의 충심은 그가 남긴 시조나 역사적 자료를 통해서 오늘날 우러름을 받고 있다.

그러나 정몽주를 기리는 쪽에서는 충신이지만 개혁을 중시하는 입장에서 보자면 정몽주의 태도에 공감하고 두둔하기 어렵다. 고려 말은 원나라의 간섭, 홍건적과 왜구의 침입으로 온 나라가 짓밟혔는데 지배 계층은 이를 해결할 능력이나 의지가 없었다. 이성계를 중심으로 하는 개혁파는 이처럼 무능한 고려 왕조에 회의를 느끼고 새로운 나라의 건설을 꿈꾸었다. 객관적 입장에서 보자면 마른 나뭇가지처럼 시들어가던 나라가 조선 건국 50년 만에 세종 시대의 황금기를 맞이한 것은 개혁의 결과로 이해할 수 있다. 그러므로 정몽주를 개혁파의 입장에서 보면 변화를 거부하는 보수 세력이며, 백성의 삶보다는 왕을 우선하는 비민주주의자라고 비판할 수 있다.

♥ 문단별 중심 내용
[1문단] 정몽주가 남긴 단심가
[2문단] 고려 왕조 충신의 대명사로 일컬어지는 정몽주
[3문단] 개혁파의 입장에서 본 정몽주에 대한 비판

04 이 글의 내용과 일치하지 <u>않는</u> 것은?

① 정몽주는 무능한 국가 권력을 개혁하고자 했다.
② 정몽주는 고려 왕조에 대한 충성심을 시조로 표현했다.
③ 정몽주가 활동하던 시기에 고려는 외세에 시달리고 있었다.
④ 정몽주와 정도전은 신진 사대부로서 끝까지 뜻을 같이 했다.
⑤ 개혁파의 입장에서 보면 정몽주는 변화를 거부하는 세력이었다.

05 다음의 뜻풀이를 참고하여 ㉠과 ㉡에 들어갈 알맞은 단어를 이 글에서 찾아 쓰시오.

㉠ : (   ) ⇒ 남의 주장이나 감정, 생각 따위에 찬성하여 자기도 그렇다고 느낌.
㉡ : (   ) ⇒ 어떤 일에 의심을 품음.

창의적 적용

06 〈보기〉의 주장을 고려 왕조와 개혁파가 어떻게 평가할지 '공감', '폄하'라는 단어를 사용하여 서술하시오.

● 보기 ●
정몽주는 우리 역사에서 가장 의로운 사람이다.

어휘 체크	※ 잘 아는 어휘 ○표! 헷갈리거나 모르는 어휘 ×표! 학습 후 확실하게 이해했으면 ☆표!				
	결손 ☐☐	공공복리 ☐☐	기승 ☐☐	납부하다 ☐☐	다반사 ☐☐
	독점 ☐☐	부채 ☐☐	사회화 ☐☐	세태 ☐☐	시비 ☐☐
	유통 ☐☐	인권 ☐☐	통념 ☐☐		

결손
缺 이지러질 **결** | 損 덜 **손**

동력 장치에 　　　이 생겨 점검이 필요하다.

(뜻 알기) 어느 부분이 없거나 잘못되어서 불완전함.

(뜻 써 보기) _____

공공복리
公 공평할 **공** | 共 함께 **공** | 福 복 **복** | 利 이로울 **리**

국가는 국민의 　　　증진에 힘써야 한다.

(뜻 알기) 사회 구성원 전체에 두루 관계되는 복지.

(뜻 써 보기) _____

기승
氣 기운 **기** | 勝 이길 **승**

1) 명수는 또 친구 험담에 　　　을 부리고 있다.

(뜻 알기) 성미가 억척스럽고 굳세어 좀처럼 굽히지 않음. 또는 그 성미.

(뜻 써 보기) _____

2) 올 여름은 불볕더위가 　　　을 부린다.

(뜻 알기) 기운이나 힘 따위가 성해서 좀처럼 누그러들지 않음. 또는 그 기운이나 힘.

(뜻 써 보기) _____

납부하다
納 들일 **납** | 付 줄 **부**

영현이는 등록금을 　　　하기 위해 은행으로 갔다.

(뜻 알기) 세금이나 공과금 따위를 관계 기관에 내다.

(뜻 써 보기) _____

다반사
茶 차 **다** | 飯 밥 **반** | 事 일 **사**

나는 허둥지둥 대다가 약속에 늦는 일이 　　　이다.

(뜻 알기) 차를 마시고 밥을 먹는 일이라는 뜻으로, 보통 있는 예사로운 일을 이르는 말.

(뜻 써 보기) _____

독점
獨 홀로 **독** | 占 점령할 **점**

대기업이 시장을 　　　하면 기업 간의 공정한 경쟁이 저해된다.

(뜻 알기) 혼자서 모두 차지함.

(뜻 써 보기) _____

부채
負 질 부 | 責/債 빚 채

그는 사업에 실패하고 [   ]에 시달렸다.

(뜻 알기) 남에게 빚을 짐. 또는 그 빚.

(뜻 써 보기) _____

사회화
社 모일 사 | 會 모일 회 | 化 될 화

인간은 서로 다른 환경에서 서로 다른 [   ]를 겪는다.

(뜻 알기) 인간이 사회의 한 성원으로 생활하도록 기성세대*에 동화함. 또는 그런 일.

(뜻 써 보기) _____

(어휘 쏙) 기성세대(旣成世代) 현재 사회를 이끌어 가는 나이가 든 세대.

세태
世 세상 세 | 態 모양 태

예능 프로그램은 [   ]를 풍자하는 내용을 많이 다룬다.

(뜻 알기) 사람들의 일상생활, 풍습 따위에서 보이는 세상의 상태나 형편.

(뜻 써 보기) _____

시비
是 옳을 시 | 非 아닐 비

윤호는 사소한 오해로 친구와 [   ]가 붙었다.

(뜻 알기) 옳음과 그름. 또는 이를 따지는 말다툼.

(뜻 써 보기) _____

유통
流 흐를 유 | 通 통할 통

1) 화폐의 [   ]으로 세금 징수가 쉬워졌다.

(뜻 알기) 화폐나 물품 따위가 세상에서 널리 쓰임.

(뜻 써 보기) _____

2) 상품의 [   ] 단계를 줄여 가격을 낮추었습니다.

(뜻 알기) 상품 따위가 생산자에서 소비자, 수요자에 도달하기까지 여러 단계에서 교환되고 분배되는 활동.

(뜻 써 보기) _____

인권
人 사람 인 | 權 권세 권

넬슨 만델라는 인종 차별에 대항한 [   ] 운동가이다.

(뜻 알기) 인간으로서 당연히 가지는 기본적 권리.

(뜻 써 보기) _____

통념
通 통할 통 | 念 생각 념

지원이는 사회적 [   ]에 굴복하지 않고 자신의 주장을 내세웠다.

(뜻 알기) 일반적으로 널리 통하는 개념.

(뜻 써 보기) _____

(유의어) 통설(通說) 세상에 널리 알려지거나 일반적으로 인정되고 있는 설.

01 ~ 04 다음 단어와 그 뜻풀이를 바르게 연결하시오.

01 납부하다 •

• ㉠ 사회 구성원 전체에 두루 관계되는 복지.

02 세태 •

• ㉡ 세금이나 공과금 따위를 관계 기관에 내다.

03 공공복리 •

• ㉢ 성미가 억척스럽고 굳세어 좀처럼 굽히지 않음. 또는 그 성미.

04 기승 •

• ㉣ 사람들의 일상생활, 풍습 따위에서 보이는 세상의 상태나 형편.

05 ~ 07 다음 단어의 뜻풀이에 알맞은 단어를 고르시오.

05 사회화 : 인간이 사회의 한 성원으로 생활하도록 (기성세대 | 신세대)에 동화함.

06 다반사 : 차를 마시고 밥을 먹는 일이라는 뜻으로, (예사로운 | 특별한) 일을 이르는 말.

07 유통 : 상품 따위가 생산자에서 소비자, 수요자에 도달하기까지 여러 단계에서 교환되고 (통합 | 분배)되는 활동.

08 ~ 11 〈보기〉의 글자들을 조합하여 다음 뜻풀이에 알맞은 단어를 쓰시오.

─── • 보기 • ───

통 채 손 결 념 점 독 부

08 혼자서 모두 차지함. ( )

09 남에게 빚을 짐. 또는 그 빚. ( )

10 일반적으로 널리 통하는 개념. ( )

11 어느 부분이 없거나 잘못되어서 불완전함. ( )

12 ~ 15 빈칸에 들어갈 알맞은 단어를 〈보기〉에서 찾아 쓰시오.

● 보기 ●

통념   다반사   결손   기성세대   유통   시비

12 그 일은 (   )를 가린다고 해결되지 않는다.

13 교통사고로 인해 자동차 엔진에 (   )이 생겼다.

14 미세먼지가 심해져서 마스크 착용이 (   )가 되었다.

15 이번 식중독 문제는 (   ) 과정에서 식품이 실온에 장기간 노출된 것이 원인이었다.

16 밑줄 친 단어의 쓰임이 적절하지 <u>않은</u> 것은?

① 학교 교육은 개인을 <u>사회화</u>하는 중요한 기능을 한다.
② 그 나라는 <u>공공복리</u> 제도가 탄탄해서 노후 걱정 없이 살 수 있다.
③ 그 가게 주인은 지나치게 손님에게 <u>기승</u>을 피워서 모두가 혀를 내둘렀다.
④ 그 회사는 A국에서 수입하는 제품을 <u>독점</u>으로 유통하여 큰 성공을 거두었다.
⑤ 선은이는 인간의 이기심을 비판하며 생태계 보호에 앞장서는 <u>인권</u> 운동가이다.

17 〈보기〉의 밑줄 친 단어와 바꿔 쓰기에 가장 적절한 것은?

● 보기 ●

은수는 납입금을 <u>납부하지</u> 못해 새 아파트로 입주를 못하고 있다.

① 수금하지   ② 수출하지   ③ 지불하지   ④ 징수하지   ⑤ 관리하지

18 ~ 19 다음 단어가 들어간 예문을 찾거나, 스스로 새로운 문장을 만들어 써 보시오.

18 세태 ⇨ _____

19 부채 ⇨ _____

01~03 다음 글을 읽고 물음에 답하시오.

사회 복지 정책은 특정한 사람들의 자유를 제한할 수도 있는 반면, 한편으로 다른 사람들의 자유를 증진시킬 수도 있다.

통념상 사회 복지 정책을 위한 목적으로 국민들에게 강제로 세금을 부과하는 것이 국민들의 재산권 행사의 자유를 저해한다고 볼 수 있다. 그러나 세금을 부과함으로써 특정한 사람이 가지고 있는 사유 재산권 행사의 자유를 부분적으로 줄이는 반면 사회 복지 정책을 통해 공공복리를 증진시켜 다른 사람의 자유를 그만큼 증가시킨다면 사회 전체적으로 볼 때 자유의 총량은 변하지 않는 것이 되어 손해 득실은 없게 된다.

일반적으로 세금으로 마련된 재원은 국방과 사회 복지 정책 등과 같이 주로 공공재적 성격의 재화와 서비스의 형태로 다시 국민들에게 제공된다. 그런데 대부분의 사람들은 이러한 공공재*를 자발적으로 구입하려는 경향이 약하다. 따라서, 어느 정도의 강제적인 방법을 사용하지 않고 순수하게 국민의 자발적인 행위에만 맡겨 둔다면 이러한 공공재는 충분히 제공되지 않는다. 그러므로 사회 복지를 위한 세금은 국민들이 충분한 공공재를 제공받기 위해 자신의 자유를 줄이는 데 합의한 것으로 보는 편이 옳다.

* 공공재: 사람들이 공동으로 사용하는 물건이나 시설로 도로, 공원 등을 이른다.

♥ **문단별 중심 내용**
[1문단] 사회 복지 정책의 양면성
[2문단] 개인 재산권을 저해하지만 공공복리 증진을 위해 필요한 사회 복지 정책
[3문단] 공공재 제공을 위한 국민의 합의로 보아야 하는 사회 복지 세금

01 이 글의 주제로 가장 적절한 것은?

① 사회 복지 정책의 한계　　　　② 사회 복지 정책의 사례
③ 사회 복지 정책의 양면성　　　　④ 사회 복지 정책의 발전 과정
⑤ 사회 복지 정책의 올바른 이해

02 다음의 뜻풀이를 참고하여 ㉠과 ㉡에 들어갈 알맞은 단어를 이 글에서 찾아 쓰시오.

㉠: (　　　　　) ⇒ 사회 구성원 전체에 공통되는 복지나 이익.
㉡: (　　　　　) ⇒ 일반적으로 널리 통하는 개념.

창의적 적용

03 사회 복지 정책을 실시할 때 '자유의 총량'이 줄어들지 않는 이유를 〈조건〉에 맞게 서술하시오.

● 조건 ●
'왜냐하면~ 때문이다.'의 문장 형태를 갖출 것.

04~06 다음 글을 읽고 물음에 답하시오.

중국 고사에 의하면 호랑이에게 잡아먹히는 것보다 세금이 더 무섭다고 한다. 우리나라도 크게 다르지 않다. 설화에 의하면 지금 단양에 있는 도담삼봉은 원래 강원도 정선군에 있던 삼봉산이 홍수 때 떠내려 온 것이라고 한다. 욕심 많은 정선 군수는 도담삼봉이 원래 정선 소유이니 단양 백성들에게 세금을 ㉠납부하라고 ㉡기승을 부렸다. 이에 단양 백성들은 세금을 낼 수 없다고 항의하면서 ㉢시비가 붙었다. 이때 어린 소년이었던 정도전은 "도담삼봉을 우리가 갖고 싶어서 가져 온 것도 아니고 오히려 물길이 막혀 피해를 보니 정선군에서 도로 가지고 가시오." 라고 말하여 시비를 해결했다고 한다.

한편 조선 후기의 탐관오리들은 자신의 이익을 채우기 위해 세금을 ㉣가혹하게 매기기 ㉤다반사였고 이런 세태는 정약용을 비롯한 많은 작가들의 작품에 고스란히 나타난다. 가혹한 세금 징수는 단순히 경제적·금전적 문제로 그치는 것이 아니다. 부패한 탐관오리들의 탐욕으로 인해 결국, 민중의 인권을 침해하는 결과를 가져오기 때문이다.

♥ 문단별 중심 내용
[1문단] 세금과 관련된 도담삼봉 설화
[2문단] 가혹한 세금의 폐해

04 이 글의 내용으로 적절하지 않은 것은?

① 설화에 의하면 도담삼봉은 원래 정선에 있었다.
② 정선 군수는 억지를 부려 세금을 거두려 하였다.
③ 가혹한 세금은 민중의 인권을 침해하는 문제점이 있다.
④ 조선 후기에 가혹한 세금을 비판하는 작품들이 많이 쓰였다.
⑤ 정약용은 호랑이보다 세금이 더 무섭다는 내용의 작품을 썼다.

05 ㉠~㉤의 뜻풀이로 적절하지 않은 것은?

① ㉠ : 세금이나 공과금 따위를 관계 기관에 냄.
② ㉡ : 성미가 억척스럽고 굳세어 좀처럼 굽히지 않음. 또는 그 성미.
③ ㉢ : 옳고 그름을 따지는 말다툼.
④ ㉣ : 몹시 모질고 혹독함.
⑤ ㉤ : 예사롭지 않은 일을 이르는 말.

■ 창의적 적용

06 이 글을 참고하여 다음 작품의 주제를 '기승'과 '세태'라는 단어를 활용하여 서술하시오.

참새야 어디서 오가며 나느냐? / 일 년 농사는 아랑곳하지 않고
늙은 홀아비 혼자 밭 갈고 맸는데 / 밭의 벼와 기장을 모두 없애다니.

– 이제현, 〈사리화〉

공부한 날 ◯ 월 ◯ 일

공청회

公 공평할 공 | 聽 들을 청 | 會 모일 회

정부는 통일 정책에 대한 　　　　　를 열었다.

뜻 알기 국회나 행정 기관에서 일의 관련자에게 의견을 들어 보는 공개적인 모임.

뜻 써 보기 ＿＿＿＿＿＿＿＿＿＿＿＿＿＿

구제하다

救 구원할 구 | 濟 건널 제

정부는 피해를 입은 기업을 　　　　 하였다.

뜻 알기 자연적인 재해나 사회적인 피해를 당하여 어려운 처지에 있는 사람을 도와주다.

뜻 써 보기 ＿＿＿＿＿＿＿＿＿＿＿＿＿＿

궁극적

窮 다할 궁 | 極 지극할 극 | 的 과녁 적

우리 사회의 　　　　　 문제는 물질 만능주의에 지배된 세태에 있다.

뜻 알기 더할 나위 없는 지경에 도달하는. 또는 그런 것.

뜻 써 보기 ＿＿＿＿＿＿＿＿＿＿＿＿＿＿

도용

盜 도둑 도 | 用 쓸 용

유명인의 신분을 　　　　 한 사람이 경찰에 잡혔다.

뜻 알기 남의 물건이나 명의를 몰래 씀.

뜻 써 보기 ＿＿＿＿＿＿＿＿＿＿＿＿＿＿

배상

賠 물어줄 배 | 償 갚을 상

피해자 쪽은 금전적인 　　　　　을 요구했다.

뜻 알기 남의 권리를 침해한 사람이 그 손해를 물어 주는 일.

뜻 써 보기 ＿＿＿＿＿＿＿＿＿＿＿＿＿＿

보편적

普 넓을 보 | 遍 두루 편 | 的 과녁 적

자유와 평등은 우리가 지향해야 할 　　　　　 이념이다.

뜻 알기 모든 것에 두루 미치거나 통하는. 또는 그런 것.

뜻 써 보기 ＿＿＿＿＿＿＿＿＿＿＿＿＿＿

유의어 일반적(一般的) 일부에 한정되지 아니하고 전체에 걸치는. 또는 그런 것.

상쇄
相 서로 상 | 殺 감할 쇄

그의 전화 한 통으로 나의 우울감이 모두 _____ 되었다.

(뜻 알기) 상반되는 것이 서로 영향을 주어 효과가 없어지는 일.

(뜻 써 보기) _____

수렴하다
收 거둘 수 | 斂 거둘 렴

1) 총무는 내일까지 회원들의 회비를 _____ 해야 한다.

(뜻 알기) 돈이나 물건 따위를 거두어들이다.

(뜻 써 보기) _____

2) 정부는 각계의 의견을 _____ 하여 정책을 수립하였다.

(뜻 알기) 의견이나 사상 따위가 여럿으로 나뉘어 있는 것을 하나로 모아 정리하다.

(뜻 써 보기) _____

위계적
位 자리 위 | 階 섬돌 계 | 的 과녁 적

과거 사회는 신분제에 따른 _____ 질서가 뚜렷했다.

(뜻 알기) 위치나 지위의 품계*적인 것.

(뜻 써 보기) _____

(어휘 쏙) 품계(品階) 여러 벼슬자리에 대하여 매기던 등급.

유예
猶 오히려 유 | 豫 미리 예

1) 혜민이는 논문 작성을 위해 이틀의 _____ 를 얻었다.

(뜻 알기) 일을 결행하는 데 날짜나 시간을 미룸. 또는 그런 기간.

(뜻 써 보기) _____

2) 피의자가 집행 _____ 처분을 받자 방청객들은 분노를 표출하였다.

(뜻 알기) 소송 행위를 하거나 그 효력을 발생시키기 위하여 일정한 기간을 둠.

(뜻 써 보기) _____

적법하다
適 알맞을 적 | 法 법 법

이 건물은 _____ 한 절차를 거쳐 세워진 것이다.

(뜻 알기) 법규에 맞다.

(뜻 써 보기) _____

(반의어) 위법(違法)하다 법률이나 명령 따위를 어기다.

청구하다
請 청할 청 | 求 구할 구

김 씨는 그 손님에게 외상값을 _____ 했지만 오늘도 받지 못했다.

(뜻 알기) 남에게 돈이나 물건 따위를 달라고 요구하다.

(뜻 써 보기) _____

침해하다
侵 침노할 침 | 害 해할 해

과거에 시행된 야간 통행금지 제도는 국민의 자유권을 _____ 한 것이다.

(뜻 알기) 침범하여 해를 끼치다.

(뜻 써 보기) _____

01 ~ 05 다음 뜻풀이에 해당하는 단어를 말상자에서 찾아 표시하시오.

01 남에게 돈이나 물건 따위를 달라고 요구함.

02 모든 것에 두루 미치거나 통하는. 또는 그런 것.

03 남의 권리를 침해한 사람이 그 손해를 물어 주는 일.

04 국회나 행정 기관에서 일의 관련자에게 의견을 들어 보는
공개적인 모임.

05 자연적인 재해나 사회적인 피해를 당하여 어려운 처지에
있는 사람을 도와줌.

배	상	감	청	일	보
임	의	정	문	화	편
성	공	청	회	의	적
장	엄	구	체	성	대
신	정	문	제	어	감

06 ~ 08 다음 단어의 뜻풀이에 알맞은 단어를 고르시오.

06 유예 : 일을 결행하는 데 날짜나 시간을 (미룸 | 앞당김).

07 수렴하다 : 돈이나 물건 따위를 (나누어주다 | 거두어들이다).

08 상쇄 : 상반되는 것이 서로 영향을 주어 효과가 (발생하는 | 없어지는) 일.

09 ~ 11 제시된 초성을 참고하여 다음 뜻풀이에 알맞은 단어를 쓰시오.

09 법규에 맞다.   ㅈ ㅂ ㅎ ㄷ

10 남의 물건이나 명의를 몰래 씀.   ㄷ ㅇ

11 더할 나위 없는 지경에 도달하는. 또는 그런 것.   ㄱ ㄱ ㅈ

12 ~ 14 빈칸에 들어갈 알맞은 단어를 〈보기〉에서 찾아 쓰시오.

---- 보기 ----

위계적   상쇄   궁극적   도용   유예

12 나는 이 책이 (   )으로 말하려는 내용이 뭔지 모르겠다.

13 과제 제출 기한이 예정보다 (   )되었다는 소식이 전해졌다.

14 남의 명의를 (   )하여 계좌를 개설하면 1년 이상의 징역에 처한다.

15 밑줄 친 단어의 쓰임이 적절하지 <u>않은</u> 것은?

① 허물없는 친구 사이는 평등하고 <u>위계적</u>이다.
② 에어컨을 구입하기 위해 온 가족의 돈을 <u>수렴</u>했다.
③ 입시 제도 개편에 대한 <u>공청회</u>가 내일 여의도에서 열린다.
④ 노화로 인한 노안 현상은 중년 대부분이 겪는 <u>보편적</u>인 증상이다.
⑤ 정부는 이번 지진으로 피해를 입은 사람들을 <u>구제할</u> 방법을 마련하였다.

16 〈보기〉의 빈칸에 들어갈 단어가 순서대로 바르게 나열된 것은?

---- 보기 ----

• 경찰은 이번에 취한 조치가 (   )하다는 것을 강조했다.
• 의심이 많은 그는 복도에 cctv를 설치해 이웃의 사생활을 (   ) 수준까지 이르렀다.

① 수렴, 감싸는   ② 수렴, 지적하는   ③ 적법, 침해하는
④ 적법, 보호하는   ⑤ 적법, 감싸는

17 ~ 18 다음 단어가 들어간 예문을 찾거나, 스스로 새로운 문장을 만들어 써 보시오.

17 상쇄 ⇨ _____

18 청구하다 ⇨ _____

01~03 다음 글을 읽고 물음에 답하시오.

현대 민주주의는 참여 민주주의의 특징을 지닌다. 참여 민주주의란 일반 시민이 정부의 정책 결정과 집행에 참여하여 행정 기관의 일탈 행동을 감시하는 등 국정에 참여하는 것을 말한다. 참여 민주주의에서는 시민이 투표를 통한 간접적 참여를 넘어 공청회, 청문회 참여, 국민 감사 청구 등 공적 영역에 적극적으로 참여함으로써, 여론의 수용 과정에서부터 각계각층의 다양한 의견이 수렴되도록 노력한다. 이렇게 국가의 정책 결정 과정에 많은 시민들이 참여하여 그들의 의사를 직접 반영시키기 때문에 참여 민주주의는 민주주의의 절차적 정당성과 규범성이 확대되는 장점이 있다. 하지만, 참여 민주주의는 다수의 횡포나 소수의 선동, 자기가 속한 집단만의 이해관계를 관철하려는 이기적인 태도 등으로 인해 국민의 의사를 왜곡할 수 있다.

이와 같은 한계를 극복하는 대안으로는 숙의* 민주주의가 제기된다. 숙의 민주주의는 자유롭고 평등한 시민들의 공적 숙의가 정당한 정치적 의사 결정이나 자치의 핵심 요소라고 전제한다. 이런 생각은, 정치적 정당성은 투표 결과나 다수결 그 자체에 달려 있는 것이 아니라 공적 토론을 통한 이성적인 심사숙고를 통해 시민들이 제한된 지식과 편파적 이해관계의 한계를 극복하여 올바른 결정을 내릴 수 있다고 본다.

* 숙의: 깊이 생각하여 충분히 의논함.

> ♥ **문단별 중심 내용**
> [1문단] 참여 민주주의의 의의와 한계
> [2문단] 참여 민주주의의 대안으로 제시되는 숙의 민주주의 전제와 특징

01 이 글의 서술 방식으로 가장 적절한 것은?

① 다양한 현상을 비교하며 그 원인을 분석하고 있다.
② 서로 다른 견해를 분석하고 그 대안을 제시하고 있다.
③ 대상 간의 차이점을 분석한 뒤 공통점을 이끌어내고 있다.
④ 대상의 개념을 밝히고 다양한 측면에서 차이점을 나열하고 있다.
⑤ 대상의 장단점을 먼저 살핀 뒤 단점을 해소할 대안을 제시하고 있다.

02 다음의 뜻풀이를 참고하여 ㉠과 ㉡에 들어갈 적절한 단어를 이 글에서 찾아 쓰시오.

> ㉠: (   ) ⇒ 국회나 행정 기관에서 일의 관련자에게 의견을 들어 보는 공개적인 모임.
> ㉡: (   ) ⇒ 의견이나 사상 따위가 여럿으로 나뉘어 있는 것을 하나로 모아 정리함.

창의적 적용

03 이 글을 참고하여 참여 민주주의에 대한 장단점을 '수렴'이란 단어를 사용하여 서술하시오.

_____

04~06 다음 글을 읽고 물음에 답하시오.

손해 배상과 손실 보상은 어떤 차이가 있는 것일까? 법률의 규정에 따라 남에게 끼친 손해를 물어 주는 것을 손해 ⊙배상이라고 한다. 현행 민법상 손해 배상을 발생시키는 중요한 원인으로 채무 불이행과 불법 행위가 있다. 예를 들면 집수리를 해 주기로 하고 선금을 받은 업자가 약속을 지키지 않았다면 집 주인은 채무 불이행으로 업자에게 손해 배상을 ⓒ청구할 수 있다. 불법 행위에 대해서는 그로 인한 손해나 권리 ⓒ침해를 화폐 가치로 따져서 손해 배상액을 산정한다. 예를 들어 안전시설을 하지 않은 공사장에서 떨어진 벽돌에 다쳤다면 치료비는 물론 육체적·정신적 고통을 보상하기 위한 위자료도 청구할 수 있다.

한편 공익을 위한 ⓔ적법한 행정 작용으로 개인의 재산권에 특별한 희생이 발생한 경우, 개인은 자신이 입은 재산상 손실을 보상하도록 요구할 수 있는 권리인 공법상 '손실 보상 ⓜ청구권'을 갖는다. 여기서 '특별한 희생'이란 보호할 필요가 있는 재산권에 대한 침해를 이르는 말로, 이로 인한 손실은 국가가 보상해야 한다. 가령 감염병 예방법에 따르면, 행정 기관이 감염병 예방을 위해 의료 기관의 병상이나 연수원, 숙박 시설 등을 동원한 경우 이로 인한 손실을 개인에게 보상하여야 하는데, 이때의 재산권 침해가 특별한 희생에 해당하는 것이다.

♥ 문단별 중심 내용
[1문단] 손해 배상의 개념과 손해 배상 발생 원인과 사례
[2문단] 손실 보상의 발생 원인과 사례

04 이 글에 대한 이해로 적절하지 않은 것은?

① 남에게 손해를 끼치면 법률에 근거해 물어주어야 한다.
② 돈을 빌리고도 갚지 않으면 손해 배상을 청구 당할 수 있다.
③ 채무 불이행과 불법 행위는 손실 보상을 발생시키지 않는다.
④ 주차장에서 공놀이를 하다가 주차된 자동차의 유리창을 깼다면 손해 배상을 해야 한다.
⑤ 정부가 고속 도로를 건설하기 위해 개인 소유의 땅을 수용했다면 손해 배상을 해야 한다.

05 ⊙~ⓜ의 뜻풀이로 알맞지 않은 것은?

① ⊙: 남의 권리를 침해한 사람이 그 손해를 물어 주는 일.
② ⓒ: 상대방에게 일정한 행위나 물품을 요구함.
③ ⓒ: 남의 권리나 재산 따위를 함부로 침범하여 손해를 끼침.
④ ⓔ: 법규에 어긋남.
⑤ ⓜ: 특정인에게 일정한 행위를 요구할 수 있는 권리.

창의적 적용

06 다음 〈조건〉을 참고하여 손해 배상과 손실 보상의 결정적 차이점을 간결하게 서술하시오.

─── ● 조건 ● ───
'불법'과 '적법' 두 단어를 포함하고, 법률상의 차이를 서술할 것.

어휘
체크

※ 잘 아는 어휘 ○표! 헷갈리거나 모르는 어휘 ×표! 학습 후 확실하게 이해했으면 ☆표!

결여 ☐☐	무기물 ☐☐	유기물 ☐☐	배출하다 ☐☐	분비하다 ☐☐
분석하다 ☐☐	약화되다 ☐☐	연명하다 ☐☐	인과 ☐☐	척도 ☐☐
촉진하다 ☐☐	침투하다 ☐☐	활성화 ☐☐		

결여
缺 이지러질 결 | 如 같을 여

기후학자들은 많은 사람들의 환경 문제에 대한 　　　　 된 인식을 우려한다.

(뜻 알기) 마땅히 있어야 할 것이 빠져서 없거나 모자람.

(뜻 써 보기) ＿＿＿＿＿＿＿＿＿＿＿＿＿＿

무기물
無 없을 무 | 機 틀 기 | 物 물건 물

유물론자들은 　　　　　　 에는 생명이 없다고 주장한다.

(뜻 알기) 생명을 지니지 않은 물질을 통틀어 이르는 말. 물, 흙, 공기, 돌, 광물 따위가 있다.

(뜻 써 보기) ＿＿＿＿＿＿＿＿＿＿＿＿＿＿

유기물
有 있을 유 | 機 틀 기 | 物 물건 물

　　　　　　 은 탄소로 이루어졌다는 점에서 무기물과 차이가 있다.

(뜻 알기) 생체를 이루며, 생체 안에서 생명력에 의하여 만들어지는 물질.

(뜻 써 보기) ＿＿＿＿＿＿＿＿＿＿＿＿＿＿

배출하다
排 밀칠 배 | 出 나갈 출

오염 물질을 대기 중으로 　　　　 한 업체가 적발되었다.

(뜻 알기) 안에서 밖으로 밀어 내보내다.

(뜻 써 보기) ＿＿＿＿＿＿＿＿＿＿＿＿＿＿

분비하다
分 나눌 분 | 泌 분비할 비

기온이 올라가면 몸은 체온을 낮추기 위해 땀을 　　　　 한다.

(뜻 알기) 샘세포의 작용에 의하여 만든 액즙을 배출관으로 보내다.

(뜻 써 보기) ＿＿＿＿＿＿＿＿＿＿＿＿＿＿

분석하다
分 나눌 분 | 析 가를 석

의사는 병의 원인부터 철저히 　　　　 하고 환자를 치료해야 한다.

(뜻 알기) 얽혀 있거나 복잡한 것을 풀어서 개별적인 요소나 성질로 나누다.

(뜻 써 보기) ＿＿＿＿＿＿＿＿＿＿＿＿＿＿

약화되다
弱 약할 약 | 化 될 화

스트레스가 지속되면 우리 몸의 면역력이   된다.

(뜻 알기) 세력이나 힘이 약해지다.

(뜻 써 보기) _____

반의어 강화(強化)되다 세력이나 힘이 더 강하고 튼튼해지다.

연명하다
延 끌 연 | 命 목숨 명

그 유기견은 식당 근처를 맴돌며 하루하루를   하고 있었다.

(뜻 알기) 목숨을 겨우 이어 살아가다.

(뜻 써 보기) _____

인과
因 인할 인 | 果 실과 과

많은 동물들이 멸종 위기에 처한 것은 인간과   적인 관계가 있다.

(뜻 알기) 원인과 결과를 아울러 이르는 말.

(뜻 써 보기) _____

척도
尺 자 척 | 度 법도 도

돈을 가치의   로 삼아 생명을 경시해서는 안 된다.

(뜻 알기) 평가하거나 측정할 때 의거할* 기준.

(뜻 써 보기) _____

어휘 쏙 의거(依據)하다 어떤 사실이나 원리 따위에 근거하다.

촉진하다
促 재촉할 촉 | 進 나아갈 진

이 약은 소화를   하는 데에 도움을 준다.

(뜻 알기) 다그쳐 빨리 나아가게 하다.

(뜻 써 보기) _____

침투하다
侵 잠길 침 | 透 사무칠 투

1) 상처에 세균이   하여 염증이 생겼다.

(뜻 알기) 세균이나 병균 따위가 몸속에 들어오다.

(뜻 써 보기) _____

2) 정보의 발달로 유해 매체가 우리 사회에 깊숙이   하였다.

(뜻 알기) 어떤 사상이나 현상, 정책 따위가 깊이 스며들어 퍼지다.

(뜻 써 보기) _____

활성화
活 살 활 | 性 성품 성 | 化 될 화

1) 은진이는 학생 회장이 되어 교내 동아리 활동을   하였다.

(뜻 알기) 사회나 조직 등의 기능이 활발함. 또는 그러한 기능을 활발하게 함.

(뜻 써 보기) _____

2) 유산균 섭취는 장운동을   한다.

(뜻 알기) 생체나 생체 물질이 그 기능을 발휘함. 또는 그런 일.

(뜻 써 보기) _____

01 ~ 04 다음 단어와 그 뜻풀이를 바르게 연결하시오.

01 연명하다 •

• ㉠ 목숨을 겨우 이어 살아가다.

02 배출하다 •

• ㉡ 안에서 밖으로 밀어 내보내다.

03 분석하다 •

• ㉢ 샘세포의 작용에 의하여 만든 액즙을 배출관으로 보내다.

04 분비하다 •

• ㉣ 얽혀 있거나 복잡한 것을 풀어서 개별적인 요소나 성질로 나누다.

05 ~ 07 다음 단어의 뜻풀이에 알맞은 단어를 고르시오.

05 약화되다 : 세력이나 힘이 (강해지다 | 약해지다).

06 척도 : 평가하거나 측정할 때 (의거할 | 배제할) 기준.

07 활성화 : 사회나 조직 등의 기능이 (침체됨 | 활발함).

08 ~ 11 〈보기〉의 글자들을 조합하여 다음 뜻풀이에 알맞은 단어를 쓰시오.

● 보기 ●

투　인　여　진　과　침　결　촉

08 다그쳐 빨리 나아가게 함. （　　　　　）

09 원인과 결과를 아울러 이르는 말. （　　　　　）

10 세균이나 병균 따위가 몸속에 들어오다. （　　　　　）

11 마땅히 있어야 할 것이 빠져서 없거나 모자람. （　　　　　）

▶ 정답과 해설 36쪽

12 ~ 15 빈칸에 들어갈 알맞은 단어를 〈보기〉에서 찾아 쓰시오.

보기
의거   분석   약화   연명   인과   침투   결여

12 그 분은 상태가 위중하여 (   )하는 치료를 받고 계셨다.

13 찢어진 혈관 속으로 (   )한 병균을 백혈구가 소멸시켰다.

14 환절기에는 면역력이 (   )되므로 감기 환자가 많이 발생한다.

15 사람들의 성격 유형을 16가지로 (   )한 심리 검사가 유행이다.

16 밑줄 친 단어의 쓰임이 적절하지 <u>않은</u> 것은?

① 플라스틱 분리 <u>배출</u>은 지구를 지키는 방법 중 하나이다.
② 낚시를 할 때 뾰족한 갈고리와 미끼는 유용한 <u>척도</u>가 된다.
③ 그는 남들보다 사회성이 <u>결여</u>되어 대인 관계가 원활하지 않았다.
④ 동물 중에는 위험에 처하면 몸에서 독소를 <u>분비하는</u> 경우가 있다.
⑤ 물, 흙, 공기 등 <u>무기물</u>을 바탕으로 만들어진 친환경적 인쇄 기술이 주목받고 있다.

17 〈보기〉의 밑줄 친 단어와 바꿔 쓰기에 가장 적절한 것은?

보기
학습 동아리 활동은 우리의 성적 향상을 <u>촉진했다</u>.

① 거부했다   ② 생산했다   ③ 저해했다   ④ 방해했다   ⑤ 도와주었다

18 ~ 19 다음 단어가 들어간 예문을 찾거나, 스스로 새로운 문장을 만들어 써 보시오.

18 인과 ⇨ _____

19 활성화 ⇨ _____

01~03 다음 글을 읽고 물음에 답하시오.

생명체는 다른 말로 생물체 또는 유기체라고도 하며 생물은 살아 있는 모든 것을 일컫는 말로, 유기물로 이루어진 존재를 두루 일컫는다. 그런데 지구의 생명체는 어떻게 탄생했을까?

1953년 시카고 대학 대학원생인 스탠리 밀러는 생물체가 존재하지 않던 고대 지구의 환경에서 최초의 유기 분자가 자연 발생할 수 있음을 실험을 통해 처음으로 증명하였다. 밀러는 초기 지구의 상태를 재현한 실험 기구를 만들었다. 플라스크 안에 수소, 메탄, 암모니아를 채워 넣어 초기 지구의 대기를 모방하는 한편, 물을 끓여 순환시키면서 열에너지를 공급하였고 가스 혼합물에 전기 불꽃을 일으켜 번개를 대신하도록 하였다. 또한 그 아래에는 콘덴서라고 불리는 유리관을 만들었는데 이 관을 찬물로 채워서 냉각시키면 혼합 가스 안의 수증기가 비가 되어 대기 중에 녹아 있던 물질과 함께 떨어져 처음 플라스크로 돌아가는 과정을 계속 반복하였다. 실험이 행해진 지 일주일 정도 후에 밀러는 용액을 분석하여 유기체의 단백질을 구성하는 아미노산을 비롯한 다양한 유기 화합물을 찾아냈다.

밀러의 초기 실험은 원시 지구의 대기에 풍부하게 존재하던 무기물이 강력한 에너지를 흡수하여 단순한 유기물로 전환되고, 이 단순한 유기물이 점차 복잡해져 최초의 생명체가 탄생하였다는 가설을 뒷받침했다.

♥ 문단별 중심 내용

[1문단] 지구의 생명체 탄생에 대한 의문
[2문단] 모의 실험을 통해 유기 분자의 자연 발생을 증명한 밀러
[3문단] 밀러 실험의 과학적 의의

01 이 글의 내용과 일치하지 <u>않는</u> 것은?

① 생명체는 유기물로 이루어진다.
② 초기 지구에는 생명체가 존재하지 않았다.
③ 밀러는 실험에서 실제 번개를 대신할 다른 방법을 사용하였다.
④ 밀러는 실험을 통해 최초의 지구 생명체 탄생을 확인할 수 있었다.
⑤ 밀러의 실험 기구의 플라스크는 초기 지구의 대기 환경을 모방했다.

02 다음의 뜻풀이를 참고하여 ㉠과 ㉡에 알맞은 단어를 이 글에서 찾아 쓰시오.

㉠ : (   ) ⇒ 생명을 지니지 않은 물질을 통틀어 이르는 말.
㉡ : (   ) ⇒ 생체를 이루며 생체 안에서 생명력에 의해 만들어지는 물질.

창의적 적용

03 〈보기〉를 참고하여, 밀러의 실험이 '진화론'과 '창조론'에 어떤 영향을 주었을지 '강화', '약화', '근거'라는 단어를 사용하여 한 문장으로 서술하시오.

● 보기 ●

창조론 : 세상의 모든 물질과 생명체가 신에 의해 창조되었다는 이론
진화론 : 생물의 다양성이나 적응성이 오랜 시간 동안 변화·전개되어 온 과정을 연구하는 학문

다음 글을 읽고 물음에 답하시오.

우리 몸은 외부에서 세균, 바이러스 등 온갖 ㉠이물질들이 계속 침략해 오는 일종의 전쟁터이다. 이런 적들이 침입하면 인체는 두 단계의 방어 ㉡전략을 가동하여 적을 물리치는데, 이것이 면역 체계이다.

침입자가 독성이 약하거나 소규모 게릴라 수준일 때는 1단계 작전으로 충분하다. 이것을 선천성 면역이라고 한다. 게릴라가 인체의 ㉢점막에 침입하면, 침범 당한 세포 근처의 모세혈관 벽에서는 일시적으로 구멍이 뚫리며, 혈액이 나온다. 그러면 혈액 속에 있는 정예병인 백혈구와 대식 세포 등이 게릴라를 섬멸한다. 모기에게 물리면 빨갛게 붓는 것도 모기의 독에 대항하기 위해 혈액이 모이기 때문이다.

침입자가 대규모 병력의 정규군으로 판명되면 인체는 2단계 작전에 돌입한다. 이것은 후천성 면역 체계이다. 인체의 각 사령부에서 ㉣양성한 각종 T세포와 B세포를 활성화한다. 전투 지시를 받은 T세포는 4~7일에 걸쳐 병력을 1만 배로 증강한 뒤 적이 침투한 곳으로 출동하고 B세포들은 면역글로블린이라는 '독극물'을 만들어 화학전을 수행한다. 적군을 ㉤일망타진해 작전이 종료되면 출동했던 T세포와 B세포는 대부분 현장에서 자폭하거나, 극히 일부는 이번 적군의 특징을 기억했다가 다음 번 침입 시 출동을 지시하는 역할을 위해 살아남게 된다.

♥ **문단별 중심 내용**
[1문단] 면역 체계의 개념
[2문단] 선천성 면역 체계의 활성 원리와 과정
[3문단] 후천성 면역 체계의 활성 원리와 과정

04 이 글의 내용 전개 방식으로 가장 적절한 것은?

① 과학적 현상을 비유를 통해 쉽게 설명하고 있다.
② 대상을 설명하는 다양한 이론을 소개하고 있다.
③ 대상의 개념을 명확히 구분하여 체계를 세우고 있다.
④ 주요 두 대상의 내용을 맞대어 같고 다름을 설명하고 있다.
⑤ 복잡한 현상을 다양한 각도로 풀어서 논리적으로 해명하고 있다.

05 ㉠~㉤의 뜻풀이로 알맞지 않은 것은?

① ㉠: 불순한 물질.
② ㉡: 전쟁에서의 승리를 위해 여러 전투를 계획·조직·수행하는 방책.
③ ㉢: 기도와 같은 구조의 속 공간을 덮고 있는 부드럽고 끈끈한 막을 통틀어 이르는 말.
④ ㉣: 사람이나 동식물 따위가 자라서 점점 커짐.
⑤ ㉤: '그물을 한번 쳐서 물고기를 모조리 잡는다.'는 뜻으로, 한꺼번에 죄다 잡는다는 말.

창의적 적용

06 이 글을 참고하여 후천성 면역 체계의 과정을 〈조건〉에 따라 한 문장으로 서술하시오.

━━━━●조건●━━━━
1) 적군 침투 ⇨ 특수전 요원 활성화 ⇨ 일망타진 의 순서로 과정을 설명할 것.
2) '침투', '활성화'란 단어를 사용할 것.

어휘 체크

※ 잘 아는 어휘 ◯표! 헷갈리거나 모르는 어휘 ×표! 학습 후 확실하게 이해했으면 ☆표!

궤도 ☐☐	가시권 ☐☐	규명하다 ☐☐	극한 ☐☐	기하급수적 ☐☐
도출 ☐☐	분화하다 ☐☐	불가피하다 ☐☐	영구적 ☐☐	온난화 ☐☐
유해하다 ☐☐	침식 ☐☐	탐색 ☐☐		

궤도
軌 바퀴 자국 궤 | 道 길 도

1) 사업이 정상 ▭▭▭▭ 에 올라 업무 진행이 순조로워졌다.

(뜻 알기) 일이 발전하는 본격적인 방향과 단계.

(뜻 써 보기) _____

2) 우주선이 달의 ▭▭▭▭ 에 진입하였다.

(뜻 알기) 행성, 혜성, 인공위성 따위가 중력의 영향을 받아 다른 천체의 둘레를 돌면서 그리는 곡선의 길.

(뜻 써 보기) _____

가시권
可 옳을 가 | 視 볼 시 | 圈 우리 권

며칠 전 토성이 탐사선의 ▭▭▭▭ 에 들었다.

(뜻 알기) 눈으로 볼 수 있는 범위.

(뜻 써 보기) _____

규명하다
糾 얽힐 규 | 明 밝을 명

그 학자는 지구가 태양 주위를 돌고 있음을 ▭▭▭▭ 했다.

(뜻 알기) 어떤 사실을 자세히 따져서 바로 밝히다.

(뜻 써 보기) _____

극한
極 다할 극 | 限 한계 한

천왕성은 ▭▭▭▭ 의 온도와 특이한 자전축을 가진 행성이다.

(뜻 알기) 어떤 사물이나 일 따위가 궁극적으로 도달할 수 있는 한계.

(뜻 써 보기) _____

기하급수적
幾 몇 기 | 何 어찌 하 | 級 등급 급 | 數 셈 수 | 的 과녁 적

빅뱅 가설에 의하면 우주는 대폭발로 인해 ▭▭▭▭ 으로 팽창하였다.

(뜻 알기) 증가하는 수나 양이 아주 많은. 또는 그런 것.

(뜻 써 보기) _____

도출
導 이끌 도 | 出 나갈 출

기후학자들은 기후 변화를 늦출 수 있는 방도를 ▭▭▭▭ 하였다.

(뜻 알기) 판단이나 결론 따위를 이끌어 냄.

(뜻 써 보기) _____

분화하다
噴 뿜을 분 | 火 불 화

연구원들은 백두산이 　　　　할 시기가 다가왔다고 예견했다.

(뜻 알기) 화산성 물질이 지구 내부에서 표면으로 방출되다.

(뜻 써 보기) _____

불가피하다
不 아닐 불 | 可 옳을 가 | 避 피할 피

호킹 박사는 인류가 종말을 피하려면 우주 진출이 　　　　　　하다고 말했다.

(뜻 알기) 피할 수 없다.

(뜻 써 보기) _____

영구적
永 길 영 | 久 오랠 구 | 的 과녁 적

모든 별에 수명이 있듯이 지구 또한 　　　　　으로 존재할 수 없다.

(뜻 알기) 오래도록 변하지 아니하는. 또는 그런 것.

(뜻 써 보기) _____

온난화
溫 따뜻할 온 | 暖 따뜻할 난 | 化 될 화

지구 　　　　　가 지속되면 해수면이 상승하여 많은 섬들이 잠길 것이다.

(뜻 알기) 지구의 기온이 높아지는 현상.

(뜻 써 보기) _____

유해하다
有 있을 유 | 害 해할 해

화산이 폭발하면서 섬 전체가 　　　　　한 가스와 화산재로 뒤덮였다.

(뜻 알기) 해로움이 있다.

(뜻 써 보기) _____

(반의어) 무해(無害)하다 해로움이 없다.

침식
侵 잠길 침 | 蝕 좀먹을 식

이 절벽은 파도의 　　　　　으로 만들어진 자연물이다.

(뜻 알기) 비, 하천, 빙하, 바람 따위의 자연 현상이 지표를 깎는 일.

(뜻 써 보기) _____

(반의어) 퇴적(堆積) 암석의 파편이나 생물의 유해(遺骸) 따위가 물이나 빙하, 바람 따위의 작용으로 운반되어 일정한 곳에 쌓이는 일.

탐색
探 찾을 탐 | 索 찾을 색

화성 탐사 로봇은 생명체의 흔적을 찾기 위해 화성 표면을 　　　　　하였다.

(뜻 알기) 드러나지 않은 사물이나 현상 따위를 찾아내거나 밝히기 위하여 살피어 찾음.

(뜻 써 보기) _____

01 ~ 04 다음 단어와 그 뜻풀이를 바르게 연결하시오.

01 가시권 •

• ㉠ 피할 수 없다.

02 영구적 •

• ㉡ 눈으로 볼 수 있는 범위.

03 불가피하다 •

• ㉢ 오래도록 변하지 아니하는. 또는 그런 것.

04 규명하다 •

• ㉣ 어떤 사실을 자세히 따져서 바로 밝히다.

05 ~ 07 다음 단어의 뜻풀이에 알맞은 단어를 고르시오.

05 온난화 : 지구의 (기온 | 습도)이/가 높아지는 현상.

06 기하급수적 : 증가하는 수나 양이 아주 (적은 | 많은). 또는 그런 것.

07 침식 : 비, 하천, 빙하, 바람 따위의 자연 현상이 지표를 (쌓는 | 깎는) 일.

08 ~ 11 〈보기〉의 글자들을 조합하여 다음 뜻풀이에 알맞은 단어를 쓰시오.

─────● 보기 ●─────

도　한　탐　출　극　도　색　궤

08 판단이나 결론 따위를 이끌어 냄. (　　　　　)

09 어떤 사물이나 일 따위가 궁극적으로 도달할 수 있는 한계. (　　　　　)

10 드러나지 않은 사물이나 현상 따위를 찾아내거나 밝히기 위하여 살피어 찾음. (　　　　　)

11 행성, 혜성, 인공위성 따위가 중력의 영향을 받아 다른 천체의 둘레를 돌면서 그리는 곡선의 길.

(　　　　　)

12 ~ 15 빈칸에 들어갈 알맞은 단어를 〈보기〉에서 찾아 쓰시오.

── 보기 ──

유해   불가피   분화   도출   기하급수적   영구적

12 하와이에서 38년 만에 화산이 (   )하였다.

13 치아가 많이 썩은 상태라 치료가 (   )하다.

14 이번 실험에서 예상치 못한 결과가 (   )되었다.

15 도심에서 비둘기의 개체 수가 (   )으로 늘어났다.

16 밑줄 친 단어의 쓰임이 적절하지 <u>않은</u> 것은?

① 나는 어제 여유롭게 책을 읽으며 <u>극한</u>의 시간을 보냈다.
② 중금속을 포함한 미세먼지는 호흡기에 매우 <u>유해</u>하다고 밝혀졌다.
③ 이번 여행에서 우리는 <u>침식</u> 작용으로 생긴 아름다운 동굴을 구경했다.
④ 진영이는 이번 방학 때 자신의 진로를 <u>탐색</u>하는 시간을 가지기로 했다.
⑤ 지구 <u>온난화</u>로 인해 북극의 빙하가 감소하여 북극곰의 개체 수가 줄어들었다.

17 문맥상 〈보기〉의 밑줄 친 단어와 유의 관계인 것은?

── 보기 ──

경찰은 이번 사건의 진상을 <u>규명하는</u> 기자회견을 열었다.

① 다하는   ② 밝히는   ③ 수렴하는   ④ 몰아내는   ⑤ 주장하는

18 ~ 19 다음 단어가 들어간 예문을 찾거나, 스스로 새로운 문장을 만들어 써 보시오.

18 궤도 ⇨ _____

19 가시권 ⇨ _____

01~03 다음 글을 읽고 물음에 답하시오.

SF 영화를 보면 지구를 침공하는 외계인이 자주 등장한다. 그 외계인들은 자신들이 살던 별이 여러 가지 사연으로 살기 어려워지자 지구를 자신의 식민지로 삼고자 한다는 설정이다. 그런데 이와 같은 상황은 단지 상상에 그치는 것이 아니다. 먼 미래이기는 하지만 우리도 SF 영화 속의 외계인처럼 다른 별을 찾아야 할 불가피한 상황이 온다.

태양의 나이는 이제 46억 살로 청년기를 맞고 있으며 앞으로 30억 년 동안 태양의 직경은 13% 커지고 밝기가 33% 높아질 것이다. 태양의 밝기가 10%만 높아져도 지구의 강물은 모두 말라버리는 극한 상황이 될 것으로 과학자들은 내다보고 있다. 앞으로 6억 년 뒤의 일이다. 그 이전에 지구는 생명이 살 수 없는 별이 될 것이다. 그래서 과학자들은 우리가 이주할 별을 탐색해 왔다.

과학자들이 실현 가능성이 있는 별로 주목한 것은 목성의 위성인 유로파(Europa)이다. 유로파의 표면은 얼음으로 덮여 있다. 그리고 유로파의 고체 표면 몇 킬로미터 아래에 물로 된 커다란 바다가 존재하고 지구의 바다와 같이 생태계가 존재할 가능성도 제기되었다. 게다가 산소로 이루어져 있는 엷은 대기권도 가지고 있다. 유로파는 달보다 약간 작아 만족스럽지는 않지만 미래에 태양이 커지면 따뜻해지면서 유로파의 얼음이 녹아 물이 풍부할 것이며 대기에 산소도 더 많아져 미래의 인류가 생존을 이어갈 수 있을 지도 모른다.

♥ **문단별 중심 내용**
[1문단] 생존을 위해 다른 행성을 찾아야 하는 미래의 인류
[2문단] 태양의 팽창으로 인류의 생존이 불가능해지는 미래의 지구
[3문단] 미래 인류가 이주할 행성으로 주목받는 유로파

01 이 글의 내용과 일치하지 <u>않는</u> 것은?

① 태양은 미래 인류의 멸망 원인이 될 수 있다.
② 태양이 나이를 더 먹으면 현재보다 더 커질 것이다.
③ 현재의 유로파에서는 인류가 생존하기에 적합하지 않다.
④ 지구인이 유로파를 식민지로 삼는 SF 영화가 만들어졌다.
⑤ 과학자들은 6억 년 뒤에 강물이 말라버릴 것으로 예측하고 있다.

02 다음의 뜻풀이를 참고하여 ㉠과 ㉡에 들어갈 알맞은 단어를 이 글에서 찾아 쓰시오.

㉠ : (   ) ⇒ 어떤 사물이나 일 따위가 궁극적으로 도달할 수 있는 한계.
㉡ : (   ) ⇒ 드러나지 않은 사물이나 현상 따위를 찾아내거나 밝히기 위하여 살피어 찾음.

창의적 적용

03 이 글의 내용을 '불가피하다'라는 단어를 활용하여 〈조건〉에 맞게 한 문장으로 서술하시오.

◆ 조건 ◆

| 미래의 상황 | ⇒ | 피할 수 없는 선택 |의 순서로 작성할 것.

04~06 다음 글을 읽고 물음에 답하시오.

에스토니아와 덴마크 등 일부 국가는 '소 방귀세' 법안을 도입했다. 뉴질랜드는 '소 트림세'를 도입할 예정이라고 한다. 농담처럼 들리는 이 세금은 가축의 주인에게 부과되는 것으로 실제로 지구 온난화를 완화시키기 위해 심각한 고민 끝에 ㉠도출된 것들이다.

지구 온난화의 원인이 메탄 가스로 ㉡규명된 것은 널리 알려진 사실이다. 메탄 가스는 이산화 탄소보다 11배나 강한 온실가스로, 농장 가축들이 자동차보다 40%나 많은 온실가스를 배출한다는 UN(국제 연합)의 발표 자료도 있다. 또한 이들 가축의 배설물에서 발생하는 암모니아 가스, 메탄, 황화 수소, 이산화 탄소 등 많은 양의 유해한 오염 물질은 지구 온난화뿐 아니라 산성비 생성과 오존층 파괴 등의 환경 문제까지 일으키고 있다. 게다가 가축을 키우기 위해 ㉢삼림을 목초지로 만들면서 이산화 탄소의 ㉣농도가 높아지고, 사료용 곡물 재배에 쓰이는 화학 비료를 생산하면서 엄청난 석유를 소비하게 된다. 그리고 가축 운송, 육류 유통 과정에도 많은 연료를 소비하는 등 육류가 우리 식탁에 오르기까지 온난화 발생 물질이 ㉤기하급수적으로 늘어난다.

'방귀세'를 도입하려는 우리의 결정을 후손들은 어떻게 평가할까? 환경을 지키려는 처절한 노력으로 여길지도 모르지만 ㉮지구 온난화를 걱정하면서도 육식을 줄이지 않는 어리석음을 비판할 수도 있다.

♥ 문단별 중심 내용
[1문단] 지구 온난화 완화를 위한 '소 방귀세'와 '소 트림세'
[2문단] 육류의 생산과 소비 과정에서 발생하는 오염 물질과 온실가스
[3문단] '방귀세' 도입에 대한 반성적 성찰

04 이 글을 통해 알 수 <u>없는</u> 것은?

① '방귀세'와 '트림세'는 가축의 주인에게 부과되는 세금이다.
② 농장의 가축들은 자동차보다 더 많은 온실가스를 배출한다.
③ 목축 사업은 산성비 생성과 오존층 파괴의 환경 오염를 발생시킨다.
④ 가축의 방귀와 트림에서 이산화 탄소보다 40% 더 강한 온실가스가 나온다.
⑤ 소고기가 식탁에 오르기까지 지구 온난화와 관련된 환경 파괴 물질이 많이 배출된다.

05 ㉠~㉤의 뜻풀이로 알맞지 <u>않은</u> 것은?

① ㉠ : 판단이나 결론 따위를 이끌어 냄.   ② ㉡ : 어떤 사실을 자세히 따져서 바로 밝힘.
③ ㉢ : 들 가까이의 나지막한 산.   ④ ㉣ : 어떤 성질이나 성분이 깃들어 있는 정도.
⑤ ㉤ : 증가하는 수나 양이 아주 많은 것.

창의적 적용

06 ㉮의 관점에서 '방귀세'에 대한 생각을 〈조건〉에 맞게 서술하시오.

─── 조건 ───
'유해하다', '근본적', '임시방편'의 표현을 활용할 것.

기술

공부한 날 ◯ 월 ◯ 일

어휘 체크 ※ 잘 아는 어휘 ○표! 헷갈리거나 모르는 어휘 ×표! 학습 후 확실하게 이해했으면 ☆표!

균일하다 ☐☐	고갈 ☐☐	구축 ☐☐	동력원 ☐☐	명료하다 ☐☐
모호하다 ☐☐	방출하다 ☐☐	식별 ☐☐	원동력 ☐☐	인위적 ☐☐
제동 장치 ☐☐	제어 ☐☐	출력 ☐☐		

균일하다
均 고를 균 | ─ 한 일

이 기계는 강하고 ⬚⬚⬚⬚⬚ 한 힘을 가해 오렌지의 즙을 짜낸다.

(뜻 알기) 한결같이 고르다.

(뜻 써 보기) _____

고갈
枯 마를 고 | 渴 목마를 갈

미래에는 석유 에너지의 ⬚⬚⬚⬚⬚ 로 전기 자동차가 우세할 것이다.

(뜻 알기) 어떤 일의 바탕이 되는 돈이나 물자, 소재, 인력 따위가 다하여 없어짐.

(뜻 써 보기) _____

구축
構 얽을 구 | 築 쌓을 축

1) 시에서는 시민들이 여가 시간을 보낼 문화 공간을 ⬚⬚⬚⬚⬚ 했다.

(뜻 알기) 어떤 시설물을 쌓아 올려 만듦.

(뜻 써 보기) _____

2) 회사 내 개인 정보를 보호하기 위해 보안 시스템을 ⬚⬚⬚⬚⬚ 했다.

(뜻 알기) 체제, 체계 따위의 기초를 닦아 세움.

(뜻 써 보기) _____

동력원
動 움직일 동 | 力 힘 력 | 原 근원 원

미래의 지구를 위해 친환경 ⬚⬚⬚⬚⬚ 을 사용해야 한다.

(뜻 알기) 수력, 전력, 화력, 원자력, 풍력 따위와 같이 동력의 근원이 되는 에너지.

(뜻 써 보기) _____

명료하다
明 밝을 명 | 瞭 밝을 료

논설문은 필자가 주장하는 바를 ⬚⬚⬚⬚⬚ 하게 드러내는 글이다.

(뜻 알기) 뚜렷하고 분명하다.

(뜻 써 보기) _____

모호하다
模 본뜰 모 | 糊 풀칠할 호

이 제품 설명서는 설명이 ⬚⬚⬚⬚⬚ 하여 이해하기 어렵다.

(뜻 알기) 말이나 태도가 흐리터분하여 분명하지 않다.

(뜻 써 보기) _____

방출하다
放 놓을 방 | 出 나갈 출

태양광 발전기는 태양이   하는 빛으로 에너지를 생산한다.

(뜻 알기) 입자나 전자기파의 형태로 에너지를 내보내다.

(뜻 써 보기) _____

식별
識 알 식 | 別 다를 별

이 그림은 인공 지능이 그린 것인지 아닌지   하기가 어렵다.

(뜻 알기) 분별*하여 알아봄.

(뜻 써 보기) _____

(어휘 쏙) 분별(分別)하다 서로 다른 일이나 사물을 구별하여 가르다.

원동력
原 근원 원 | 動 움직일 동 | 力 힘 력

자동차 엔진은 자동차를 달리게 하는   이 된다.

(뜻 알기) 어떤 움직임의 근본이 되는 힘.

(뜻 써 보기) _____

인위적
人 사람 인 | 爲 할 위 | 的 과녁 적

그 호수는   으로 만들어진 인공 호수이다.

(뜻 알기) 자연의 힘이 아닌 사람의 힘으로 이루어지는. 또는 그런 것.

(뜻 써 보기) _____

(반의어) 자연적(自然的) 자연 그대로의 모습을 지닌 것.

제동 장치
制 절제할 제 | 動 움직일 동 | 裝 꾸밀 장 | 置 둘 치

새 차를 산 유민이는   가 잘 작동하는지 확인하였다.

(뜻 알기) 기차 · 전차 · 자동차 따위의 차량이나 기계 장치의 운전 속도를 조절하고 제어하기 위한 장치.

(뜻 써 보기) _____

제어
制 절제할 제 | 御 거느릴 어

1) 놀이공원에 사람이 많아 아이들을   하기 어려웠다.

(뜻 알기) 상대편을 억눌러서 제 마음대로 다룸.

(뜻 써 보기) _____

2) 자전거 브레이크가   되지 않아 사고가 발생하였다.

(뜻 알기) 기계나 설비 또는 화학 반응 따위가 목적에 알맞은 작용을 하도록 조절함.

(뜻 써 보기) _____

출력
出 나갈 출 | 力 힘 력

자동차 엔진   이 저하되어 정비소에 방문하였다.

(뜻 알기) 엔진, 전동기, 발전기 따위가 외부에 공급하는 기계적 · 전기적 힘.

(뜻 써 보기) _____

사전적 의미

01 ~ 05 다음 뜻풀이에 해당하는 단어를 말상자에서 찾아 표시하시오.

01 분별하여 알아봄.

02 어떤 움직임의 근본이 되는 힘.

03 체제, 체계 따위의 기초를 닦아 세움.

04 자연의 힘이 아닌 사람의 힘으로 이루어지는. 또는 그런 것.

05 어떤 일의 바탕이 되는 돈이나 물자, 소재, 인력 따위가 다하여 없어짐.

인	성	각	구	원	태
작	위	축	자	동	외
무	인	적	중	력	어
의	지	연	고	갈	피
식	별	희	충	구	차

06 ~ 08 다음 단어의 뜻풀이에 알맞은 단어를 고르시오.

06 **방출하다** : 입자나 전자기파의 형태로 에너지를 (흡수하다 | 내보내다).

07 **출력** : 엔진, 전동기, 발전기 따위가 (외부 | 내부)에 공급하는 기계적·전기적 힘.

08 **제동 장치** : 기차·전차·자동차 따위의 차량이나 기계 장치의 운전 속도를 (증폭 | 제어)하기 위한 장치.

09 ~ 11 제시된 초성을 참고하여 다음 뜻풀이에 알맞은 단어를 쓰시오.

09 뚜렷하고 분명하다.

ㅁ ㄹ ㅎ ㄷ

10 수력, 전력, 화력, 원자력, 풍력 따위와 같이 동력의 근원이 되는 에너지.

ㄷ ㄹ ㅇ

11 기계나 설비 또는 화학 반응 따위가 목적에 알맞은 작용을 하도록 조절함.

ㅈ ㅇ

12 ~ 14 빈칸에 들어갈 알맞은 단어를 〈보기〉에서 찾아 쓰시오.

> ● 보기 ●
>
> 구축   식별   자연적   명료   방출

12 공장은 공기 중으로 많은 이산화 탄소를 (   )한다.

13 수영이는 이번 사건에 대한 자신의 입장을 (   )하게 밝혔다.

14 A시에서는 지구를 보호하기 위해 친환경 빗물 정화 시설을 (   )했다.

15 밑줄 친 단어의 쓰임이 적절하지 <u>않은</u> 것은?

① 경쟁은 나에게 있어서 성적 향상의 <u>원동력</u>이다.
② 도자기의 두께를 <u>균일</u>하게 만드는 것은 어려운 일이다.
③ 우리 집 강아지가 오늘따라 <u>출력</u>이 부족한지 누워만 있었다.
④ 아버지께서는 자동차의 <u>제동</u> 장치에 이상이 생겼다고 말씀하셨다.
⑤ 예술 산업 발전을 위한 문화 예술 단체의 기금 <u>고갈</u> 문제가 심각하다.

16 〈보기〉의 빈칸에 들어갈 단어가 순서대로 바르게 나열된 것은?

> ● 보기 ●
>
> • 진영이는 일관성이 없고 (   ) 태도를 취해서 비난을 받았다.
> • 우리 반 반장은 친구들을 강압적으로 (   )하여 통솔하였다.

① 확고한, 제어   ② 모호한, 제어   ③ 분명한, 호응
④ 모호한, 배려   ⑤ 확고한, 고려

17 ~ 18 다음 단어가 들어간 예문을 찾거나, 스스로 새로운 문장을 만들어 써 보시오.

17 동력원 ⇨ _____

18 인위적 ⇨ _____

01~03 다음 글을 읽고 물음에 답하시오.

열차가 운행하는 선로는 일정한 간격으로 구간이 설정되어 있다. 이를 폐색 구간이라고 하는데, 안전을 위해 이 구간에는 한 대의 열차만 운행하도록 한다. 폐색 구간에서 열차를 신속하고 안전하게 운행하는 데 도움을 주는 대표적인 안전 장치로 자동 폐색 장치와 자동 열차 정지 장치가 있다.

자동 폐색 장치는 폐색 구간의 시작과 끝 지점에 신호를 설치하고 열차 위치에 따라 이 신호를 자동으로 제어하는 장치이다. 폐색 구간에 열차가 있을 때에는 정지 신호인 적색등이 켜지고, 열차가 없을 때는 진행 신호인 녹색등이 켜진다. 뒤따르는 열차는 이 신호를 통해 다음 폐색 구간에 열차가 있는지 여부를 확인하고 속도를 제어하여 열차 사고를 예방할 수 있다.

그런데 날씨가 좋지 않거나, 기관사에게 문제가 생겨 신호를 식별하지 못하는 경우 폐색 구간에 잘못 진입하여 앞차와 부딪칠 수 있다. 이를 방지하기 위한 장치가 자동 열차 정지 장치이다. 이 장치는 선로 위의 지상장치와 열차 내의 차상장치로 구성되어 열차가 지상장치를 통과할 때, 앞 열차와의 간격에 따라 정지 또는 진행 신호를 차상장치에 보낸다. 만약 지상장치에서 보낸 정지 신호에 따라 차상장치에 적색등이 켜지고 정지벨이 5초 이상 울렸는데도 열차의 속도가 줄어들지 않으면, 자동 열차 정지 장치는 이를 위기 상황으로 판단하고 제동 장치에 비상 제동을 명령하여 열차를 멈추게 함으로써 충돌 사고를 예방해 준다.

> ♥ **문단별 중심 내용**
> [1문단] 열차의 안전 운행을 위한 안전 장치인 자동 폐색 장치와 자동 열차 정지 장치
> [2문단] 자동 폐색 장치의 작동 원리와 과정
> [3문단] 자동 열차 정지 장치의 작동 원리와 과정

01 이 글의 내용과 일치하지 <u>않는</u> 것은?

① 폐색 구간에는 두 대의 열차가 다니면 안 된다.
② 폐색 구간에 열차가 없어도 자동 폐색 장치가 작동한다.
③ 자동 열차 정지 장치는 폐색 구간을 안전하게 운행하는 데 도움을 준다.
④ 폐색 구간에 두 대의 열차가 있으면 자동적으로 비상 제동 장치가 작동한다.
⑤ 폐색 구간에 적색등이 켜졌는데도 열차가 진입하면 자동 열차 정지 장치가 작동한다.

02 다음의 뜻풀이를 참고하여 ㉠과 ㉡에 알맞은 단어를 이 글에서 찾아 쓰시오.

> ㉠: (   ) ⇒ 기계나 설비 또는 화학 반응 따위가 목적에 알맞은 작용을 하도록 조절함.
> ㉡: (   ) ⇒ 분별하여 알아봄.

창의적 적용

03 폐색 구간 안전 운행을 위한 원리를 〈보기〉의 화물 승강기 안전 운행에 적용하여 서술하시오.

> • 보기 •
> 실수로 화물 승강기에 적재 중량을 넘게 싣더라도 사고가 나지 않도록 설비해야 한다.

04~06 다음 글을 읽고 물음에 답하시오.

산업 혁명 이후 석탄이나 석유 등 화석 연료가 ㉠동력원으로 사용되면서 대기 중 온실가스의 농도가 증가했다. 그 결과로 지구 자체가 온실과도 같은 상태가 되어서 지구의 기온이 상승하게 되었다. 산업 활동을 비롯한 인간의 여러 가지 활동으로 인해 생기는 온실가스의 배출량은 1970년 대비 2004년에 약 70%가 증가하였으며, 이중 이산화 탄소 배출량은 같은 기간에 약 80% 증가하였다.

그런데 기후 변화는 인위적으로 만들어진 결과가 아니라 복잡한 자연계 현상의 산물이라는 주장도 있다. 지구의 기후는 순환 과정을 반복하면서 변화하고 제어되어 왔다는 것이다. 과거 100만 년 동안의 기온 변동을 보면, 약 10만 년을 주기로 온난기와 ㉡한랭기가 반복되었다. 마지막 빙하기는 1만 2천 년 전에 종료되었고, 지금의 간빙기는 2만 8천 년 정도 더 지속되다가 1만 5천 년쯤 뒤에 다음 빙하기가 ㉢도래할 것이라는 예측이 있다. 이러한 이유에서 현재의 지구 온난화는 인위적인 온실가스의 배출 때문에 나타난 것이 아니라, 간빙기에 발생할 수 있는 자연 현상의 하나로 볼 수 있는 것이다.

지구 온난화의 원인이 온실가스 때문인지 자연계의 현상인지는 아직까지는 ㉣모호하다. 다만 자연계의 현상은 인위적으로 제어할 수 없지만 인간이 할 수 있는 온실가스 배출을 억제해야 한다는 것만은 ㉤명료하다.

♥ **문단별 중심 내용**
[1문단] 지구 온난화 요인으로 꼽히는 인위적 온실가스
[2문단] 지구 온난화 요인으로 보는 자연적 기후 순환 이론
[3문단] 온실가스 감축을 위한 노력의 필요성

04 이 글의 내용과 일치하지 <u>않는</u> 것은?

① 지구 온난화가 진행되는 현재는 간빙기이다.
② 산업 혁명 이전에는 온실가스 배출이 심각하지 않았다.
③ 온실가스는 지구 온난화를 일으킨다는 오해를 받아왔다.
④ 이산화 탄소가 지구 온난화를 가져오는 대표적인 온실가스다.
⑤ 이론에 따르면 지구는 약 4만 3천 년 후에는 빙하기를 맞을 것이다.

05 ㉠~㉤의 뜻풀이로 알맞지 <u>않은</u> 것은?

① ㉠ : 수력, 전력, 화력, 원자력, 풍력 따위와 같이 동력의 근원이 되는 에너지.
② ㉡ : 기후가 추워지고 온도가 내려가는 시기.
③ ㉢ : 어떤 시기나 기회가 닥쳐옴.
④ ㉣ : 말이나 태도가 흐리터분하여 분명하지 않다.
⑤ ㉤ : 일을 꾀할 때 내세우는 구실이나 이유 따위가 있다.

▎창의적 적용

06 이 글과 〈보기〉 속 관점의 공통점을 '인위적'이란 단어를 사용하여 서술하시오.

◆ 보기 ◆

책임 윤리 : 생태계와 미래 세대를 고려하여 인간의 행위에 대한 책임을 강조하는 윤리적 관점.

어휘 체크

※ 잘 아는 어휘 ○표! 헷갈리거나 모르는 어휘 ×표! 학습 후 확실하게 이해했으면 ☆표!

걸작 ☐☐	대중성 ☐☐	문외한 ☐☐	변주 ☐☐	수려하다 ☐☐
역동적 ☐☐	전율 ☐☐	절묘하다 ☐☐	조형물 ☐☐	중첩 ☐☐
현란하다 ☐☐	형상화 ☐☐	혹평 ☐☐		

걸작
傑 뛰어날 걸 | 作 지을 작

그는 소장한 작품 중 　　　　　만을 모아 무료 전시회를 열었다.

(뜻 알기) 매우 훌륭한 작품.

(뜻 써 보기) _____

대중성
大 큰 대 | 衆 무리 중 | 性 성품 성

　　　　　이 결여된 작품은 사람들의 이목을 끌기 힘들다.

(뜻 알기) 일반 대중이 친숙하게 느끼고 즐기며 좋아할 수 있는 성질.

(뜻 써 보기) _____

문외한
門 문 문 | 外 바깥 외 | 漢 한나라 한

나는 예술에 　　　　　이라 이 그림을 이해할 수 없다.

(뜻 알기) 어떤 일에 전문적인 지식이 없는 사람.

(뜻 써 보기) _____

변주
變 변할 변 | 奏 아뢸 주

이 시는 각 연의 내용을 　　　　　하여 시상을 심화하고 있다.

(뜻 알기) 어떤 주제를 바탕으로, 소재·형태·방식 따위를 변형하여 표현함.

(뜻 써 보기) _____

수려하다
秀 빼어날 수 | 麗 고울 려

그 소설은 　　　　　한 문체와 흥미진진한 이야기로 인기를 끌었다.

(뜻 알기) 빼어나게 아름답다.

(뜻 써 보기) _____

역동적
力 힘 역 | 動 움직일 동 | 的 과녁 적

이 조각상은 인간의 　　　　　인 몸짓을 표현한 작품이다.

(뜻 알기) 힘차고 활발하게 움직이는. 또한 그런 것.

(뜻 써 보기) _____

(반의어) 정적(靜的) 정지 상태에 있는. 또한 그런 것

전율
戰 싸울 전 | 慄 떨릴 율

바이올린 연주가 절정에 이르자 나는 온몸에 　　　　을 느꼈다.

(뜻 알기) 몸이 떨릴 정도로 감격스러움을 비유적으로 이르는 말.

(뜻 써 보기) ＿＿＿＿＿＿＿＿＿＿＿＿＿＿＿＿＿＿

절묘하다
絕 끊을 절 | 妙 묘할 묘

그 사진작가는 　　　　　 한 순간을 포착하는 재능이 있다.

(뜻 알기) 비할 데가 없을 만큼 아주 묘하다.

(뜻 써 보기) ＿＿＿＿＿＿＿＿＿＿＿＿＿＿＿＿＿＿

(유의어) 공교(工巧)하다 생각지 않았거나 뜻하지 않았던 사실이나 사건과 우연히 마주치는 것이 매우 기이하다.

조형물
造 지을 조 | 形 모양 형 |
物 물건 물

미술관 앞에는 아기자기한 　　　　　 들이 설치되어 있었다.

(뜻 알기) 여러 가지 재료를 이용하여 구체적인 형태나 형상으로 만든 물체.

(뜻 써 보기) ＿＿＿＿＿＿＿＿＿＿＿＿＿＿＿＿＿＿

중첩
重 무거울 중 | 疊 겹쳐질 첩

이 강당에서는 악기의 음향이 　　　　 되어 음악 감상을 하기 어렵다.

(뜻 알기) 둘 이상의 것이 거듭해서 겹쳐짐.

(뜻 써 보기) ＿＿＿＿＿＿＿＿＿＿＿＿＿＿＿＿＿＿

(유의어) 중복(重複) 거듭하거나 겹침.

현란하다
絢 무늬 현 | 爛 빛날 란

성하는 　　　　 한 연주로 관객들을 매료시켰다.

(뜻 알기) 시나 글 따위에 아름다운 수식이 많아서 문체가 화려하다.

(뜻 써 보기) ＿＿＿＿＿＿＿＿＿＿＿＿＿＿＿＿＿＿

형상화
形 모양 형 | 象 코끼리 상 |
化 될 화

이 영화는 전쟁으로 고통받던 민중의 삶을 치밀하게 　　　　　 하였다.

(뜻 알기) 형체로는 분명히 나타나 있지 않은 것을 어떤 방법이나 매체를 통하여 구체적이고 명확한 형상으로 나타냄.

(뜻 써 보기) ＿＿＿＿＿＿＿＿＿＿＿＿＿＿＿＿＿＿

혹평
酷 심할 혹 | 評 평할 평

그의 초기작들은 평론가들로부터 수많은 　　　　　 을 받았다.

(뜻 알기) 가혹하게 비평함.

(뜻 써 보기) ＿＿＿＿＿＿＿＿＿＿＿＿＿＿＿＿＿＿

(반의어) 찬평(贊評) 칭찬하여 비평함.

01 ~ 05 다음 뜻풀이에 해당하는 단어를 말상자에서 찾아 표시하시오.

01 가혹하게 비평함.

02 둘 이상의 것이 거듭해서 겹쳐짐.

03 힘차고 활발하게 움직이는. 또한 그런 것.

04 몸이 떨릴 정도로 감격스러움을 비유적으로 이르는 말.

05 일반 대중이 친숙하게 느끼고 즐기며 좋아할 수 있는 성질.

상	극	연	역	전	법
오	명	진	동	향	율
대	중	성	적	표	규
장	수	첩	자	리	가
혼	영	농	잔	혹	평

06 ~ 08 다음 단어의 뜻풀이에 알맞은 단어를 고르시오.

06 문외한 : 어떤 일에 (전문적인 | 일반적인) 지식이 없는 사람.

07 변주 : 어떤 주제를 바탕으로, 소재·형태·방식 따위를 (유지 | 변형)하여 표현함.

08 조형물 : 여러 가지 재료를 이용하여 (구체적인 | 추상적인) 형태나 형상으로 만든 물체.

09 ~ 11 제시된 초성을 참고하여 다음 뜻풀이에 알맞은 단어를 쓰시오.

09 매우 훌륭한 작품. ㄱ ㅈ

10 비할 데가 없을 만큼 아주 묘하다. ㅈ ㅁ ㅎ ㄷ

11 형체로는 분명히 나타나 있지 않은 것을 어떤 방법이나 매체를 통하여 구체적이고 명확한 형상으로 나타냄. ㅎ ㅅ ㅎ

12 ~ 14 빈칸에 들어갈 알맞은 단어를 〈보기〉에서 찾아 쓰시오.

━━━━━━━━● 보기 ●━━━━━━━━

대중성　　찬평　　형상화　　조형물　　수식　　역동적

12 이 도시는 주력 산업이 살아나면서 (　　　　　　)으로 성장하고 있다.

13 이 소설은 읽기 쉽고 누구나 공감할 수 있는 (　　　　　　)이 뛰어난 작품이다.

14 큰 빌딩 앞에는 법에 따라 반드시 규모에 맞는 (　　　　　　)을 설치해야 한다.

15 밑줄 친 단어의 쓰임이 적절하지 <u>않은</u> 것은?

① 유명 소설가가 10년 만에 완성한 그 소설은 그야말로 <u>걸작</u>이었다.
② 많은 관객들은 그 영화의 연출이 기발하고 흥미롭다며 <u>혹평</u>을 했다.
③ 최근 유행하는 드라마들은 대부분 같은 주제이고 구성만 조금 <u>변주</u>한 것이다.
④ 제가 그 분야는 <u>문외한</u>이라서 이해가 어려운데 설명을 좀 더 쉽게 해주실 수 있을까요?
⑤ 오늘 볼 연극은 극한의 상황에서 느끼는 인간의 심리와 갈등을 <u>절묘하게</u> 표현한 작품이다.

16 〈보기〉의 빈칸에 들어갈 단어가 순서대로 바르게 나열된 것은?

━━━━━━━━● 보기 ●━━━━━━━━

• 그 가수는 (　　　　　　) 용모를 갖추고 실력도 뛰어나 10대에게 인기가 많다.
• 기사문은 (　　　　　　) 문장과 불필요한 미사여구보다 진실되고 정확한 내용이 중요하다.

① 평범한, 현란한　　　　　② 애매한, 초라한　　　　　③ 수려한, 담백한
④ 수려한, 현란한　　　　　⑤ 명확한, 소박한

17 ~ 18 다음 단어가 들어간 예문을 찾거나, 스스로 새로운 문장을 만들어 써 보시오.

17 전율 ⇨ _____

18 중첩 ⇨ _____

01~03 다음 글을 읽고 물음에 답하시오.

1993년 미국의 레코드 가게들마다 모차르트 음반이 동이 났다. 미국의 캘리포니아 대학교 프란세스 라우셔 박사가 모차르트의 〈두 대의 피아노를 위한 소나타 D장조〉를 들은 대학생들이 공간추리력 테스트에서 더 높은 점수를 획득했다는 연구 결과를 발표했기 때문이다. 이후 모차르트 음악이 정서적 안정과 스트레스 해소, 집중력 향상에 도움을 주고 사람들이나 태아의 뇌의 지적 활동을 촉진시켜 준다고 알려졌는데 이러한 현상을 '모차르트 효과'라 한다.

모차르트 음악은 베토벤처럼 서사시 같은 역동성도 없고 쇼팽처럼 현란하지도 않다. 교회 성가처럼 장엄하지도 않고 록 음악처럼 몸을 흔들게 하지도 않는다. 모차르트 음악의 힘은 순수함과 단순함에 있다. 모차르트의 천재성은 그의 불행한 삶을 우아하고 수려한 음악으로 변주했다는 데에 있다.

한편에서는 모차르트 효과에 대한 반론을 제기하였다. 모차르트 음악이 뇌에 영향을 미치는 메커니즘이 밝혀지지 않았기 때문이다. 일부 심리학자들은 모차르트 효과는 정서적 각성일 따름이라고 일축한다.

모차르트 효과가 과학적 근거가 있는지는 알 수 없다. 그래도 성적이 안 올라 마음이 불안하고 집중력이 떨어진다면 모차르트 음악을 들어보자. 음악을 듣다가 잠이 든다고 해도 충분한 휴식을 취할 수 있으니 이 또한 모차르트 효과가 아닐까.

♥ 문단별 중심 내용
[1문단] 뇌의 지적 활동을 촉진시켜준다는 모차르트 효과
[2문단] 모차르트 음악의 특징
[3문단] 모차르트 효과에 대한 반론
[4문단] 모차르트 효과의 기대와 작용

01 이 글의 내용에 대한 설명으로 적절하지 <u>않은</u> 것은?

① 다른 대상과의 차이점을 밝히고 있다.
② 현상에 대한 부정적 의견이 제시되어 있다.
③ 현상에 대한 글쓴이의 견해가 제시되어 있다.
④ 현상에 대한 반론도 정서적 효과는 인정하고 있다.
⑤ 현상의 반대론과 달리 찬성론에는 전문가의 견해가 제시되어 있다.

02 다음의 뜻풀이를 참고하여 ㉠과 ㉡에 들어갈 알맞은 단어를 이 글에서 찾아 쓰시오.

㉠ : (   ) ⇒ 시나 글 따위에 아름다운 수식이 많아서 문체가 화려하다.
㉡ : (   ) ⇒ 빼어나게 아름답다.

창의적 적용

03 〈보기〉를 참고하여 '모차르트 효과'를 지지하는 입장을 한 문장으로 쓰시오.

● 보기 ●

플라세보 효과 : 환자에게 가짜 약을 투여해도 환자가 나을 것이라는 믿음 때문에 병이 낫는 현상

▶ 정답과 해설 39쪽

04~06 다음 글을 읽고 물음에 답하시오.

> 미술에 문외한인 사람들도 피카소라는 화가의 이름은 잘 안다. 대중성과 작품성을 동시에 획득한 피카소에게 보통 '천재'라는 수식어를 붙이지만 피카소는 대단한 노력가였다.
>
> 처음에는 혹평을 받았지만 피카소를 천재의 반열에 올려놓은 걸작으로 〈아비뇽의 여인들〉이라는 작품을 꼽는다. 피카소는 사물을 원기둥과 구로 보았던 폴 세잔, 원근법과 명암법을 무시한 야수파, 아프리카 미술에 관심을 두었던 앙리 마티스 등의 영향을 골고루 받아 이 작품을 완성했다. 피카소는 작품을 위해 다른 작가들의 장점을 적극 수용하는 노력을 마다하지 않았다.
>
> 피카소의 작품에는 많고 다양한 습작들이 존재한다. 스페인 내란을 주제로 전쟁의 비극성을 표현한 〈게르니카〉가 전시된 미술관에는 완성작 옆에 등장인물의 배치나 인물 하나하나의 표정, 색깔과 구도를 다르게 표현한 습작들이 전시되어 있다. 스케치부터 미완의 중간 단계의 그림, 완성 단계에 이르는 과정을 보면 그가 화가로서 보여준 노력에 전율을 느낄 정도이다.
>
> 피카소는 그림에 대한 노력을 이렇게 말했다. "모든 인간은 잠재력을 가지고 있다. 평범한 사람은 사소한 일에 그 힘을 낭비한다. 나는 그것을 그림에 사용한다. 그림을 위해 나머지 모든 것을 포기한다."

♥ 문단별 중심 내용
[1문단] 노력형 천재인 화가 피카소
[2문단] 다른 화가들의 장점을 수용하는 노력을 보여준 피카소
[3문단] 수많은 습작을 통해 작품을 완성한 피카소
[4문단] 자신이 노력하는 화가임을 밝히는 피카소

04 이 글의 내용으로 적절하지 <u>않은</u> 것은?

① 〈아비뇽의 여인들〉은 처음에 혹평을 받았다.
② 피카소는 대중성과 작품성을 모두 가진 화가다.
③ 〈게르니카〉는 전쟁의 비극성을 표현한 작품이다.
④ 피카소는 다른 화가들의 장점을 적극적으로 수용하였다.
⑤ 피카소의 작품에는 미완의 중간 단계에 그친 작품들이 많다.

05 다음의 뜻풀이를 참고하여 ㉠과 ㉡에 들어갈 알맞은 단어를 이 글에서 찾아 쓰시오.

┌───┐
│ ㉠ : (   ) ⇒ 어떤 일에 전문적인 지식이 없는 사람.
│ ㉡ : (   ) ⇒ 몸이 떨릴 정도로 감격스러움을 비유적으로 이르는 말.
└───┘

창의적 적용

06 이 글에서 피카소가 천재가 되기까지 한 일 두 가지를 〈조건〉에 맞게 서술하시오.

┌──────────────── 조건 ────────────────┐
│ 1) '노력'과 '걸작'이라는 단어를 사용할 것.
│ 2) '~ 때문에 ~ 수 있었다.'의 형식으로 서술할 것.
└──────────────────────────────────────┘

II

문학

어휘 체크

※ 잘 아는 어휘 ○표! 헷갈리거나 모르는 어휘 ×표! 학습 후 확실하게 이해했으면 ☆표!

감개무량 ☐☐	기색 ☐☐	망연자실 ☐☐	미심쩍다 ☐☐	부아 ☐☐
비탄 ☐☐	애간장 ☐☐	애수 ☐☐	조급하다 ☐☐	조바심 ☐☐
허심탄회 ☐☐	헛헛하다 ☐☐	황망하다 ☐☐		

감개무량

感 느낄 감 | 慨 슬퍼할 개 |
無 없을 무 | 量 헤아릴 량

세준이는 그토록 바라던 꿈을 이루게 되어 _____ 하였다.

(뜻 알기) 마음속에서 느끼는 감동이나 느낌이 끝이 없음. 또는 그 감동이나 느낌.

(뜻 써 보기) _____

기색

氣 기운 기 | 色 빛 색

1) 채현이는 강아지를 보고 두려워하는 _____ 을 보였다.

(뜻 알기) 마음의 작용으로 얼굴에 드러나는 빛.

(뜻 써 보기) _____

2) 예진이는 해가 중천에 떴는데도 일어날 _____ 을 보이지 않는다.

(뜻 알기) 어떠한 행동이나 현상 따위가 일어나는 것을 짐작할 수 있게 하여 주는 눈치나 낌새.

(뜻 써 보기) _____

망연자실

茫 아득할 망 | 然 그러할 연 |
自 스스로 자 | 失 잃을 실

이재민들은 태풍으로 무너진 집을 보며 _____ 하였다.

(뜻 알기) 멍하니 정신을 잃음.

(뜻 써 보기) _____

미심쩍다

未 아닐 미 | 審 살필 심

문제를 풀다가 _____ 은 부분이 있다면 질문을 통해 확인해야 한다.

(뜻 알기) 분명하지 못하여 마음이 놓이지 않는 데가 있다.

(뜻 써 보기) _____

(유의어) 꺼림칙하다 마음에 걸려서 언짢고 싫은 느낌이 있다.

부아

지수는 _____ 가 치미는 것을 참지 못해 주먹을 꽉 쥐었다.

(뜻 알기) 노엽거나 분한 마음.

(뜻 써 보기) _____

비탄

悲 슬플 비 | 歎 탄식할 탄

유명 가수가 불의의 사고로 사망하자 많은 사람들이 _____ 에 빠졌다.

(뜻 알기) 몹시 슬퍼하면서 탄식함. 또는 그 탄식.

(뜻 써 보기) _____

애간장

애 | 肝 간 간 | 腸 창자 장

동생이 늦도록 돌아오지 않자 온 식구들이 ⎵⎵⎵⎵ 을 태웠다.

(뜻 알기) '애*'를 강조하여 이르는 말.

(뜻 써 보기) ⎵⎵⎵⎵⎵⎵⎵⎵⎵⎵⎵⎵⎵⎵⎵⎵

(어휘 쏙) 애 초조한 마음속.

애수

哀 슬플 애 | 愁 근심 수

그의 노랫소리는 사람들에게 ⎵⎵⎵⎵ 를 자아낸다.

(뜻 알기) 마음을 서글프게 하는 슬픈 시름.

(뜻 써 보기) ⎵⎵⎵⎵⎵⎵⎵⎵⎵⎵⎵⎵⎵⎵⎵⎵

조급하다

躁 조급할 조 | 急 급할 급

양원이는 마감 시간이 다가오자 ⎵⎵⎵⎵ 한 마음이 들었다.

(뜻 알기) 참을성이 없이 몹시 급하다.

(뜻 써 보기) ⎵⎵⎵⎵⎵⎵⎵⎵⎵⎵⎵⎵⎵⎵⎵⎵

(반의어) 느긋하다 마음에 흡족하여 여유가 있고 넉넉하다.

조바심

수홍이는 차가 막히자 비행기를 놓칠까봐 ⎵⎵⎵⎵ 을 냈다.

(뜻 알기) 조마조마하여 마음을 졸임. 또는 그렇게 졸이는 마음.

(뜻 써 보기) ⎵⎵⎵⎵⎵⎵⎵⎵⎵⎵⎵⎵⎵⎵⎵⎵

허심탄회

虛 빌 허 | 心 마음 심 |
坦 평평할 탄 | 懷 품을 회

오랜만에 만난 우리는 그동안의 이야기를 ⎵⎵⎵⎵ 하게 나누었다.

(뜻 알기) 품은 생각을 터놓고 말할 만큼 아무 거리낌이 없고 솔직함.

(뜻 써 보기) ⎵⎵⎵⎵⎵⎵⎵⎵⎵⎵⎵⎵⎵⎵⎵⎵

헛헛하다

세영이는 왠지 마음이 ⎵⎵⎵⎵ 하여 좀처럼 일이 손에 잡히지 않는다.

(뜻 알기) 채워지지 아니한 허전한 느낌이 있다.

(뜻 써 보기) ⎵⎵⎵⎵⎵⎵⎵⎵⎵⎵⎵⎵⎵⎵⎵⎵

황망하다

慌 어렴풋할 황 | 忙 바쁠 망

지윤이는 약속 시간에 늦어 ⎵⎵⎵⎵ 하게 밖으로 뛰어나갔다.

(뜻 알기) 마음이 몹시 급하여 당황하고 허둥지둥하는 면이 있다.

(뜻 써 보기) ⎵⎵⎵⎵⎵⎵⎵⎵⎵⎵⎵⎵⎵⎵⎵⎵

01 ~ 04 다음 단어와 그 뜻풀이를 바르게 연결하시오.

01 허심탄회 •

• ㉠ '애'를 강조하여 이르는 말.

02 감개무량 •

• ㉡ 마음이 몹시 급하여 당황하고 허둥지둥하는 면이 있다.

03 애간장 •

• ㉢ 품은 생각을 터놓고 말할 만큼 아무 거리낌이 없고 솔직함.

04 황망하다 •

• ㉣ 마음속에서 느끼는 감동이나 느낌이 끝이 없음. 또는 그 감동이나 느낌.

05 ~ 07 다음 단어의 뜻풀이에 알맞은 단어를 고르시오.

05 망연자실 : 멍하니 (기억 | 정신)을 잃음.

06 비탄 : 몹시 슬퍼하면서 (걱정함 | 탄식함).

07 미심쩍다 : (분명하지 | 침착하지) 못하여 마음이 놓이지 않는 데가 있다.

08 ~ 11 〈보기〉의 글자들을 조합하여 다음 뜻풀이에 알맞은 단어를 쓰시오.

━ 보기 ━
애 아 기 바 부 심 색 조 수

08 노엽거나 분한 마음. ( )

09 마음을 서글프게 하는 슬픈 시름. ( )

10 조마조마하여 마음을 졸임. 또는 그렇게 졸이는 마음. ( )

11 어떠한 행동이나 현상 따위가 일어나는 것을 짐작할 수 있게 하여 주는 눈치나 낌새.

( )

▶ 정답과 해설 40쪽

12 ~ 15 빈칸에 들어갈 알맞은 단어를 〈보기〉에서 찾아 쓰시오.

─────── ● 보기 ● ───────

망연자실   부아   애수   허심탄회   애간장   꺼림칙

12 부모님께 나의 장래에 대해 (   )하게 말할 기회가 생겼다.

13 동생을 구하려고 불 속으로 뛰어든 아빠를 보며 나는 (   )하고 있었다.

14 어쩔 수 없이 피난을 떠났던 그들은 (   )에 젖어 평생 고향을 그리워했다.

15 나는 서연이가 나를 일부러 치고 지나가 놓고 사과하지 않아서 (   )가 치밀었다.

16 밑줄 친 단어의 쓰임이 적절하지 <u>않은</u> 것은?

① 나는 그가 한 말이 <u>미심쩍어서</u> 여러 가지 질문을 했다.
② 늘 여유가 넘치는 병민이는 항상 <u>조바심</u>을 내며 일을 해낸다.
③ 동생은 나에게 미안한 <u>기색</u>이 하나도 없이 <u>뻔뻔하게</u> 거짓말을 했다.
④ 피아노 연주 대회에서 대상을 받은 인호는 <u>감개무량</u>하여 말을 잇지 못했다.
⑤ 옛 모습을 잃고 변해버린 고향을 본 아버지께서는 <u>비탄</u>에 젖어 한숨만 쉬셨다.

17 〈보기〉의 밑줄 친 단어와 바꿔 쓰기에 가장 적절한 것은?

─────── ● 보기 ● ───────

동생은 숙제 마감 날이 많이 남았는데도 <u>조급하게</u> 군다.

① 둔하게   ② 안일하게   ③ 한가하게   ④ 성급하게   ⑤ 여유있게

18 ~ 19 다음 단어가 들어간 예문을 찾거나, 스스로 새로운 문장을 만들어 써 보시오.

18 애간장 ⇨ _____

19 헛헛하다 ⇨ _____

01~03 다음 글을 읽고 물음에 답하시오.

그는 한 구석에 머물러 있음은 가슴이 답답할 만치 도리어 괴로웠다. 그렇다고 응칠이가 본시 역마 직성이냐 하면 그런 것도 아니다. 그도 5년 전에는 사랑하는 아내가 있었고 아들이 있었고 집도 있었고, 그때야 어딜 하루라도 집을 떨어져 보았으랴. 밤마다 아내와 마주앉으면 어찌하면 이 살림이 좀 늘어 볼까 불어 볼까 애간장을 태우며 갖은 궁리를 되하고 되하였다마는 별 뾰족한 수는 없었다. 농사는 열심으로 하는 것 같은데 알고 보면 남는 건 겨우 남의 빚뿐, 이러다가는 결말에 봉변을 면치 못할 것이다. 하루는 밤이 깊어서 코를 골며 자는 아내를 깨웠다. 밖에 나아가 우리의 세간이 몇 개나 되는지 세어 보라 하였다. 그리고 저는 벼루에 먹을 갈아 붓에 찍어 들었다. 벽을 바른 신문지는 누렇게 그을렸다. 그 위에다 불러 주는 물목대로 일일이 내려 적었다. 독이 세 개, 호미가 둘, 낫이 하나로부터 밥사발, 젓가락, 짚이 석 단까지 그 다음에는 제가 빚을 얻어 온 데, ⒜그 사람들의 이름을 쭉 적어 놓았다. 금액은 제각기 그 아래에다 달아 놓고, 그 옆으론 조금 사이를 떼어 역시 조선문으로 나의 소유는 이것밖에 없노라. 나는 54원을 갚을 길이 없으매 죄진 몸이라 도망하니, 그대들은 아예 싸울 게 아니겠고 서로 의논하여 억울치 않도록 분배하여 가기 바라노라 하는 의미의 ⒝성명서를 벽에 남기자, 안으로 문들을 걸어 닫고 울탈기 밑구멍으로 세 식구가 빠져 나왔다. 이것이 응칠이가 팔자를 고치던 첫날이었다.

– 김유정, 〈만무방〉

♥ 작품 감상
[해제] 떠돌이 삶을 살며 만무방이 된 형 응칠과 성실한 농사꾼인 동생 응오를 통해 일제 강점기 시대 속 농촌의 문제를 드러내고 있는 단편 소설이다.
[주제] 식민지 농촌 사회에서 겪는 농민들의 가혹한 삶

01 이 글에 대한 이해로 적절하지 <u>않은</u> 것은?

① 과거 응칠이는 부지런한 농사꾼이었다.　　② 응칠이는 지금 가족과 떨어져 살고 있다.
③ 응칠이는 빚을 모두 갚고 고향을 떠났다.　　④ 응칠이는 현재 떠돌이 생활을 하고 있다.
⑤ 응칠이가 '팔자를 고친' 이유는 빚 때문이다.

02 다음 문장의 문맥에 맞는 단어를 이 글에서 찾아 쓰시오.

- 그동안 형님의 소식을 몰라 식구들이 무척 (㉠　　　　　)을/를 태웠다.
- 그렇게 아무한테나 집적거리다간 큰 (㉡　　　　　)을/를 당한다.

창의적 적용

03 ⒜가 ⒝를 보았을 때의 심리 상태를 '망연자실'이라는 단어를 사용하여 한 문장으로 서술하시오.

● 조건 ●
⒜는 누구인지, ⒝는 어떤 내용인지 구체적으로 밝힐 것.

04~06 다음 시를 읽고 물음에 답하시오.

임이 온다 하거늘 저녁밥을 일찍 지어 먹고

중문 나서 대문 나가 문지방 위에 치달아 앉아 손을 이마에 붙이고 임이 오는가 가는가 건너편 산을 바라보니 거뭇하고 희끗한 것이 서 있거늘 저것이 임이로구나 하고 버선 벗어 품에 품고 신발 벗어 손에 쥐고 허겁지겁 허둥지둥 진 곳 마른 곳 가리지 않고 우당탕탕 건너가서 정든 말을 하려고 곁눈을 힐끗 보니 작년 칠월 사흗날 긁어 벗긴 주추리 삼대가 살뜰이도 날 속였구나

때마침 밤이기에 망정이지 행여 낮이었다면 남에게 비웃음 살 뻔 했구나

– 작자 미상

♥ 작품 감상

[해제] 임에 대한 그리움을 우스꽝스럽고 어처구니없는 행동을 통해 해학적으로 그린 사설시조이다.

[주제] 임을 기다리는 초조한 마음

04 이 시에 대한 이해로 적절하지 <u>않은</u> 것은?

① 공간의 이동에 따른 화자의 행동이 나타난다.

② 임을 기다리는 화자의 모습이 구체적으로 나타나 있다.

③ 오지 않는 임에 대한 원망을 의인화된 대상에게 화풀이를 하고 있다.

④ 의성어를 반복적으로 사용하여 화자의 모습을 생동감 있게 보여 준다.

⑤ 임을 기다리는 간절한 마음에서 비롯된 착각을 해학적으로 표현하고 있다.

05 이 시에 나타난 시적 화자의 태도와 정서를 파악한 것으로 가장 적절한 것은?

① 문지방 위에 앉아 임을 기다리며 애수에 잠긴다.

② 비탄에 빠져 손을 이마에 붙이고 이리저리 살핀다.

③ 건너편 산에 거뭇하고 희끗한 것이 무엇인지 미심쩍어 한다.

④ 임에 대해 부아가 치밀어 진 곳 마른 곳 가리지 않고 뛰어간다.

⑤ 긁어 벗긴 주추리 삼대를 임으로 착각한 것을 깨닫고 망연자실한다.

창의적 적용

06 이 시를 다음과 같이 정리할 때 ㉮, ㉯, ㉰에 들어갈 시적 화자의 정서를 〈보기〉에서 찾아 쓰시오.

구분	상황	정서
초장	임이 온다는 소식을 들음	㉮
중장	주추리 삼대가 임인 줄 알고 허둥지둥 뛰어감	㉯
종장	임은 오지 않고 남에게 비웃음을 살 뻔함	㉰

● 보기 ●

황망함   헛헛함   기대감

공부한 날 ◯월 ◯일

어휘 체크

※ 잘 아는 어휘 ○표! 헷갈리거나 모르는 어휘 ×표! 학습 후 확실하게 이해했으면 ☆표!

간사하다 ☐☐	경박하다 ☐☐	능청스럽다 ☐☐	도량 ☐☐	모질다 ☐☐
미쁘다 ☐☐	범상하다 ☐☐	불측 ☐☐	수더분하다 ☐☐	정색하다 ☐☐
진솔하다 ☐☐	천연덕스럽다 ☐☐	해쓱하다 ☐☐		

간사하다
奸 범할 간 | 邪 간사할 사

1) 그 영화 주인공은 적의 ⬚⬚⬚ 한 계교에 넘어가지 않았다.

(뜻 알기) 자기의 이익을 위하여 나쁜 꾀를 부리는 등 마음이 바르지 않다.

(뜻 써 보기) _____

2) 사람의 마음은 ⬚⬚⬚ 하여 눈앞의 이익에 흔들리기 마련이다.

(뜻 알기) 원칙을 따르지 아니하고 자기의 이익에 따라 변하는 성질이 있다.

(뜻 써 보기) _____

경박하다
輕 가벼울 경 | 薄 얇을 박

그의 ⬚⬚⬚ 한 말투는 주변 사람들의 눈살을 찌푸리게 한다.

(뜻 알기) 언행이 신중하지 못하고 가볍다.

(뜻 써 보기) _____

능청스럽다

세현이는 자기가 저지른 잘못에 대해서도 ⬚⬚⬚ 게 잡아뗀다.

(뜻 알기) 속으로는 엉큼한 마음을 숨기고 겉으로는 천연스럽게 행동하는 데가 있다.

(뜻 써 보기) _____

도량
度 법도 도 | 量 헤아릴 량

그는 넓은 ⬚⬚⬚ 으로 부하 직원의 실수를 용서해주었다.

(뜻 알기) 사물을 너그럽게 용납하여 처리할 수 있는 넓은 마음과 깊은 생각.

(뜻 써 보기) _____

모질다

다솜이는 다시 마음을 ⬚⬚⬚ 게 먹고 공부에 전념하였다.

(뜻 알기) 마음씨가 몹시 매섭고 독하다.

(뜻 써 보기) _____

미쁘다

세진이는 ⬚⬚⬚ 고 진실된 사람이라 신뢰가 간다.

(뜻 알기) 믿음성이 있다.

(뜻 써 보기) _____

유의어 미덥다 믿음성이 있다.

범상하다
凡 무릇 범 | 常 항상 상

그 신인 가수는 데뷔 첫 무대부터   하지 않았다.

(뜻 알기) 중요하게 여길 만하지 아니하고 예사롭다.

(뜻 써 보기) _____

불측
不 아닐 불 | 測 헤아릴 측

양반집에서 쫓겨난 머슴은   한 마음을 품었다.

(뜻 알기) 생각이나 행동 따위가 괘씸하고 엉큼함.

(뜻 써 보기) _____

수더분하다

예린이는 성격이   하여 어떤 사람하고도 잘 어울린다.

(뜻 알기) 성질이 까다롭지 아니하여 순하고 무던하다.

(뜻 써 보기) _____

정색하다
正 바를 정 | 色 빛 색

호진이는 갑자기   하며 진지한 이야기를 꺼내기 시작했다.

(뜻 알기) 얼굴에 엄정한* 빛을 나타내다.

(뜻 써 보기) _____

어휘 쏙 엄정(嚴正)하다 엄격하고 바르다.

진솔하다
眞 참 진 | 率 거느릴 솔

그 책은 작가의   한 이야기가 담겨있다.

(뜻 알기) 진실하고 솔직하다.

(뜻 써 보기) _____

천연덕스럽다
天 하늘 천 | 然 그럴 연 | 덕

진선이는 지각을 했지만   스럽게 자리에 앉았다.

(뜻 알기) 시치미를 뚝 떼어 겉으로는 아무렇지 않은 체하는 태도가 있다.

(뜻 써 보기) _____

해쓱하다

혜경이는 다이어트를 한다고 며칠을 굶었더니 얼굴이   해졌다.

(뜻 알기) 얼굴에 핏기나 생기가 없어 파리하다.

(뜻 써 보기) _____

유의어 수척하다 몸이 몹시 야위고 마른 듯하다.

사전적 의미

01 ~ 05 다음 뜻풀이에 해당하는 단어를 말상자에서 찾아 표시하시오.

01 믿음성이 있다.

02 진실하고 솔직하다.

03 마음씨가 몹시 매섭고 독하다.

04 생각이나 행동 따위가 괘씸하고 엉큼함.

05 사물을 너그럽게 용납하여 처리할 수 있는 넓은 마음과 깊은 생각.

불	측	사	채	순	보
가	정	관	광	나	수
도	전	진	미	예	모
량	만	극	기	쁘	질
연	고	진	솔	하	다

06 ~ 08 다음 단어의 뜻풀이에 알맞은 단어를 고르시오.

06 **정색하다** : 얼굴에 (엄정한 | 당황한) 빛을 나타내다.

07 **경박하다** : 언행이 신중하지 못하고 (가볍다 | 느리다).

08 **능청스럽다** : 속으로는 (소심한 | 엉큼한) 마음을 숨기고 겉으로는 천연스럽게 행동하는 데가 있다.

09 ~ 11 제시된 초성을 참고하여 다음 뜻풀이에 알맞은 단어를 쓰시오.

09 중요하게 여길 만하지 아니하고 예사롭다. ㅂ ㅅ ㅎ ㄷ

10 성질이 까다롭지 아니하여 순하고 무던하다. ㅅ ㄷ ㅂ ㅎ ㄷ

11 자기의 이익을 위하여 나쁜 꾀를 부리는 등 마음이 바르지 않다. ㄱ ㅅ ㅎ ㄷ

12 ~ 14 빈칸에 들어갈 알맞은 단어를 〈보기〉에서 찾아 쓰시오.

보기

도량   해쓱   정색   범상   수더분   천연덕

12 그의 미적 감각은 한 눈에 봐도 (   )하지 않아 보였다.

13 반장은 (   )이 넓어서 친구들의 사과를 전부 받아주었다.

14 그녀는 외모와 달리 성격이 (   )해서 상대방을 편하게 해준다.

15 밑줄 친 단어의 쓰임이 적절하지 <u>않은</u> 것은?

① 동생은 실수를 하고는 <u>능청스럽게</u> 웃었다.
② 지유는 나의 말에 기분이 나빴는지 <u>정색하며</u> 반박했다.
③ 임금은 <u>간사한</u> 신하의 말에 속아 충신에게 벌을 내렸다.
④ 나는 중요한 자리에서 <u>경박하게</u> 굴어서 엄마에게 혼이 났다.
⑤ 솔미는 어려운 이웃을 도와주고 싶다는 <u>불측한</u> 생각이 들었다.

16 〈보기〉의 빈칸에 들어갈 단어가 순서대로 바르게 나열된 것은?

보기

• 옛 어머니들은 자식에게 예의를 가르치기 위해 일부러 (   ) 굴었다.
• 누구보다 먼저 나서서 일을 처리하는 그의 모습이 (   ) 보였다.

① 모질게, 미쁘게　　　② 모질게, 청결하게　　　③ 편하게, 미쁘게
④ 엄하게, 나태하게　　　⑤ 편하게, 나태하게

17 ~ 18 다음 단어가 들어간 예문을 찾거나, 스스로 새로운 문장을 만들어 써 보시오.

17 진술하다 ⇨ _____

18 천연덕스럽다 ⇨ _____

01~03 다음 글을 읽고 물음에 답하시오.

영신은 잠자코, 맨 먼저 온 아이부터 하나씩 둘씩 차례차례로, 분필로 그어 놓은 금 안으로 앉혔다. 어느덧 금 안에는 제한받은 팔십 명이 찼다. 〈중략〉 영신은 찬찬히 교단(敎壇) 위에 올라섰다. 그 얼굴빛은, 현기증이 나서 금방 쓰러지려는 사람처럼 해쓱해졌다.

아이들은 '선생님께서 무슨 말씀을 하시려고 저러시나?' 하고 저희들 깐에도 보통 때와는 그 기색이 다른 것을 살피고는, 기침 하나 아니 하고 영신을 쳐다본다.

영신은 입술만 떨며 얼른 말을 꺼내지 못하고 섰다. 사제 간의 정을 한칼로 베어 내는 것 같은, 마룻바닥에 그어 놓은 금을 내려다보고, 그 금 밖에 오십여 명 아동이 옹기종기 모여 앉아서, 무슨 무서운 선고나 내리기를 기다리는 듯한 그 천진한 얼굴들을 바라볼 때, 영신은 눈시울이 뜨끈해지며 목이 막혀서 말을 꺼낼 수가 없다. 한참만에야, 그는 용기를 내었다. 그러다가 풀이 죽은 목소리로,

"저…… 금 밖에 앉은 아이들은 오늘부터 공부를…… 시킬 수가 ….. 없게 됐어요."

– 심훈, 〈상록수〉

♥ 작품 감상
[해제] 일제 강점기에 농촌 계몽 운동에 헌신하는 젊은 지식인들의 모습을 그려내고 있는 장편 소설이다.
[주제] 농촌 계몽 운동을 하는 지식인들의 헌신적 의지와 순수한 애정

01 이 글에 대한 이해로 적절하지 <u>않은</u> 것은?

① 영신은 아이들을 가르치는 교사이다.
② 분필로 그은 금은 영신이 갈등하는 원인이다.
③ 아이들은 무서운 선고를 받고 눈시울이 뜨거워졌다.
④ 어떤 사정에 의해 아이들을 팔십 명만 받아야 하는 상황이다.
⑤ 아이들은 영신의 태도가 보통 때와 다르다는 것을 느끼고 있다.

02 다음 문장의 ㉠과 ㉡에 들어갈 적절한 단어를 이 글에서 찾아 문맥에 맞게 쓰시오.

• 우희의 얼굴은 조금 (㉠   ) 놀란 듯하다가 잠자코 선생님의 말을 들었다.
• 그들은 표정이 풍부하며 (㉡   ) 그만큼 자연에 가까운 표정을 짓고 있었다.

03 이 글의 제목은 〈상록수〉이다. 〈보기〉를 참고하여 이후에 전개될 내용을 빈칸에 서술하시오.

■ 보기 ■

상록수는 일 년 내내 잎이 늘 푸른 나무를 일컫는다. 이 작품에서는 등장인물 영신을 상징한다고 볼 수 있다. 서리가 내리고 눈이 와도 상록수는 변치 않듯이 영신은 (   ).

04~06 다음 글을 읽고 물음에 답하시오.

"느 집엔 이거 없지?" 하고 생색있는 큰소리를 하고는 제가 준 것을 남이 알면 큰일날테니 여기서 얼른 먹어 버리란다. 그리고 또 하는 소리가, "너 봄감자가 맛있단다." / "난 감자 안 먹는다. 너나 먹어라."

나는 고개도 돌리지 않고 일하던 손으로 그 감자를 도로 어깨 너머로 쑥 밀어 버렸다. 그랬더니 그래도 가는 기색이 없고, 뿐만 아니라 쌔근쌔근하고 심상치 않게 숨소리가 점점 거칠어진다. 이건 또 뭐야 싶어서 그때에야 비로소 돌아다보니 나는 참으로 놀랐다. 우리가 이 동네에 들어온 것은 근 삼년 째 되어오지만 여태껏 가무잡잡한 점순이의 얼굴이 이렇게까지 홍당무처럼 새빨개진 법이 없었다. 게다 ㉠눈에 독을 올리고 한참 나를 요렇게 쏘아보더니 나중에는 눈물까지 어리는 것이 아니냐. 그리고 바구니를 다시 집어들더니 이를 꼭 악물고는 엎어질 듯 자빠질 듯 논둑으로 횡하게 달아나는 것이다.

어쩌다 동리 어른이, "너 얼른 시집을 가야지?" 하고 웃으면, "염려 마서유. 갈 때 되면 어련히 갈라구!" 이렇게 천연덕스레 받는 점순이었다. 본시 부끄럼을 타는 계집애도 아니거니와 또한 분하다고 눈에 눈물을 보일 얼병이도 아니다. 〈중략〉 그런데 고약한 그 꼴을 하고 가더니 그 뒤로는 나를 보면 잡아먹으려 기를 복복 쓰는 것이다.

— 김유정, 〈동백꽃〉

♥ 작품 감상
[해제] 사춘기 남녀의 사랑을 김유정 작가 특유의 서정성과 해학성으로 그려 낸 단편 소설이다.
[주제] 산골 마을 사춘기 남녀의 순수한 사랑

04 이 글에 대한 이해로 적절하지 않은 것은?

① 점순이는 별로 부끄러움을 타지 않는 성격이다.
② 점순이는 '나'에 대한 호의를 감자를 통해 표현하였다.
③ '나'는 점순이 눈에 눈물이 어리는 것을 보고 크게 놀랐다.
④ '나'는 어릴 때부터 친구인 점순이의 성격을 잘 아는 편이다.
⑤ '나'는 점순이가 나를 보면 '잡아먹으려 기를 복복 쓰는' 이유를 잘 모르고 있다.

05 이 글에 나타난 점순이의 심리를 추측한 것으로 적절한 것은?

① 능청스러움 : 생색을 내며 감자를 건넴.
② 불측함 : 나를 잡아먹으려 기를 복복 씀.
③ 범상함 : 나를 쏘아 보다가 눈물까지 어림.
④ 천연덕스러움 : 얼굴이 홍당무처럼 빨개짐.
⑤ 수더분함 : 시집가라는 어른의 말을 받아넘김.

창의적 적용

06 이 글에서 점순이가 ㉠과 같은 태도를 보인 이유를 〈조건〉에 맞게 서술하시오.

● 조건 ●
1) 점순이의 평소 성격과 대비시킬 것.　　　2) '천연덕스럽다'를 활용할 것.

사람의 행동

어휘 체크

※ 잘 아는 어휘 ○표! 헷갈리거나 모르는 어휘 ×표! 학습 후 확실하게 이해했으면 ☆표!

간파 ☐☐	결박하다 ☐☐	과오 ☐☐	동경 ☐☐	바투 ☐☐
부질없다 ☐☐	서슴다 ☐☐	선연히 ☐☐	지청구 ☐☐	푸념 ☐☐
하릴없이 ☐☐	하직하다 ☐☐	현혹하다 ☐☐		

간파
看 볼 간 | 破 깨뜨릴 파

그 선수는 상대의 약점을   하여 전략을 세웠다.

(뜻 알기) 속내를 꿰뚫어 알아차림.

(뜻 써 보기)

결박하다
結 맺을 결 | 縛 얽을 박

경찰은 저항하는 현행범의 두 손을   하였다.

(뜻 알기) 몸이나 손 따위를 움직이지 못하도록 동이어 묶다.

(뜻 써 보기)

과오
過 지날 과 | 誤 그르칠 오

도현이는 자신의   를 인정하고 뉘우쳤다.

(뜻 알기) 부주의나 태만 따위에서 비롯된 잘못이나 허물.

(뜻 써 보기)

(유의어) 과실(過失) 부주의나 태만 따위에서 비롯된 잘못이나 허물.

동경
憧 그리워할 동 | 憬 깨달을 경

예슬이는   해 온 유학길에 오르게 되어 무척 기뻤다.

(뜻 알기) 어떤 것을 간절히 그리워하여 그것만을 생각함.

(뜻 써 보기)

바투

1) 어머니는 딸에게   다가가 두 손을 꼭 잡았다.

(뜻 알기) 두 대상이나 물체의 사이가 썩 가깝게.

(뜻 써 보기)

2) 가인이는 갑자기 머리를   깎고 나타났다.

(뜻 알기) 시간이나 길이가 아주 짧게.

(뜻 써 보기)

부질없다

지나간 과거를 후회하는 것은   는 일이다.

(뜻 알기) 대수롭지* 아니하거나 쓸모가 없다.

(뜻 써 보기)

(어휘 쏙) 대수롭다 중요하게 여길 만하다.

서슴다

그는 젊은 시절부터 사기와 절도를   지 않았다.

(뜻 알기) 선뜻* 결정하지 못하고 머뭇거리며 망설이다.

(뜻 써 보기)

(어휘쏙) 선뜻 동작이 빠르고 시원스러운 모양. '산뜻'보다 큰 느낌을 준다.

선연히
鮮 고울 선 | 然 그럴 연

어렸을 때 쓴 일기를 읽자 초등학생 때의 기억이   떠올랐다.

(뜻 알기) 실제로 보는 것 같이 생생하게.

(뜻 써 보기)

지청구

슬미는 상사에게 툭하면   를 듣기 일쑤였다.

(뜻 알기) 까닭 없이 남을 탓하고 원망함.

(뜻 써 보기)

푸념

동현이는 울면서 주저리주저리   을 늘어놓기 시작했다.

(뜻 알기) 마음속에 품은 불평을 늘어놓음. 또는 그런 말.

(뜻 써 보기)

하릴없이

우리는 폭우로 떠내려가는 집을   보고 있을 수밖에 없었다.

(뜻 알기) 달리 어떻게 할 도리가 없이.

(뜻 써 보기)

하직하다
下 아래 하 | 直 곧을 직

1) 동원이는 부모님께   하고 상경하였다.

(뜻 알기) 먼 길을 떠날 때 웃어른께 작별을 고하다.

(뜻 써 보기)

2) 나는 시험이 얼마 남지 않아 오늘부터 게임을   하였다.

(뜻 알기) 무슨 일이 마지막이거나 무슨 일을 그만두다.

(뜻 써 보기)

현혹
眩 어지러울 현 | 惑 미혹할 혹

그 사이비 교주는 듣기 좋은 말로 사람들을   하였다.

(뜻 알기) 정신을 빼앗겨 하여야 할 바를 잊어버림. 또는 그렇게 되게 함.

(뜻 써 보기)

01 ~ 04 다음 단어와 그 뜻풀이를 바르게 연결하시오.

01 부질없다 •

• ㉠ 달리 어떻게 할 도리가 없이.

02 서슴다 •

• ㉡ 대수롭지 아니하거나 쓸모가 없다.

03 하릴없이 •

• ㉢ 먼 길을 떠날 때 웃어른께 작별을 고하다.

04 하직하다 •

• ㉣ 선뜻 결정하지 못하고 머뭇거리며 망설이다.

05 ~ 07 다음 단어의 뜻풀이에 알맞은 단어를 고르시오.

05 지청구 : 까닭 없이 남을 탓하고 (원망함 | 훈계함).

06 바투 : 두 대상이나 물체의 사이가 썩 (가깝게 | 멀게).

07 푸념 : 마음속에 품은 (바람 | 불평)을 늘어놓음. 또는 그런 말.

08 ~ 11 〈보기〉의 글자들을 조합하여 다음 뜻풀이에 알맞은 단어를 쓰시오.

> • 보기 •
>
> 파　혹　과　간　현　경　오　동

08 속내를 꿰뚫어 알아차리다. (　　　　)

09 어떤 것을 간절히 그리워하여 그것만을 생각함. (　　　　)

10 부주의나 태만 따위에서 비롯된 잘못이나 허물. (　　　　)

11 정신을 빼앗겨 하여야 할 바를 잊어버림. 또는 그렇게 되게 함. (　　　　)

▶ 정답과 해설 42쪽

12 ~ 15 빈칸에 들어갈 알맞은 단어를 〈보기〉에서 찾아 쓰시오.

———— • 보기 • ————

동경　선뜻　바투　현혹　선연히　지청구

12 마감 기한을 (　　　　　) 잡아 시간이 촉박하다.

13 나는 엄마에게 (　　　　　)를 들을까봐 눈치를 봤다.

14 그 대목에서는 왕이 행차하는 장면이 (　　　　　) 묘사되어 있다.

15 그 선배는 실력과 인품을 두루 갖춰 모두에게 (　　　　　)의 대상이었다.

16 밑줄 친 단어의 쓰임이 적절하지 <u>않은</u> 것은?

① 지난날의 <u>과오</u>가 오히려 나에게는 큰 가르침이 되었다.
② 나는 그가 나를 부른 의도를 <u>간파</u>하고 적절히 대응했다.
③ 이제 와서 그 문제를 따져도 <u>부질없다</u>는 것을 나는 알고 있었다.
④ 경찰관은 술에 취해 난동을 부리는 사람을 <u>결박</u>할 수밖에 없었다.
⑤ 박사님은 나에게 성공의 과정을 알려주며 용기를 주는 <u>푸념</u>을 늘어놓았다.

17 〈보기〉의 밑줄 친 단어와 바꿔 쓰기에 가장 적절한 것은?

———— • 보기 • ————

진욱이는 동아리 회장을 <u>하직하면서</u> 회원들에게 작별 인사를 했다.

① 물러나면서　② 시작하면서　③ 유지하면서　④ 생각하면서　⑤ 평가하면서

18 ~ 19 다음 단어가 들어간 예문을 찾거나, 스스로 새로운 문장을 만들어 써 보시오.

18 서슴다 ⇨ _____

19 하릴없이 ⇨ _____

01~03 다음 글을 읽고 물음에 답하시오.

박 씨가 한 손에 부채를 쥐고 불을 부치니, 오랑캐 군사들에게 불길이 거세게 퍼지는지라. 청나라 병사들이 대열을 잃고 타 죽고 밟혀 죽으며, 남은 군사들 살기를 도모하고 다 도망하는지라. 용골대가 하릴없어, "이미 화친을 받았으니 큰 공을 세웠거늘, 부질없이 조그만 계집을 시험하다가 공연히 장졸만 다 죽였으니, 어찌 분하고 한스럽지 않으리오."하고 군사를 돌려 청나라로 떠날 때, 왕대비와 세자, 대군이며 장안 미녀들을 데리고 가는지라.

박 씨가 계화를 시켜 외치기를 "무지한 오랑캐야, 너희 왕놈이 무식하여 은혜지국(恩惠之國)을 침범하였거니와, 우리 왕대비는 데려가지 못하리라. 만일 그런 뜻을 두면 너희들은 본국에 돌아가지 못하리라."하니, 청나라 장수들이 가소롭게 여겨 "우리 이미 화친 언약을 받고, 또한 내가 왕대비 등을 이미 볼모로 잡았으니, 그런 말은 하지도 말라."

하며, 꾸짖으며 듣지 아니하거늘, 박씨가 또 계화를 시켜 외치기를 "너희 한결같이 그러하려거든 내 재주를 구경하라." 하더니, 곧 공중에 두 줄기 무지개가 일어나며, 모진 비 천지 뒤덮게 오며, 음산한 바람이 불더니 백설이 날리며, 얼음이 얼어 말의 발이 땅에 달라붙어 걸음을 옮기지 못하는지라.

– 작자 미상, 〈박씨전〉

♥ 작품 감상
[해제] 병자호란을 배경으로 패배한 전쟁의 아픔을 여성 영웅의 활약을 통해 극복하는 전쟁 소설이다.
[주제] 병자호란 패배의 굴욕감 극복과 민족 자존감의 회복

01 이 글에 대한 이해로 적절하지 <u>않은</u> 것은?

① 박 씨는 청나라가 배은망덕하다고 꾸짖고 있다.
② 박 씨는 초인적 능력으로 오랑캐를 물리치고 있다.
③ 용골대는 왕대비와 세자, 대군 등을 볼모로 잡아가고 있다.
④ 박 씨가 화친을 거부하자 용골대는 왕대비를 볼모로 잡아 가고자 한다.
⑤ 용골대와 청나라 장수들은 박 씨를 가소롭게 여기다가 화를 당하고 있다.

02 다음의 뜻풀이를 참고하여 ㉠과 ㉡에 들어갈 알맞은 단어를 이 글에서 찾아 기본형으로 쓰시오.

㉠ : (   ) ⇒ 달리 어떻게 할 도리가 없다.
㉡ : (   ) ⇒ 대수롭지 아니하거나 쓸모가 없다.

창의적 적용

03 이 글의 시대적 배경과 〈보기〉를 고려하여 이 글에 나타난 근대적 요소를 서술하시오.

● 보기 ●

조선 시대는 유교 이념이 지배하던 시기로 남존여비 의식이 당연시되고 여성의 삶은 억압되었다.

▶ 정답과 해설 42쪽

04~06 다음 시를 읽고 물음에 답하시오.

어이 못 오던가, 무슨 일로 못 오던가.

너 오는 길에 무쇠로 성(城)을 쌓고, 성(城) 안에 담을 쌓고 담 안에 집을 짓고 집 안에 뒤주를 놓고, 뒤주 안에 궤짝을 놓고, 궤짝 안에 너를 결박해 놓고 쌍배목 외걸쇠에 용거북 자물쇠로 꼭꼭 잠갔더냐. 네 어이 그리 아니 오던가.

한 달이 서른 날인데 날 보러 올 하루가 없느냐.

― 작자 미상

♥ 작품 감상

[해제] 화자를 찾아오지 않는 임에 대한 원망과 그리움을 해학적이고 과장되게 표현하여 노래한 사설시조이다.

[주제] 오지 않는 임에 대한 원망과 그리움

04 이 시에 대한 설명으로 적절하지 <u>않은</u> 것은?

① 반어적인 표현을 통해 화자의 정서를 드러내고 있다.

② 오지 않는 임에 대한 그리움과 원망의 마음을 노래하고 있다.

③ 현실의 괴로움과 그로 인한 암울함을 해학적으로 드러내고 있다.

④ 연쇄적 표현 등을 활용하여 박진감 넘치게 내용을 전개하고 있다.

⑤ 기다림의 괴로움을 형상화하기 위해 과장적 언어를 사용하고 있다.

05 이 시의 시적 화자에 대한 설명으로 가장 적절한 것은?

① 임이 처한 상황을 명확히 알고 있다.

② 떠나는 임에게 푸념을 늘어놓고 있다.

③ 임이 오지 않는 이유를 간파하고 있다.

④ 자신의 지난날의 과오를 반성하고 있다.

⑤ 오지 않는 임을 원망하면서도 그리워하고 있다.

창의적 적용

06 이 시와 〈보기〉의 시적 화자가 대상을 대하는 태도의 차이를 '푸념', '지청구', '부질없다'라는 단어를 사용하여 서술하시오.

● 보기 ●

오동에 떨어지는 빗발 무심히 떨어지지만

내 시름 많으니 잎잎마다 근심의 소리구나

이 후야 잎 넓은 나무를 심을 줄이 이시랴.

― 김상용

인간 관계

어휘 체크

※ 잘 아는 어휘 ○표! 헷갈리거나 모르는 어휘 ×표! 학습 후 확실하게 이해했으면 ☆표!

끄나풀 ☐☐	나무라다 ☐☐	담소 ☐☐	막역하다 ☐☐	맹신 ☐☐
모멸 ☐☐	백년해로 ☐☐	성례 ☐☐	슬하 ☐☐	우격다짐 ☐☐
측은하다 ☐☐	칭송하다 ☐☐	텃세 ☐☐		

끄나풀

경찰은 조직폭력배의 　　　　　들을 체포하였다.

뜻 알기　남의 앞잡이 노릇을 하는 사람을 낮잡아 이르는 말.

뜻 써 보기　_____

나무라다

어머니는 아이의 잘못을 호되게 　　　　　다.

뜻 알기　상대방의 잘못이나 부족한 점을 꼬집어 말하다.

뜻 써 보기　_____

담소

談 말씀 담 | 笑 웃을 소

원지는 커피를 마시며 친구들과 　　　　　를 나누었다.

뜻 알기　웃고 즐기면서 이야기함. 또는 그런 이야기.

뜻 써 보기　_____

막역하다

莫 없을 막 | 逆 거스를 역

정민이와 승우는 10년 가까이 　　　　　한 사이로 지내고 있다.

뜻 알기　허물이 없이 아주 친하다.

뜻 써 보기　_____

맹신

盲 소경 맹 | 信 믿을 신

특정 종교에 대한 　　　　　은 또 다른 문제를 낳을 수 있다.

뜻 알기　옳고 그름을 가리지 않고 덮어놓고 믿는 일.

뜻 써 보기　_____

유의어　광신(狂信) 신앙이나 사상 따위에 대하여 이성을 잃고 무비판적으로 믿음.

모멸

侮 업신여길 모 | 蔑 업신여길 멸

희재는 전학 간 학교에서 반 아이들에게 　　　　　을 받았다.

뜻 알기　업신여기고* 얕잡아 봄.

뜻 써 보기　_____

어휘 쏙　업신여기다 교만한 마음에서 남을 낮추어 보거나 하찮게 여기다.

백년해로

百 일백 백 | 年 해 년 |
偕 함께 해 | 老 늙을 로

신랑 신부가 하객들 앞에서 　　　　　　를 맹세했다.

(뜻 알기) 부부가 되어 한평생을 사이좋게 지내고 즐겁게 함께 늙음.

(뜻 써 보기)

성례

成 이룰 성 | 禮 예도 례

마을 사람들은 신랑 신부를 위해 조촐하게나마 　　　　　　를 치러 주었다.

(뜻 알기) 혼인의 예식을 지냄.

(뜻 써 보기)

슬하

膝 무릎 슬 | 下 아래 하

이모는 　　　　　　에 3남 2녀를 두셨다.

(뜻 알기) 무릎의 아래라는 뜻으로, 어버이나 조부모의 보살핌 아래. 주로 부모의 보호를 받는 테두리 안을 이른다.

(뜻 써 보기)

우격다짐

승재는 남의 말은 듣지 않고 　　　　　　을 벌이기만 해서 교우 관계가 좋지 못하다.

(뜻 알기) 억지로 우겨서 남을 굴복시킴. 또는 그런 행위.

(뜻 써 보기)

측은하다

惻 슬퍼할 측 | 隱 숨길 은

며칠 동안 앓아 누운 동생을 보자 　　　　　　한 마음이 들었다.

(뜻 알기) 가엾고 불쌍하다.

(뜻 써 보기)

칭송하다

稱 일컬을 칭 | 頌 기릴 송

사람들은 그의 훌륭한 행적을 　　　　　　하였다.

(뜻 알기) 칭찬하여 일컫다.

(뜻 써 보기)

유의어 ▶ 찬양(讚揚)하다 아름답고 훌륭함을 크게 기리고 드러내다.

텃세

텃 | 勢 기세 세

그 동아리는 　　　　　　가 심해서 아이들이 들어가길 꺼려한다.

(뜻 알기) 먼저 자리를 잡은 사람이 뒤에 들어오는 사람에 대하여 가지는 특권 의식. 또는 뒷사람을 업신여기는 행동.

(뜻 써 보기)

01 ~ 05 다음 뜻풀이에 해당하는 단어를 말상자에서 찾아 표시하시오.

01 혼인의 예식을 지냄.

02 허물이 없이 아주 친하다.

03 억지로 우겨서 남을 굴복시킴.

04 옳고 그름을 가리지 않고 덮어놓고 믿는 일.

05 부부가 되어 한평생을 사이좋게 지내고 즐겁게 함께 늙음.

진	성	례	막	장	일
맹	모	교	역	만	백
종	신	용	하	다	년
유	우	격	다	짐	해
희	조	반	려	노	로

06 ~ 08 다음 단어의 뜻풀이에 알맞은 단어를 고르시오.

06 나무라다 : 상대방의 잘못이나 부족한 점을 (은근히 | 꼬집어) 말하다.

07 슬하 : (팔 | 무릎)의 아래라는 뜻으로, 어버이나 조부모의 보살핌 아래.

08 텃세 : 먼저 자리를 잡은 사람이 뒤에 들어오는 사람에 대하여 가지는 (특권 | 배려) 의식.

09 ~ 11 제시된 초성을 참고하여 다음 뜻풀이에 알맞은 단어를 쓰시오.

09 업신여기고 얕잡아 봄. ㅁ ㅁ

10 웃고 즐기면서 이야기함. 또는 그런 이야기. ㄷ ㅅ

11 남의 앞잡이 노릇을 하는 사람을 낮잡아 이르는 말. ㄲ ㄴ ㅍ

▶ 정답과 해설 43쪽

12 ~ 14 빈칸에 들어갈 알맞은 단어를 〈보기〉에서 찾아 쓰시오.

─────● 보기 ●─────
슬하　담소　모멸　맹신　성례　칭송

12 어머니께서는 카페에서 이웃 아주머니들과 (　　　　　)를 나누고 계셨다.

13 할머니께서는 민간요법을 (　　　　　)하시다가 되려 큰 병을 얻게 되었다.

14 나를 잘 알지도 못하는 옆반 세빈이에게 (　　　　　)의 말을 듣고 화가 났다.

15 밑줄 친 단어의 쓰임이 적절하지 <u>않은</u> 것은?

① 입원 중인 친구를 보니 <u>측은</u>해서 마음이 아팠다.
② 그는 부모님과 아내, 그리고 <u>슬하</u>에 열 살 된 딸이 있다.
③ 체육 선생님께서는 운동장에 침을 뱉는 친구를 <u>나무라셨다</u>.
④ 과거에 일제의 <u>끄나풀</u> 역할을 했던 사람이 드디어 처벌을 받았다.
⑤ 윤수는 회원들의 공정한 투표를 통해 <u>우격다짐</u>으로 그 자리에 올랐다.

16 〈보기〉의 빈칸에 들어갈 단어가 순서대로 바르게 나열된 것은?

─────● 보기 ●─────
• 민서와 지효는 둘도 없는 (　　　　　)한 친구 사이이다.
• 옆집 노부부는 서로에게 의지하며 (　　　　　)해서 많은 사람들에게 귀감이 되고 있다.

① 어색, 백년해로　　　　② 어색, 전전반측　　　　③ 막역, 백년해로
④ 막역, 전전반측　　　　⑤ 막역, 동상이몽

17 ~ 18 다음 단어가 들어간 예문을 찾거나, 스스로 새로운 문장을 만들어 써 보시오.

17 칭송하다 ⇨ _____

18 텃세 ⇨ _____

01~03 다음 글을 읽고 물음에 답하시오.

선화가 슬픈 빛을 띠우며 대답하였다.

"낭군님은 남의 규방 처녀를 사랑한다는 비방을 듣게 되고 저는 정절을 지키지 못했다는 조롱을 받게 되어 만약 그 어느 때에 우리들의 사랑의 종적이 탄로 나는 날이면 우선 친척에게 용납될 수 없을 것이며 고을 사람들에게서는 온갖 멸시를 받게 될 거예요. 그렇게 되면 비록 낭군님과 손을 잡고 일생을 같이 지내고자 한들 어찌 될 수 있겠어요. 오늘 우리의 일은 구름 사이에 긴 달이며 풀잎 가운데 핀 꽃과 같아서 비록 일시의 향락을 누리오나 백년해로 할 수는 없을 것인즉 어찌하면 좋겠습니까?"

말을 마치자 눈물을 흘리며 슬픔을 억제하지 못하였다. 주생은 선화를 위로하며 말하였다.

"대장부가 어찌 한낱 여자를 취하지 못하겠소? 내 마땅히 매파를 보내어 혼약을 정중히 하고 예로써 그대를 맞이할 것이오. 그러니 그대는 너무 번뇌하지 마오."

〈중략〉 이로부터 두 사람은 밤이 되면 모이고 날이 새면 헤어지니 저녁마다 만나지 않는 날이 없었다.

㉮[뒷부분의 줄거리] 선화와 결혼을 앞두고 임진왜란이 일어나자 주생은 종군서기로 징발되어 선화에게 알리지도 못한 채로 조선에 갔다가 그리움으로 병이 나서 결국 죽고 만다.

– 권필, 〈주생전〉

♥ 작품 감상

[해제] 주생과 배도, 선화라는 세 남녀 사이에서 벌어지는 비극적 사랑과 운명을 그린 한문 소설이다.

[주제] 인간 본연의 사랑과 비극적인 운명

01 이 글에 대한 이해로 적절하지 <u>않은</u> 것은?

① 선화는 주생과 부부로서 평생을 함께 살고 싶어 했다.
② 정절을 지키지 못한 여성은 사회적으로 조롱을 받았다.
③ 주생은 매파를 보내어 선화에게 정중히 혼약을 청했다.
④ 선화는 주생과의 만남이 일시적임을 비유를 들어 말했다.
⑤ 주생과 선화는 당대에 용납되지 않는 사랑을 하고 있었다.

02 다음 문장의 문맥에 적절한 단어를 이 글에서 찾아 쓰시오.

• 나는 그의 손을 잡고 (㉠   )를 약속했다.
• 그런 변명은 선생님께 (㉡   )되지 않을 것이다.

창의적 적용

03 ㉮와 같은 결과를 〈보기〉와 '성례'라는 단어를 활용하여 설명하시오.

● 보기 ●

월하노인(月下老人)은 남녀의 인연을 맺어 준다는 전설상의 노인이다.

04~06 다음 글을 읽고 물음에 답하시오.

여러 해 전에 우리 시삼촌께옵서 동지상사로 뽑혀, 북경을 다녀오신 후에, 바늘 여러 쌈을 주시거늘, 친정과 원근 일가에게 보내고, 하인들도 쌈쌈이 나누어 주고, 그중에 너를 택하여 손에 익히고 익히어 지금까지 해포되었더니, 슬프다, 연분이 비상하여, 너희를 무수히 잃고 부러뜨렸으되, 오직 너 하나를 여러 해가 지나도록 보전하니, 비록 무심한 물건이나 어찌 사랑스럽지 아니하리오. 아깝고 불쌍하며, 또한 섭섭하도다.

나의 신세 박명(薄命)하여 ㉠슬하에 한 자녀 없고, 가난하여 바느질에 마음을 붙여, 너로 하여 생애를 도움이 적지 아니하더니, 오늘날 너를 영결(永訣)하니, 이는 귀신이 시기하고 하늘이 미워하심이로다.

아깝다 바늘이여, 어여쁘다 바늘이여, ㉡너는 미묘한 품질과 특별한 재치를 가졌으니, 물건 중의 명물이요, 철 중의 으뜸이라. 민첩하고 날래기는 백대(百代)의 협객이요, 굳세고 곧기는 만고의 충절(忠節)이라. 가는 부리는 말하는 듯하고, 둥근 귀는 소리를 듣는 듯한지라. 능라와 비단에 봉황이며 공작을 수놓을 제, 그 민첩하고 신기함은 귀신이 돕는 듯하니, 어찌 인력이 미칠 바리오.

– 유씨 부인, 〈조침문〉

♥ 작품 감상
[해제] 제문(祭文) 형식을 통해 글쓴이가 오랫동안 아끼던 바늘이 부러져 쓰지 못하게 된 안타까움을 바늘을 의인화하여 나타내고 있다.
[주제] 부러진 바늘에 대한 애도

04 이 글의 내용과 일치하지 않는 것은?

① 글쓴이는 생계를 위해 바느질을 해 왔다.
② 글쓴이는 하늘이 미워하여 자녀가 한 명도 없다.
③ 글쓴이는 바늘의 재주가 뛰어남을 예찬하고 있다.
④ 글쓴이의 바늘은 시삼촌에게서 선물 받은 것이다.
⑤ 글쓴이가 부러뜨린 바늘은 여러 해 사용하던 것이다.

05 이 글을 통해 미루어 짐작할 수 있는 것은?

① 글쓴이는 바늘의 다양한 능력을 맹신하고 있다.
② 글쓴이는 부러진 바늘을 측은하게 여기고 있다.
③ 글쓴이는 바늘을 부러뜨린 뒤 자신을 나무라고 있다.
④ 글쓴이는 바늘을 선물을 준 시삼촌은 막역한 사이이다.
⑤ 글쓴이는 우격다짐으로 하인들에게 바늘을 나누어 주었다.

창의적 적용

06 ㉠과 ㉡을 참고하여 글쓴이의 처지를 〈조건〉에 따라 서술하시오.

━━━━ 조건 ━━━━
1) 전개 순서 : 행위 ⇨ 원인 ⇨ 평가
2) 활용할 어휘 : '막역하다', '칭송', '슬하', '측은하다'

시·공간적 배경

어휘 체크

※ 잘 아는 어휘 ○표! 헷갈리거나 모르는 어휘 ×표! 학습 후 확실하게 이해했으면 ☆표!

귀양	□□	나룻배	□□	달포	□□	더부살이	□□	도화	□□
두메산골	□□	사랑방	□□	삭풍	□□	움트다	□□	유년	□□
치하	□□	피란	□□	행랑채	□□				

귀양

추사 김정희는 머나먼 제주도로 　　　　 을 갔다.

(뜻 알기) 고려 · 조선 시대에, 죄인을 먼 시골이나 섬으로 보내어 일정한 기간 동안 제한된 곳에서만 살게 하던 형벌.

(뜻 써 보기) _____

나룻배

준영이는 　　　　 를 타고 강을 건너 짐을 날랐다.

(뜻 알기) 나루와 나루 사이를 오가며 사람이나 짐 따위를 실어 나르는 작은 배.

(뜻 써 보기) _____

달포

재준이는 교통사고로 　　　　 가 넘게 입원하였다.

(뜻 알기) 한 달 조금 넘는 동안.

(뜻 써 보기) _____

더부살이

세경이는 남의 집에서 　　　　 를 하면서 동생을 학교에 보냈다.

(뜻 알기) 남의 집에서 먹고 자면서 일을 해 주고 삯*을 받는 일. 또는 그런 사람.

(뜻 써 보기) _____

(어휘 쏙) 삯 일한 데 대한 품값으로 주는 돈이나 물건.

도화
桃 복숭아 도 | 花 꽃 화

겨울이 지나고 날이 따뜻해지자 뒷마당에 　　　　 가 만개하였다.

(뜻 알기) 복사나무의 꽃.

(뜻 써 보기) _____

두메산골
두 | 메 | 山 메 산 | 골

그 지역은 　　　　 이라 주민들은 전쟁이 일어난 사실도 몰랐다.

(뜻 알기) 도회*에서 멀리 떨어져 사람이 많이 살지 않는 변두리나 깊은 곳.

(뜻 써 보기) _____

(어휘 쏙) 도회(都會) 사람이 많이 살고 상공업이 발달한 번잡한 지역.

사랑방

舍 집 사 | 廊 복도 랑 |
房 방 방

어머니는 그 손님을 ⬚⬚⬚⬚ 으로 모셨다.

(뜻 알기) 사랑*으로 쓰는 방.

(뜻 써 보기)

(어휘 쏙) 사랑(舍廊) 집의 안채와 떨어져 있는, 바깥주인이 거처하며 손님을 접대하는 곳.

삭풍

朔 초하루 삭 | 風 바람 풍

⬚⬚⬚ 이 불고 기온이 떨어지자 강과 호수가 얼었다.

(뜻 알기) 겨울철에 북쪽에서 불어오는 찬 바람.

(뜻 써 보기)

움트다

1) 봄이 되자 앞마당의 나무에 작은 새싹들이 ⬚⬚⬚ 고 있었다.

(뜻 알기) 초목 따위의 싹이 새로 돋아 나오기 시작하다.

(뜻 써 보기)

2) 밤이 깊어지자 영준이는 집에 가고 싶다는 생각이 ⬚⬚⬚ 기 시작했다.

(뜻 알기) 기운이나 생각 따위가 새로이 일어나다.

(뜻 써 보기)

(유의어) 싹트다 어떤 생각이나 감정, 현상 따위가 처음 생겨나다.

유년

幼 어릴 유 | 年 해 년

정윤이는 ⬚⬚⬚ 시절 나와 둘도 없는 친구였다.

(뜻 알기) 어린 나이나 때. 또는 어린 나이의 아이.

(뜻 써 보기)

(반의어) 노년(老年) 나이가 들어 늙은 때. 또는 늙은 나이.

치하

致 이를 치 | 賀 하례할 하

임금은 잔치를 베풀어 신하들의 공을 ⬚⬚⬚ 했다.

(뜻 알기) 남이 한 일에 대하여 고마움이나 칭찬의 뜻을 표시함. 주로 윗사람이 아랫사람에게 한다.

(뜻 써 보기)

피란

避 피할 피 | 亂 어지러울 란

우리 가족은 ⬚⬚⬚ 을 떠나다가 뿔뿔이 흩어지고 말았다.

(뜻 알기) 난리를 피하여 옮겨 감.

(뜻 써 보기)

행랑채

行 다닐 행 | 廊 복도 랑 | 채

경훈이는 남의 집 ⬚⬚⬚ 를 겨우 빌려 하숙을 할 수 있었다.

(뜻 알기) 대문간 곁에 있는 집채*.

(뜻 써 보기)

(어휘 쏙) 집채 집의 한 덩이.

01 ~ 04 다음 단어와 그 뜻풀이를 바르게 연결하시오.

01 움트다 •

• ㉠ 대문간 곁에 있는 집채.

02 더부살이 •

• ㉡ 기운이나 생각 따위가 새로이 일어나다.

03 나룻배 •

• ㉢ 나루와 나루 사이를 오가며 사람이나 짐 따위를 실어 나르는 작은 배.

04 행랑채 •

• ㉣ 남의 집에서 먹고 자면서 일을 해 주고 삯을 받는 일. 또는 그런 사람.

05 ~ 07 다음 단어의 뜻풀이에 알맞은 단어를 고르시오.

05 달포 : (한 달 | 보름) 조금 넘는 동안.

06 삭풍 : 겨울철에 (북쪽 | 동쪽)에서 불어오는 찬 바람.

07 두메산골 : (민가 | 도회)에서 멀리 떨어져 사람이 많이 살지 않는 변두리나 깊은 곳.

08 ~ 11 〈보기〉의 글자들을 조합하여 다음 뜻풀이에 알맞은 단어를 쓰시오.

┌─────────── 보기 ───────────┐
    피   양   년   하   귀   란   유   치
└──────────────────────────┘

08 난리를 피하여 옮겨 감.   (   )

09 어린 나이나 때. 또는 어린 나이의 아이.   (   )

10 남이 한 일에 대하여 고마움이나 칭찬의 뜻을 표시함. 주로 윗사람이 아랫사람에게 한다.
                                                         (   )

11 고려·조선 시대에, 죄인을 먼 시골이나 섬으로 보내어 일정한 기간 동안 제한된 곳에서만 살게 하던 형벌.   (   )

12 ~ 15 빈칸에 들어갈 알맞은 단어를 〈보기〉에서 찾아 쓰시오.

━━━━━━━━━━━ ● 보기 ● ━━━━━━━━━━━

치하   달포   삭풍   행랑채   도화   두메산골

12 할머니께서는 (   )에서 나고 자라며 어린 시절을 보내셨다.

13 외국으로 출장 가신 아버지께서 (   )가 지나도록 돌아오시지 않았다.

14 우리는 도시락을 싸서 연분홍 색의 (   )가 핀 공원으로 나들이를 갔다.

15 겨울이 되자 하교하는 아이들의 뺨과 귀가 빨갛게 될 정도로 (   )이 불어왔다.

16 밑줄 친 단어의 쓰임이 적절하지 <u>않은</u> 것은?

① 외딴 섬에 홀로 고립되어 있으니 <u>귀양</u>을 온 것 같다.
② <u>사랑방</u>에 머물렀던 그 아저씨는 나에게 용돈을 주셨다.
③ 우리 동네에서는 학교를 가려면 <u>나룻배</u>를 타고 나가야만 했다.
④ 민찬이는 은퇴 후 다가올 <u>유년</u>에 대비하기 위해 저축을 하고 있다.
⑤ 순이는 집안 형편이 넉넉하지 못해 <u>더부살이</u>를 하며 힘겹게 살았다.

17 〈보기〉의 밑줄 친 단어와 바꿔 쓰기에 가장 적절한 것은?

━━━━━━━━━━━ ● 보기 ● ━━━━━━━━━━━

그 순간 다희의 머릿속에서 기발한 생각이 <u>움트고</u> 있었다.

① 싹트고   ② 변하고   ③ 시들고   ④ 소멸하고   ⑤ 사라지고

18 ~ 19 다음 단어가 들어간 예문을 찾거나, 스스로 새로운 문장을 만들어 써 보시오.

18 피란 ⇨ _____

19 치하 ⇨ _____

01~03 다음 시를 읽고 물음에 답하시오.

나는 나룻배 / 당신은 행인

당신은 흙발로 나를 짓밟습니다.
나는 당신을 안고 물을 건너갑니다.
나는 당신을 안으면 깊으나 옅으나 급한 여울이나 건너갑니다.

만일 당신이 아니 오시면 나는 바람을 쐬고 눈비를 맞으며 밤에서 낮까지 당신을 기다리고 있습니다.
당신은 물만 건너면 나를 돌아보지도 않고 가십니다그려.

그러나 당신이 언제든지 오실 줄만은 알아요.
나는 당신을 기다리면서 날마다 날마다 낡아 갑니다.

나는 나룻배 / 당신은 행인

– 한용운, 〈나룻배와 행인〉

> ♥ 작품 감상
> [해제] 화자를 '나룻배'로 비유하여 임에 대한 헌신적인 기다림의 자세를 노래하고 있는 시이다.
> [주제] 임에 대한 기다림과 사랑

01 이 시에 대한 설명으로 적절하지 않은 것은?

① 유사한 종결어미를 반복하여 운율을 획득하고 있다.
② 경어체를 사용하여 화자의 진실성을 강조하고 있다.
③ 수미상관 형태의 구성으로 형태적 안정감을 주고 있다.
④ 시적 화자가 인고하며 미래를 기다리는 태도가 드러나 있다.
⑤ 대상을 의인화하여 부정적 현실의 극복 의지를 나타내고 있다.

02 다음 뜻풀이를 참고하여 ㉠과 ㉡에 들어갈 알맞은 단어를 이 시에서 찾아 쓰시오.

> ㉠ : (   ) ⇒ 나루와 나루 사이를 오가며 사람이나 짐 따위를 실어 나르는 작은 배.
> ㉡ : (   ) ⇒ 강이나 바다 따위의 바닥이 얕거나 폭이 좁아 물살이 세게 흐르는 곳.

_{창의적 적용}

03 〈보기〉를 참고하여 이 시에 나오는 '나룻배'와 '행인'의 내포적 의미를 서술하시오.

> ● 보기 ●
>
> 보벌(寶筏)은 '보배로운 뗏목'으로, 인간 세상에서 고통 받는 중생을 구원해 주는 부처라는 의미를 갖고 있다.

04 ~ 06 다음 글을 읽고 물음에 답하시오.

김첨지의 아내가 기침으로 쿨룩거리기는 벌써 ⊙달포가 넘었다. 조밥
도 굶기를 먹다시피 하는 형편이니 물론 약 한 ⓒ첩 써본 일이 없다. 구태
여 쓰려면 못쓸 바도 아니로되, 그는 병이란 놈에게 약을 주어 보내면 재
미를 붙여서 자꾸 온다는 자기의 ⓒ신조(信條)에 어디까지 충실하였다.
따라서 의사에게 보인 적이 없으니 무슨 병인지는 알 수 없으나, 반듯이
누워 가지고 일어나기는커녕 새로 모로도 못 눕는 걸 보면 ⓔ증증은 중증
인 듯. 병이 이대도록 심해지기는 열흘 전에 ⓜ조밥을 먹고 체한 때문이
다. 〈중략〉

"일 원 오십 전만 줍시오."

이 말이 저도 모를 사이에 불쑥 김첨지의 입에서 떨어졌다. 제 입으로 부르고도 스스로 그 엄청난 돈
액수에 놀래었다. 한꺼번에 이런 금액을 불러라도 본 지가 그 얼마만인가! 그러자, 그 돈 벌 용기가 병
자에 대한 염려를 사르고 말았다. 설마 오늘 안으로 어떠랴 싶었다. 무슨 일이 있더라도 제일 제이의 행
운을 곱친 것보다도 오히려 갑절이 많은 이 행운을 놓칠 수 없다 하였다. – 현진건, 〈운수 좋은 날〉

♥ 작품 감상
[해제] 가난한 인력거꾼의 비애
를 그려냄으로써 하층민의
비참한 현실을 고발하고 있
는 단편 소설로 반어적인 제
목을 통해 비극성을 고조시
키고 있다.
[주제] 일제 강점기 하층민의
비참한 삶

04 이 글의 내용과 일치하지 <u>않는</u> 것은?

① 김첨지의 아내는 한 달이 넘게 기침으로 고생하고 있다.
② 김첨지는 일을 하면서 아내에 대한 걱정을 아예 잊고 있었다.
③ 김첨지가 부른 '일 원 오십 전'은 스스로 놀랄 만큼 큰 액수이다.
④ 김첨지는 아내가 조밥을 먹고 체해서 병이 심해졌다고 생각한다.
⑤ 김첨지의 아내는 몸이 아파서 제대로 일어나지도 못하는 상태다.

05 ⊙~ⓜ의 뜻풀이로 알맞지 <u>않은</u> 것은?

① ⊙: 한 달이 조금 넘는 기간.
② ⓒ: 약봉지에 싼 약의 뭉치를 세는 단위.
③ ⓒ: 새롭게 만듦.
④ ⓔ: 아주 위중한 병의 증세.
⑤ ⓜ: 좁쌀을 많이 두어서 지은 밥.

창의적 적용

06 〈보기〉를 참고하여 '운수 좋은 날'이라는 제목에 사용된 표현법과 그 효과를 서술하시오.

ㅡ● 보기 ●ㅡ
김첨지는 계속되는 행운으로 인력거꾼으로서 큰돈을 벌었으나, 집에 돌아갔을 때 그의 아내는 이
미 병으로 죽은 뒤였다.

어휘 체크 ※ 잘 아는 어휘 ○표! 헷갈리거나 모르는 어휘 ×표! 학습 후 확실하게 이해했으면 ☆표!

고즈넉하다 ☐☐	고풍스럽다 ☐☐	부산하다 ☐☐	삼삼하다 ☐☐	아물거리다 ☐☐
아슴푸레 ☐☐	엄습하다 ☐☐	적막 ☐☐	정갈하다 ☐☐	참상 ☐☐
허망 ☐☐	환란 ☐☐	희화화 ☐☐		

고즈넉하다

서희는 [   ]한 호숫가 별장에서 휴가를 보냈다.

(뜻 알기) 고요하고 아늑하다.

(뜻 써 보기) _____

고풍스럽다
古 옛 고 | 風 바람 풍

산길을 걷다보니 [   ]스러운 사찰이 나타났다.

(뜻 알기) 보기에 예스러운 데가 있다.

(뜻 써 보기) _____

부산하다

명절에 친척 동생들이 모이자 집안이 매우 [   ]해졌다.

(뜻 알기) 급하게 서두르거나 시끄럽게 떠들어 어수선하다.

(뜻 써 보기) _____

삼삼하다

며칠 전 다른 보호자 곁으로 떠난 강아지가 아직도 눈앞에 [   ]하다.

(뜻 알기) 잊히지 않고 눈앞에 보이는 듯 또렷하다.

(뜻 써 보기) _____

(유의어) 선연하다 실제로 보는 것같이 생생하다.

아물거리다

봄이 되어 날이 따뜻해지자 아지랑이가 [   ]거린다.

(뜻 알기) 작거나 희미한 것이 보일 듯 말 듯 하게 조금씩 자꾸 움직이다.

(뜻 써 보기) _____

아슴푸레

저 멀리서 뱃고동 소리가 [   ] 들려왔다.

(뜻 알기) 또렷하게 보이거나 들리지 아니하고 희미하고 흐릿한 모양.

(뜻 써 보기) _____

(유의어) 어렴풋이 기억이나 생각, 물체, 소리 따위가 뚜렷하지 아니하고 희미하게.

엄습하다
掩 가릴 엄 | 襲 엄습할 습

1) 적들은 어두운 밤을 틈타   했다.

(뜻 알기) 뜻하지 아니하는 사이에 습격하다.

(뜻 써 보기) _____

2) 어질러진 집안을 보자 도둑이 들었을 것이라는 불안감이   했다.

(뜻 알기) 감정, 생각, 감각 따위가 갑작스럽게 들이닥치거나 덮치다.

(뜻 써 보기) _____

적막
寂 고요할 적 | 寞 고요할 막

병주는 집안이 너무   해서 음악을 틀었다.

(뜻 알기) 고요하고 쓸쓸함.

(뜻 써 보기) _____

정갈하다

엄마는 오랜만에 돌아오는 오빠를 위해   하게 음식을 차리셨다.

(뜻 알기) 깨끗하고 깔끔하다.

(뜻 써 보기) _____

참상
慘 참혹할 참 | 狀 형상 상

안전 불감증으로 인해 벌어진   을 그냥 넘어가서는 안 된다.

(뜻 알기) 비참하고 끔찍한 상태나 상황.

(뜻 써 보기) _____

허망
虛 빌 허 | 妄 허망할 망

성우는 돈에 대해   을 느끼고 고향으로 내려갔다.

(뜻 알기) 어이없고 허무함.

(뜻 써 보기) _____

환란
患 근심 환 | 亂 어지러울 란

나는 무슨   이 닥쳐올지도 모른다는 공포를 느꼈다.

(뜻 알기) 근심과 재앙을 통틀어 이르는 말.

(뜻 써 보기) _____

희화화
戲 놀이 희 | 畵 그림 화 | 化 될 화

그 드라마는 난치병 환자를   하여 거센 논란에 휩싸였다.

(뜻 알기) 어떤 인물의 외모나 성격, 또는 사건이 의도적으로 우스꽝스럽게 묘사되거나 풍자됨. 또는 그렇게 만듦.

(뜻 써 보기) _____

01 ~ 05 다음 뜻풀이에 해당하는 단어를 말상자에서 찾아 표시하시오.

01 어이없고 허무함.

02 고요하고 쓸쓸함.

03 비참하고 끔찍한 상태나 상황.

04 근심과 재앙을 통틀어 이르는 말.

05 또렷하게 보이거나 들리지 아니하고 희미하고 흐릿한 모양.

환	멸	망	대	해	안
아	란	정	참	상	정
습	소	착	석	적	기
푸	짐	폐	허	울	막
레	안	대	망	각	자

06 ~ 08 다음 단어의 뜻풀이에 알맞은 단어를 고르시오.

06 고즈넉하다 : 고요하고 (쓸쓸 | 아늑)하다.

07 고풍스럽다 : 보기에 (멋스러운 | 예스러운) 데가 있다.

08 희화화 : 어떤 인물의 외모나 성격, 또는 사건이 (의도적으로 | 의도치 않게) 우스꽝스럽게 묘사
되거나 풍자됨.

09 ~ 11 제시된 초성을 참고하여 다음 뜻풀이에 알맞은 단어를 쓰시오.

09 잊히지 않고 눈앞에 보이는 듯 또렷하다. ㅅ ㅅ ㅎ ㄷ

10 급하게 서두르거나 시끄럽게 떠들어 어수선하다. ㅂ ㅅ ㅎ ㄷ

11 감정, 생각, 감각 따위가 갑작스럽게 들이닥치거나 덮치다. ㅇ ㅅ ㅎ ㄷ

▶ 정답과 해설 45쪽

12~14 빈칸에 들어갈 알맞은 단어를 〈보기〉에서 찾아 쓰시오.

━━━━● 보기 ●━━━━

고풍   부산   삼삼   정갈   환란   적막

12 젊은이들이 하나 둘 떠난 뒤 그 마을은 그저 (   )할 뿐이었다.

13 개학날 교실에서 친구들이 (   )하게 떠들어 대니 정신이 없었다.

14 오늘따라 전학 간 친구가 나에게 웃어주던 모습이 눈앞에 (   )하다.

15 밑줄 친 단어의 쓰임이 적절하지 <u>않은</u> 것은?

① <u>정갈한</u> 반찬들을 보고 손님들이 감탄을 했다.
② 쓰러진 나를 깨우는 현민이의 목소리가 <u>아슴푸레</u> 들렸다.
③ 할머니께서 물려주신 자개장이 <u>고풍스러운</u> 분위기를 자아낸다.
④ 그 산 중턱에는 사람의 발길이 거의 닿지 않는 <u>고즈넉한</u> 집이 있다.
⑤ 선생님은 감사 인사를 하는 학생들을 보며 보람을 느끼고 <u>허망</u>하였다.

16 〈보기〉의 빈칸에 들어갈 단어가 순서대로 바르게 나열된 것은?

━━━━● 보기 ●━━━━

• 그 소설은 전쟁에서 민간인들이 겪은 (   )을/를 적나라하게 보여주고 있다.
• 나는 선생님은 이미 그 일에 대해 다 알고 계셨다는 생각이 (   )해 오자 오싹해졌다.

① 참상, 습격   ② 현상, 습격   ③ 현상, 습격
④ 현상, 엄습   ⑤ 참상, 엄습

17~18 다음 단어가 들어간 예문을 찾거나, 스스로 새로운 문장을 만들어 써 보시오.

17 아물거리다 ⇨ _____

18 희화화 ⇨ _____

01~03 다음 글을 읽고 물음에 답하시오.

정유년 8월에 왜구가 남원을 함락하자 최척의 가족들은 지리산 연곡사로 피란을 갔다. 최척은 아내 옥영에게 남장(男裝)을 하게 했으므로 사람들은 옥영이 여자인 줄을 몰랐다. 며칠이 지난 후 최척은 서너 사람과 양식도 구하고 왜적의 형세도 살필 겸 산에서 내려왔다. 최척 일행은 구례에서 적병을 만났는데, 모두 바위 골짜기에 몸을 숨겨 겨우 살았다.

이날 왜적들은 연곡사로 쳐들어가 다 약탈해 갔다. 최척 일행은 사흘 동안이나 왜적들이 물러가기를 기다렸다가 간신히 연곡사로 들어가 보니 차마 눈뜨고 볼 수 없는 참상이었다. 절에는 시체가 가득 쌓여 있고 피가 흘러 내를 이루었다. 그런데 이때 숲 속에서 아슴푸레하게 신음소리가 들려왔다. 최척이 찾아보니, 노인 몇 사람이 온몸에 상처를 입고 통곡하며 말했다.

"적병이 산에 들어와서 사흘 동안 재물을 약탈하고 백성들을 베어 죽였으며, 아이들과 여자들은 모두 끌고 어제 겨우 섬진강으로 물러갔네. 가족들을 찾고 싶으면 물가에 가서 물어보게나."

최척은 하늘을 부르짖으며 통곡하고 땅을 치며 피를 토한 뒤, 즉시 섬진강으로 달려갔다.

— 조위한, 〈최척전〉

> ♥ **작품 감상**
>
> [해제] 이 작품은 임진왜란을 배경으로 당시 백성들이 겪었던 고통을 사실적으로 그려내고 있는 고전 소설이다.
> [주제] 전쟁으로 인한 가족들의 이별과 재회

01 이 글의 서술상 특징으로 가장 적절한 것은?

① 인물의 심리를 직접적으로 제시하고 있다.
② 주로 대화를 통해 사건을 극적으로 전개하고 있다.
③ 공간적 배경을 세밀히 묘사해 주제를 암시하고 있다.
④ 사건을 요약적으로 제시해 속도감 있게 전개하고 있다.
⑤ 작품 속의 서술자가 자신의 이야기를 직접 전달하고 있다.

02 다음 뜻풀이에 해당하는 단어를 본문에서 찾아 쓰시오.

> ㉠ : (   ) ⇒ 난리를 피하여 옮겨 감.
> ㉡ : (   ) ⇒ 또렷하게 보이거나 들리지 아니하고 희미하고 흐릿한 모양.

창의적 적용

03 이 글과 〈보기〉의 〈박씨전〉의 공통점을 '참상'이란 단어를 사용하여 한 문장으로 서술하시오.

> ● 보기 ●
>
> 병자호란을 배경으로 하는 군담소설인 〈박씨전〉은 패전의 역사를 허구적 승전사로 꾸며놓았지만 곳곳에 국가적 환란에 참혹하게 희생당하는 민중의 모습이 잘 나타나 있다.

04~06 다음 글을 읽고 물음에 답하시오.

　　사월이라 초여름 되니 입하(立夏) 소만(小滿) 절기로다. 비 온 끝에 볕
이 나니 날씨도 화창하다.
　　떡갈잎 퍼질 때에 뻐꾹새 자주 울고. 보리 이삭 패어나니 꾀꼬리 소리
한다. 농사도 한창이요, 잠농(蠶農)도 한창이라. 남녀노소 골몰하여 집에
있을 틈이 없어, 적막한 대사립이 녹음 속에 닫혔구나. 면화를 많이 가소
방적의 근본이라. 수수 동부 녹두 참깨도 부사이사이 심어 보소. 갈 꺾어
거름할 제 풀 베어 섞어 하소. 무논을 써레질하고 이른 모 내어 보세. 식량이 부족하니 환곡(還穀) 타 보
태리라. 한 잠 자고 이는 누에 하루도 열두 밥을, 밤낮을 쉬지 말고 부지런히 먹이리라. 뽕 따는 아이들
아 훗그루 보아 하여, 고목은 가지 찍고 햇잎은 제쳐 따소. 〈중략〉 도랑 쳐 물길 내고 비 새는 곳 기와
고쳐 장마를 방비하면 뒷근심 더 없나니.
　　－ 정학유, 〈농가월령가〉

♥ 작품 감상
[해제] 농가에서 일 년 동안 해
야 하는 일거리들과 절기에
따라 지켜야 하는 세시 풍속
을 노래한 월령체 가사이다.
[주제] 4월의 절기를 소개하고
농사일 권장

04　이 글의 상황에 대한 설명으로 적절하지 <u>않은</u> 것은?

① 도랑을 정비하고 물길을 내서 가뭄에 대비한다.
② 옷감 만들 실을 뽑기 위해 면화 농사를 준비한다.
③ 식량이 부족하므로 관가에서 환곡을 타 와야 한다.
④ 거름도 준비하고 논을 갈고 이른 모를 내기도 한다.
⑤ 농사 이외에 누에치기도 한창이므로 뽕잎을 부지런히 따야 한다.

05　이 글의 농촌 풍경을 묘사한 것으로 가장 적절한 것은?

① 바쁜 농사일로 집안이 비어 적막하다.
② 뻐꾹새와 꾀꼬리가 우는 풍경이 삼삼하다
③ 환곡을 타 오는 농부들의 표정이 허망하다.
④ 기와를 고치는 농부들에게 뒷근심이 엄습한다.
⑤ 농부들이 거름도 만들고 모내기도 하는 모습이 정갈하다.

창의적 적용

06　이 글의 상황을 설명하는 〈보기〉를 참고하여 작품 분위기를 '부산하다', '고풍스럽다'의 단어를 활용하여
설명하시오.

● 보기 ●
1. 날이 따뜻해지기 시작하는 4월 초여름이 배경이다.
2. 사람들은 어른 아이 할 것 없이 모두 농사일로 바쁘다.
3. '~하소.'나 '~나니.'와 같은 예스러운 말투를 사용하고 있다.

삶의 양상

어휘 체크

※ 잘 아는 어휘 ○표! 헷갈리거나 모르는 어휘 ×표! 학습 후 확실하게 이해했으면 ☆표!

거동 ☐☐	고단하다 ☐☐	대장부 ☐☐	모함하다 ☐☐	북새 ☐☐
불한당 ☐☐	상책 ☐☐	순리 ☐☐	애호가 ☐☐	염치 ☐☐
예기하다 ☐☐	철면피 ☐☐	초월 ☐☐		

거동
擧 들 거 | 動 움직일 동

가게 주인은 손님의 ▨▨▨ 이 수상하여 몰래 지켜보았다.

뜻 알기 　몸을 움직임. 또는 그런 짓이나 태도.

뜻 써 보기 _____

고단하다

그는 사업이 어려워지자 삶이 ▨▨▨ 하게 느껴졌다.

뜻 알기 　처지가 좋지 못해 몹시 힘들다.

뜻 써 보기 _____

대장부
大 큰 대 | 丈 어른 장 | 夫 사내 부

지훈이는 평소와 다르게 ▨▨▨ 답지 않은 모습을 보였다.

뜻 알기 　건장하고 씩씩한 사내.

뜻 써 보기 _____

모함하다
謨 꾀 모 | 陷 빠질 함

교씨는 사씨를 ▨▨▨ 하여 쫓아내고 유 한림의 정실 부인이 되었다.

뜻 알기 　나쁜 꾀로 남을 어려운 처지에 빠지게 하다.

뜻 써 보기 _____

북새

마을 사람들이 잔치에 몰려와 한바탕 ▨▨▨ 를 떨었다.

뜻 알기 　많은 사람이 야단스럽게 부산을 떨며 법석이는 일.

뜻 써 보기 _____

불한당
不 아닐 불 | 汗 땀 한 | 黨 무리 당

성훈이는 학생들을 괴롭히는 ▨▨▨ 을 맨손으로 제압하였다.

뜻 알기 　남 괴롭히는 것을 일삼는 파렴치한* 사람들의 무리.

뜻 써 보기 _____

어휘 쏙 　파렴치(破廉恥)하다 염치를 모르고 뻔뻔스럽다.

상책
上 위 상 | 策 꾀 책

안 좋은 기억은 빨리 잊는 것이   이다.

(뜻 알기) 가장 좋은 대책이나 방책.

(뜻 써 보기) _____

순리
順 순할 순 | 理 다스릴 리

철웅이는 막혔던 일들이   대로 잘 풀리자 안도하였다.

(뜻 알기) 순한 이치나 도리. 또는 도리나 이치에 순종함.

(뜻 써 보기) _____

애호가
愛 사랑 애 | 好 좋을 호 |
家 집 가

다혜는 야생 동물 보호 단체에서 일하고 있는 동물   이다.

(뜻 알기) 어떤 사물을 사랑하고 좋아하는 사람.

(뜻 써 보기) _____

염치
廉 청렴할 염 | 恥 부끄러울 치

그 친구는   없이 내게 또 돈을 빌려달라고 부탁했다.

(뜻 알기) 체면*을 차릴 줄 알며 부끄러움을 아는 마음.

(뜻 써 보기) _____

(어휘 쏙) 체면(體面) 남을 대하기에 떳떳한 도리나 얼굴.

예기하다
豫 미리 예 | 期 기약할 기

공연장에서   하지 못했던 상황이 벌어져 무척 당황했다.

(뜻 알기) 앞으로 닥쳐올 일에 대하여 미리 생각하고 기다리다.

(뜻 써 보기) _____

(유의어) 예견(豫見)하다 앞으로 일어날 일을 미리 짐작하다.

철면피
鐵 쇠 철 | 面 낯 면 |
皮 가죽 피

그는 남의 부탁은 들어주지 않고 남에게 부탁만 하는   이다.

(뜻 알기) 쇠로 만든 낯가죽이라는 뜻으로, 염치가 없고 뻔뻔스러운 사람을 낮잡아 이르는 말.

(뜻 써 보기) _____

초월
超 넘을 초 | 越 넘을 월

지아는 보통 사람들의 상상을   하는 이야기를 써서 책으로 출간했다.

(뜻 알기) 어떠한 한계나 표준을 뛰어넘음.

(뜻 써 보기) _____

01 ~ 04 다음 단어와 그 뜻풀이를 바르게 연결하시오.

01 철면피 •

      • ㉠ 처지가 좋지 못해 몹시 힘들다.

02 불한당 •

      • ㉡ 남 괴롭히는 것을 일삼는 파렴치한 사람들의 무리.

03 고단하다 •

      • ㉢ 앞으로 닥쳐올 일에 대하여 미리 생각하고 기다리다.

04 예기하다 •

      • ㉣ 쇠로 만든 낯가죽이라는 뜻으로, 염치가 없고 뻔뻔스러운 사람을 낮잡아 이르는 말.

05 ~ 07 다음 단어의 뜻풀이에 알맞은 단어를 고르시오.

05 순리 : 순한 이치나 (도리 | 의무).

06 상책 : 가장 (나쁜 | 좋은) 대책이나 방책.

07 염치 : 체면을 차릴 줄 알며 (부끄러움 | 떳떳함)을 아는 마음.

08 ~ 11 〈보기〉의 글자들을 조합하여 다음 뜻풀이에 알맞은 단어를 쓰시오.

보기

가 애 월 북 거 초 호 동 새

08 어떠한 한계나 표준을 뛰어넘음. (   )

09 몸을 움직임. 또는 그런 짓이나 태도. (   )

10 어떤 사물을 사랑하고 좋아하는 사람. (   )

11 많은 사람이 야단스럽게 부산을 떨며 법석이는 일. (   )

12~15 빈칸에 들어갈 알맞은 단어를 〈보기〉에서 찾아 쓰시오.

─● 보기 ●─

상책   초월   모함   불한당   애호가   북새

12 그 신하는 왕을 (   )한 죄로 벌을 받았다.

13 손꼽아 기다리던 명절이 돌아오자 시장이 (   )를 이루었다.

14 어머니는 커피 (   )로 집에서 직접 원두 커피를 내려서 드신다.

15 길에서 야생동물을 마주치면 놀라지 말고 조용히 피하는 것이 (   )이다.

16 밑줄 친 단어의 쓰임이 적절하지 <u>않은</u> 것은?

① 밤에는 <u>불한당</u> 같은 도둑 떼를 만날까봐 무섭다.
② 차례로 질서를 지키는 소향이의 모습은 <u>철면피</u>였다.
③ 추운 겨울에 막차를 탄 승객은 <u>고단</u>한지 눈을 감고 있었다.
④ <u>거동</u>이 불편하신 분들은 계단 옆의 엘리베이터를 이용하세요.
⑤ 교과서를 빌리러 온 정연이는 자신이 <u>염치</u>가 없다고 말하며 머리를 긁적였다.

17 문맥상 〈보기〉의 밑줄 친 단어와 유의 관계인 것은?

─● 보기 ●─

컴퓨터 프로그램에서 <u>예기하지</u> 못했던 오류가 발생했다.

① 분석하지   ② 기억하지   ③ 회상하지   ④ 기록하지   ⑤ 예상하지

18~19 다음 단어가 들어간 예문을 찾거나, 스스로 새로운 문장을 만들어 써 보시오.

18 대장부 ⇨ _____

19 순리 ⇨ _____

01 ~ 03 다음 글을 읽고 물음에 답하시오.

아버지는 아들의 뒤를 쫓아 이내 개울에서 들어왔다. 아들은, 의사인 아들은, 마치 환자에게 치료 방법을 이르듯이, 냉정히 차근차근 이야기를 시작하였다. 외아들인 자기가 부모님을 진작 모시지 못한 것이 잘못인 것, 한집에 모이려면 자기가 병원을 버리기보다는 부모님이 농토를 버리시고 서울로 오시는 것이 순리인 것, 병원은 나날이 환자가 늘어가나 입원실이 부족하여 오는 환자의 삼분지 일밖에 수용 못 하는 것, 지금 시국에 큰 건물을 새로 짓기란 거의 불가능의 일인 것, 마침 교통 편한 자리에 삼층 양옥이 하나 난 것, 인쇄소였던 집인데 전체가 콘크리트여서 방화 방공으로 가치가 충분한 것, 삼층은 살림집과 직공들의 합숙실로 꾸미었던 것이라 입원실로 바꾸기에 용이한 것, 각 층에 수도, 가스가 다 들어온 것, 그러면서도 가격은 저렴한 것, 저렴하기는 하나 삼만이천 원이라 지금의 병원을 팔면 일만오천 원쯤은 받겠지만 그것을 새 집을 고치는 데와 수술실의 기계를 완비하는 데 다 들어갈 것이니 집값 삼만이천 원은 따로 있어야 할 것, 시골에 땅을 둔대야 일 년에 고작 삼천 원의 실리가 떨어질지 말지 하지만 땅을 팔아다 병원만 확장해 놓으면, 적어도 일 년에 만 원 하나씩은 이익을 뽑을 자신이 있는 것, 돈만 있으면 땅은 이담에라도, 서울 가까이라도 얼마든지 좋은 것으로 살 수 있는 것…… 아버지는 아들의 의견을 끝까지 잠잠히 들었다.

– 이태준, 〈돌다리〉

♥ 작품 감상
[해제] 땅의 본래적인 가치보다 금전적 가치만을 중시하는 의사 아들과 이에 반대하는 아버지의 갈등을 통해 물질 중심적인 태도에 대한 비판을 드러낸 단편 소설이다.
[주제] 물질 만능 주의에 대한 비판과 땅의 가치에 대한 인식

01 이 글의 내용과 일치하지 <u>않는</u> 것은?

① 아들의 직업은 의사이며 병원을 확장하고 싶어 한다.
② 아들은 농부인 아버지에게 경제적 도움을 요청하고 있다.
③ 아들은 경제적 이득을 근거로 시골 땅을 팔라고 설득하고 있다.
④ 아들은 병원에서 얻는 이익으로 판 농토를 다시 살 수 있다고 말한다.
⑤ 아들은 부모를 직접 모실 수 있다는 것도 땅을 파는 명분으로 제시하고 있다.

02 다음 뜻풀이에 해당하는 단어를 이 글에서 찾아 쓰시오.

㉠ : ( )	⇒ 한 이치나 도리. 또는 도리나 이치에 순종함.
㉡ : ( )	⇒ 어렵지 아니하고 매우 쉬움.

창의적 적용

03 이 글에서 아들이 가지고 있는 땅에 대한 인식을 '도구적', '금전적'이라는 단어를 사용하여 서술하시오.

_____

04~06 다음 글을 읽고 물음에 답하시오.

> 난데없는 붉은 콩 한낱 덩그렇게 놓였거늘 장끼란 놈이 하는 말이
> "어화, 그 콩 먹음직스럽다. 하늘이 주신 복을 내 어찌 마다하랴? 내 복이니 먹어 보자."
> 옆에서 지켜보던 까투리는, 불길한 예감이 들어 하는 말이
> "아직 그 콩 먹지 마소. 눈 위에 사람 자취가 있으니 수상하오." 〈중략〉
> 장끼란 놈 이른 말이,
> "네 말이 무식하다. 예절을 모르거든 ⊙염치를 내 알쏘냐." 〈중략〉
> 까투리 하릴없이 물러서니, 장끼란 놈 ⓒ거동 보소. 콩 먹으러 들어갈 제 열두 꽁지깃 펼쳐 들고 꾸벅꾸벅 고개 조아 조츰조츰 들어가서 반달 같은 혀뿌리로 들입다 꽉 찍으니 두 고패 둥그레지며 머리 위에 치는 소리가 박랑사중(博浪沙中)에 저격시황(狙擊始皇)* 하다가 ⓒ버금 수레 맞히는 듯 와지끈 뚝딱 푸드득 변통없이 치었구나.
> 까투리 하는 말이, / "저런 ②광경 당할 줄 몰랐던가, 남자라고 여자의 말 잘 들어도 ⑩패가(敗家)하고, 계집의 말 안 들어도 망신(亡身)하네."
> — 작자 미상, 〈장끼전〉
>
> * 박랑사중(博浪沙中) 저격시황(狙擊始皇): 장랑(張良)이 역사(力士)들로 하여금 철퇴로 진시황을 저격하게 한 사건

♥ 작품 감상
[해제] 우화 형식을 통해 권위적인 남성을 희화화하여 풍자하고 여성의 개가 금지에 대해 비판하는 고전 소설이다.
[주제] 남성 중심 사회에 대한 비판

04 이 글의 주제 의식으로 가장 적절한 것은?

① 잔인하게 동물을 사냥하는 인간 비판
② 가부장적이고 권위주의적인 남성 비판
③ 무지와 탐욕으로 몰락하는 인간의 비극
④ 추위와 굶주림에 시달리는 민중의 애환
⑤ 민중을 가혹하게 수탈하는 탐관오리 비판

05 ⊙~⑩의 뜻풀이로 적절하지 <u>않은</u> 것은?

① ⊙ : 자기에게 유리한 행동만 해서 얄미운 사람.
② ⓒ : 몸을 움직임. 또는 그런 짓이나 태도.
③ ⓒ : 으뜸의 바로 아래. 또는 그런 지위에 있는 사람이나 물건.
④ ② : 벌어진 일의 형편과 모양.
⑤ ⑩ : 재산을 다 써 버려 집안을 망침.

창의적 적용

06 이 글의 장끼가 말하는 여성상과 까투리가 보여주는 여성상의 모습을 〈조건〉에 맞게 서술하시오.

● 조건 ●
'순리'와 '진보'라는 단어를 사용할 것.

어휘 체크

※ 잘 아는 어휘 ○표! 헷갈리거나 모르는 어휘 ×표! 학습 후 확실하게 이해했으면 ☆표!

고혈 ☐☐	낙목한천 ☐☐	녹의홍상 ☐☐	부마 ☐☐	빙자옥질 ☐☐
삭정이 ☐☐	소저 ☐☐	송사 ☐☐	송죽 ☐☐	이실직고 ☐☐
탐관오리 ☐☐	풍상 ☐☐	흉계 ☐☐		

고혈

膏 기름 고 | 血 피 혈

그 왕은 백성들의 ▢▢▢▢ 을 짜낼 뿐 아무런 업적이 없었다.

(뜻 알기) 사람의 기름과 피. 몹시 고생하여 얻은 이익이나 재산을 이르는 말.

(뜻 써 보기) _____

낙목한천

落 떨어질 낙 | 木 나무 목 | 寒 찰 한 | 天 하늘 천

꽃 한 송이가 ▢▢▢▢ 에 홀로 피어 있다.

(뜻 알기) 나뭇잎이 다 떨어진 겨울의 춥고 쓸쓸한 풍경. 또는 그런 계절.

(뜻 써 보기) _____

녹의홍상

綠 푸를 녹 | 衣 옷 의 | 紅 붉을 홍 | 裳 치마 상

아름다운 ▢▢▢▢ 을 차려입은 여인이 문 밖으로 걸어 나왔다.

(뜻 알기) 연두저고리와 다홍치마. 곱게 차려입은 젊은 여자의 옷차림을 이르는 말.

(뜻 써 보기) _____

부마

駙 곁마 부 | 馬 말 마

임금은 납치된 백성들을 구해온 영웅을 ▢▢▢ 로 삼았다.

(뜻 알기) 임금의 사위.

(뜻 써 보기) _____

빙자옥질

氷 얼음 빙 | 姿 맵시 자 | 玉 구슬 옥 | 質 바탕 질

눈 속에 피어나는 아름다운 매화를 ▢▢▢▢ 이라고 부른다.

(뜻 알기) 얼음같이 맑고 깨끗한 살결과 구슬같이 아름다운 자질.

(뜻 써 보기) _____

삭정이

우리들은 뒷산에서 ▢▢▢▢ 를 꺾어 모아 불을 지폈다.

(뜻 알기) 살아 있는 나무에 붙어 있는, 말라 죽은 가지.

(뜻 써 보기) _____

소저
小 작을 소 | 姐 누이 저

〈옥루몽〉에서 양창곡은 윤　　　　　를 부인으로 맞았다.

(뜻 알기) '아가씨'를 한문 투로 이르는 말.

(뜻 써 보기)

송사
訟 송사할 송 | 事 일 사

1) 민재는 주변의 설득에도 불구하고　　　　　를 진행하였다.

(뜻 알기) 재판에 의하여 원고와 피고 사이의 권리나 의무 따위의 법률관계를 확정하여 줄 것을 법원에 요구함.

(뜻 써 보기)

2) 현명한 원님이 부임하고 열린 첫　　　　　에 많은 사람들이 몰렸다.

(뜻 알기) 백성끼리 분쟁이 있을 때, 관부에 호소하여 판결을 구하던 일.

(뜻 써 보기)

송죽
松 소나무 송 | 竹 대나무 죽

선조들은 겨울에도 푸른빛을 잃지 않는　　　　　을 높이 평가했다.

(뜻 알기) 소나무와 대나무를 아울러 이르는 말.

(뜻 써 보기)

이실직고
以 써 이 | 實 열매 실 | 直 곧을 직 | 告 알릴 고

자라는 그제서야 토끼에게 자신과 같이 용궁에 가야만 하는 이유를 　　　　　하였다.

(뜻 알기) 사실 그대로 고함.

(뜻 써 보기)

유의어 실토(實吐) 거짓 없이 사실대로 다 말함.

탐관오리
貪 탐할 탐 | 官 벼슬 관 | 汚 더러울 오 | 吏 벼슬아치 리

날이 갈수록　　　　　의 횡포가 심해지자 백성들의 분노가 극에 달했다.

(뜻 알기) 백성의 재물을 탐내어 빼앗는, 행실이 깨끗하지 못한 관리.

(뜻 써 보기)

풍상
風 바람 풍 | 霜 서리 상

문희는 세상의　　　　　을 다 겪은 표정으로 앉아 있었다.

(뜻 알기) 바람과 서리. 많이 겪은 세상의 어려움과 고생을 이르는 말.

(뜻 써 보기)

어휘 쏙 풍파(風波) 세찬 바람과 험한 물결. 세상살이의 어려움이나 고통을 이르는 말.

흉계
凶 흉할 흉 | 計 꾀할 계

김자점은 자신의　　　　　가 드러나자 임경업을 해치려 했다.

(뜻 알기) 흉악한 계략.

(뜻 써 보기)

유의어 음모(陰謀) 나쁜 목적으로 몰래 흉악한 일을 꾸밈. 또는 그런 꾀.

사전적 의미

01 ~ 05 다음 뜻풀이에 해당하는 단어를 말상자에서 찾아 표시하시오.

01 임금의 사위.

02 사실 그대로 고함.

03 '아가씨'를 한문 투로 이르는 말.

04 살아 있는 나무에 붙어 있는, 말라 죽은 가지.

05 얼음같이 맑고 깨끗한 살결과 구슬같이 아름다운 자질.

식	삭	정	이	주	민
소	탐	성	실	장	생
저	의	순	직	소	금
초	대	양	고	부	실
빙	자	옥	질	모	마

06 ~ 08 다음 단어의 뜻풀이에 알맞은 단어를 고르시오.

06 **송사** : (백성 | 관리)끼리 분쟁이 있을 때, 관부에 호소하여 판결을 구하던 일.

07 **낙목한천** : 나뭇잎이 다 떨어진 (가을 | 겨울)의 춥고 쓸쓸한 풍경. 또는 그런 계절.

08 **고혈** : 사람의 (기름 | 살)과 피란 뜻으로, 몹시 고생하여 얻은 이익이나 재산을 이르는 말.

09 ~ 11 제시된 초성을 참고하여 다음 뜻풀이에 알맞은 단어를 쓰시오.

09 백성의 재물을 탐내어 빼앗는, 행실이 깨끗하지 못한 관리. ㅌ ㄱ ㅇ ㄹ

10 바람과 서리. 많이 겪은 세상의 어려움과 고생을 이르는 말. ㅍ ㅅ

11 연두저고리와 다홍치마라는 뜻으로, 곱게 차려입은 젊은 여자의 옷차림을 이르는 말.
ㄴ ㅇ ㅎ ㅅ

12 ~ 14 빈칸에 들어갈 알맞은 단어를 〈보기〉에서 찾아 쓰시오.

───── • 보기 • ─────

삭정이   송사   고혈   소저   이실직고   탐관오리

12 시후는 억울했지만 괜히 (   )에 휘말릴까봐 화를 참았다.

13 윗동네 사는 박 (   )는 지혜로운 아가씨로 소문이 나 있다.

14 조선시대에는 암행어사를 파견하여 (   )를 감시하고 처벌했다.

15 밑줄 친 단어의 쓰임이 적절하지 <u>않은</u> 것은?

① 새색시가 <u>녹의홍상</u>을 입고 어여쁜 꽃신을 신었다.
② 그 장군은 전쟁에서 큰 공을 세운 뒤에 <u>부마</u>가 되었다.
③ 투박하지만 성실히 일하는 일꾼은 <u>빙자옥질</u>의 모습이었다.
④ 가혹한 관리들은 백성들이 <u>고혈</u>로 지은 농작물을 수탈했다.
⑤ 아버지께서는 정원에 있는 꽃나무 <u>삭정이</u>를 모두 떼어 내셨다.

16 〈보기〉의 빈칸에 들어갈 단어가 순서대로 바르게 나열된 것은?

───── • 보기 • ─────

• 독립운동가이자 시인 이육사는 꿋꿋한 (   )의 절개를 닮았다.
• 사건 현장에서 붙잡힌 범인은 자신의 죄를 형사에게 (   )했다.

① 송죽, 우유부단   ② 송죽, 이실직고   ③ 송죽, 오매불망
④ 난초, 감언이설   ⑤ 난초, 전전긍긍

17 ~ 18 다음 단어가 들어간 예문을 찾거나, 스스로 새로운 문장을 만들어 써 보시오.

17 **흉계** ⇨ _____

18 **낙목한천** ⇨ _____

01~03 다음 시를 읽고 물음에 답하시오.

(가)
국화(菊花)야 너는 어이 삼월동풍(三月東風)* 다 지내고
낙목한천(落木寒天)에 네 홀로 피었느냐
아마도 오상고절(傲霜孤節)*은 너뿐인가 하노라.

– 이정보

* 삼월동풍(三月東風): 봄바람 부는 3월
* 오상고절(傲霜孤節): 서리를 이겨 내는 높고 굳은 절개

(나)
빙자옥질(氷姿玉質)이여 눈 속에 너로구나
가만히 향기(香氣) 놓아 황혼월(黃昏月)*을 기약(期約)하니
아마도 아치고절(雅致高節)*은 너뿐인가 하노라

– 안민영, 〈매화사〉 제3수

* 황혼월(黃昏月): 황혼에 뜨는 달   * 아치고절(雅致高節): 아담한 풍치(멋)와 높은 절개

♥ **작품 감상 (가)**
[해제] 국화의 절개를 예찬하면서 의인법을 사용하여 대상에게 친근감을 드러내고 있는 시조이다.
[주제] 선비의 높은 절개와 굳은 지조

♥ **작품 감상 (나)**
[해제] 매화를 의인화하여 매화의 속성을 드러내고 눈 속에서도 꽃을 피우는 강인함과 지조를 예찬하는 연시조이다.
[주제] 매화의 고결한 자태와 절개 예찬

01 (가)와 (나)의 공통점으로 가장 적절한 것은?

① 풍류를 즐기는 한가로운 삶을 추구하고 있다.
② 의인화를 통해 부정적 현실을 비판하고 있다.
③ 소박하고 검소한 삶을 즐기기를 바라고 있다.
④ 자연물에서 발견한 바람직한 가치를 인격화하고 있다.
⑤ 부귀공명을 버리고 자연 친화의 정서를 드러내고 있다.

02 다음 뜻풀이에 해당하는 단어를 이 글에서 찾아 쓰시오.

㉠ : (   ) ⇒ 나뭇잎이 다 떨어진 겨울의 춥고 쓸쓸한 풍경. 또는 그런 계절.
㉡ : (   ) ⇒ 얼음같이 맑고 깨끗한 살결과 구슬같이 아름다운 자질.

창의적 적용

03 (가)의 국화와 (나)의 매화의 공통점을 〈보기〉에 제시된 단어를 사용하여 한 문장으로 서술하시오.

──── 보기 ────

• 풍상: 많이 겪은 세상의 어려움과 고생을 비유적으로 이르는 말.
• 송죽: 겨울에도 잎이 지거나 색이 변치 않아 지조를 비유적으로 이르기도 함.

04~06 다음 글을 읽고 물음에 답하시오.

[앞부분 줄거리] 중종 때. 윤지경이 최연화와 결혼을 약속하지만 왕의 후궁인 귀인 박씨의 딸 연성 옹주의 부마로 간택된다. 어쩔 수 없이 부마가 된 지경은 옹주를 멀리하면서 옹주와 귀인 박씨와 갈등을 빚는다. 지경은 연화와 몰래 만나다가 연화의 아버지에게 들통이 난다.

　　㉠부마가 묶이어 오니, 〈중략〉 한림이 즉시 들어가서 아버지께 말을 자세히 고하니, 최공이 웃고 나와 친히 뜰에 내려 결박을 끄르고,
　　"네 언제부터 담을 넘어 들어왔는가? ㉡이실직고 하렸다."
　　지경이 가로되, "장인께서 허락지 아니하시니, 연화가 그리워 8월부터 담을 넘을 계교를 내어, 날마다 다니다가 오늘 이 욕을 보니 이는 장인의 고집 탓입니다." / 최공이 안타까워 하며 부마의 등을 쓰다듬으며 말하기를, "네 어찌 그리 어리석은가. 밤마다 도망하여 내 집에 오니, 이 사실을 ㉢옹주가 알면 크게 화를 낼 것이니 이를 어찌할 것인가?"
　　부마가 이르기를, "저인들 어찌 모르겠습니까. 옹주의 어미 귀인 박씨는 간악하여 간신과 결탁하여 필연 ㉣흉계를 꾸밀 것입니다. 옹주를 ㉤후대하고 그 무리에 들었다가는 멸문지화(滅門之禍)*를 면치 못할 것입니다."

　　　　　　　　　　　　　　　　　　　　　　　　　　　　　　　　－ 작자 미상, 〈윤지경전〉

* 멸문지화(滅門之禍): 한집안이 다 죽임을 당하는 끔찍한 재앙

♥ 작품 감상
[해제] 역사적 사실과 허구를 조화시키며 순수한 사랑을 지키기 위해 부마되기를 거부하는 인물을 보여주는 고전 소설이다.
[주제] 윤지경의 변치 않는 사랑과 부당한 권력의 횡포에 대한 항거

04 이 글의 등장인물들의 심리를 추측한 것으로 적절하지 <u>않은</u> 것은?

① 부마: 왕의 권력도 나의 순수한 사랑을 가로막을 수는 없어.
② 박씨: 내 딸을 박대했으니 대가를 톡톡히 치르게 해 주겠어.
③ 옹주: 강압이든 아니든 결혼했으면 남편의 도리는 다해야지.
④ 연화: 지경이 옹주와 결혼했으니 지경을 다시 보면 안 되겠지.
⑤ 최공: 내 딸을 사랑해주는 것은 고맙지만 옹주가 알면 사태가 심각해질 거야.

05 ㉠~㉤의 뜻풀이로 적절하지 <u>않은</u> 것은?

① ㉠: 임금의 사위.　　　　　　　　② ㉡: 일이 진행되어 온 과정.
③ ㉢: 후궁에게서 난 딸을 이르던 말.　④ ㉣: 흉악한 계략.
⑤ ㉤: 아주 잘 대접함

창의적 적용

06 〈보기〉를 참고하여 이 글의 '위기'에 전개될 내용을 '흉계'란 단어를 사용하여 서술하시오.

　　　　　　　　　　　　　　　　● 보기 ●
　　소설은 대체로 '발단 – 전개 – 위기 – 절정 – 결말'의 단계로 구성된다. 윗글은 구성 단계 중 전개 부분에 해당한다. 위기 단계에서는 주인공에게 시련이 닥쳐 갈등이 고조된다.

III

관용 표현,
헷갈리기 쉬운 말

공부한 날 ◯ 월 ◯ 일

어휘 체크 ※ 잘 아는 한자 성어 ○표! 헷갈리거나 모르는 한자 성어 ×표! 학습 후 확실하게 이해했으면 ☆표!

무위자연 ☐☐	연하고질 ☐☐	음풍농월 ☐☐	견강부회 ☐☐
중언부언 ☐☐	백척간두 ☐☐	일촉즉발 ☐☐	절체절명 ☐☐
순망치한 ☐☐	십시일반 ☐☐	오월동주 ☐☐	

★ 자연

무위자연
無 없을 무 | 爲 할 위 |
自 스스로 자 | 然 그럴 연

유현이는 도시 생활을 정리하고 [   ]의 삶을 누렸다.

(뜻 알기) 사람의 힘을 더하지 않은 그대로의 자연. 또는 그런 이상적인 경지.

(뜻 써 보기) _____

연하고질
煙 안개 연 | 霞 노을 하 |
痼 고질 고 | 疾 병 질

문현이는 [   ] 때문인지 휴일마다 경치 좋은 산을 찾아 떠난다.

(뜻 알기) 자연의 아름다운 경치를 몹시 사랑하고 즐기는 성벽*.

(뜻 써 보기) _____

(어휘 쏙) 성벽(性癖) 굳어진 성질이나 버릇.

음풍농월
吟 읊을 음 | 風 바람 풍 |
弄 희롱할 농 | 月 달 월

옛 선조들은 달 밝은 밤이면 [   ]을 즐기고는 했다.

(뜻 알기) 맑은 바람과 밝은 달을 대상으로 시를 짓고 흥취를 자아내어 즐겁게 놂.

(뜻 써 보기) _____

★ 말

견강부회
牽 이끌 견 | 强 굳셀 강 |
附 붙을 부 | 會 모일 회

그의 말은 그저 지금 처한 상황을 어떻게든 넘겨 보려는 [   ]일 뿐이다.

(뜻 알기) 이치에 맞지 않는 말을 억지로 끌어 붙여 자기에게 유리하게 함.

(뜻 써 보기) _____

(유의어) 아전인수(我田引水) 자기 논에 물 대기라는 뜻으로, 자기에게만 이롭게 되도록 생각하거나 행동함을 이르는 말.

중언부언
重 거듭 중 | 言 말씀 언 |
復 다시 부 | 言 말씀 언

영호는 중요하지도 않은 말을 [   ] 늘어놓았다.

(뜻 알기) 이미 한 말을 자꾸 되풀이함. 또는 그런 말.

(뜻 써 보기) _____

★ 위태로운 상황

백척간두
尺 일백 **백** | 尺 자 **척** |
竿 장대 **간** | 頭 머리 **두**

지금 우리 팀은 　　　　　　에 선 절박한 시기이다.

(뜻 알기) 백 자나 되는 높은 장대 위에 올라섰다는 뜻으로, 몹시 어렵고 위태로운 지경을 이르는 말.

(뜻 써 보기)

(유의어) 풍전등화(風前燈火) 바람 앞의 등불이라는 뜻으로, 매우 위태로운 처지나 오래 견디지 못할 상태를 이르는 말.

일촉즉발
一 한 **일** | 觸 닿을 **촉** |
卽 곧 **즉** | 發 필 **발**

현재 두 국가의 국경 지대에는 매일 　　　　　　의 긴장감이 돌고 있다.

(뜻 알기) 한 번 건드리기만 해도 폭발할 것 같이 몹시 위급한 상태.

(뜻 써 보기)

절체절명
絶 끊을 **절** | 體 몸 **체** |
絶 끊을 **절** | 命 목숨 **명**

그는 나를 　　　　　　의 위기 속에서 구해준 생명의 은인이다.

(뜻 알기) 몸도 목숨도 다 되었다는 뜻으로, 어찌할 수 없는 절박한 경우를 이르는 말.

(뜻 써 보기)

★ 협력과 화합

순망치한
脣 입술 **순** | 亡 망할 **망** |
齒 이 **치** | 寒 찰 **한**

　　　　　　의 관계에 있는 이웃 나라에 전쟁이 나서 걱정이다.

(뜻 알기) 입술이 없으면 이가 시리다는 뜻으로, 서로 이해관계가 밀접한 사이에 어느 한쪽이 망하면 다른 한쪽도 그 영향을 받아 위험하다는 말.

(뜻 써 보기)

십시일반
十 열 **십** | 匙 숟가락 **시** |
一 한 **일** | 飯 **반**

우리는 지진 피해를 겪은 지역에 　　　　　　으로 돈을 모아 구호 물품을 보냈다.

(뜻 알기) 밥 열 술이 한 그릇이 된다는 뜻으로, 여러 사람이 조금씩 힘을 합하면 한 사람을 돕기 쉬움을 이르는 말.

(뜻 써 보기)

오월동주
吳 나라 이름 **오** |
越 나라 이름 **월** |
同 한가지 **동** | 舟 배 **주**

상우는 경쟁자인 장수와 같은 조로 편성되어 　　　　　　의 상황에 놓였다

(뜻 알기) 서로 적의를 품은 사람들이 한자리에 있게 된 경우나 서로 협력하여야 하는 상황을 이르는 말.

(뜻 써 보기)

01 ~ 04 다음 뜻풀이에 해당하는 한자 성어를 〈보기〉에서 찾아 쓰시오.

─ 보기 ─

연하고질   오월동주   중언부언   백척간두

01 이미 한 말을 자꾸 되풀이함. 또는 그런 말.   (   )

02 자연의 아름다운 경치를 몹시 사랑하고 즐기는 고질 같은 성격.   (   )

03 백 자나 되는 높은 장대 위에 올라섰다는 뜻으로, 몹시 어렵고 위태로운 지경을 이르는 말.
(   )

04 서로 적의를 품은 사람들이 한자리에 있게 된 경우나 서로 협력하여야 하는 상황을 이르는 말.
(   )

05 ~ 06 제시된 초성을 활용하여 한자 성어의 뜻풀이를 완성하시오.

05 **일촉즉발** : 한 번 건드리기만 해도 ㅍ ㅂ 할 것 같이 몹시 위급한 상태.

06 **음풍농월** : 맑은 바람과 밝은 달을 대상으로 시를 짓고 ㅎ ㅊ 를 자아내어 즐겁게 놂.

07 ~ 10 제시된 초성을 참고하여 다음 뜻풀이에 알맞은 한자 성어를 쓰시오.

07 이치에 맞지 않는 말을 억지로 끌어 붙여 자기에게 유리하게 함.   ㄱ ㄱ ㅂ ㅎ

08 사람의 힘을 더하지 않은 그대로의 자연. 또는 그런 이상적인 경지.   ㅁ ㅇ ㅈ ㅇ

09 밥 열 술이 한 그릇이 된다는 뜻으로, 여러 사람이 조금씩 힘을 합하면 한 사람을 돕기 쉬움을 이르
는 말.   ㅅ ㅅ ㅇ ㅂ

10 입술이 없으면 이가 시리다는 뜻으로, 서로 이해관계가 밀접한 사이에 어느 한쪽이 망하면 다른 한
쪽도 그 영향을 받아 위험하다는 말.   ㅅ ㅁ ㅊ ㅎ

▶ 정답과 해설 48쪽

11 ~ 13 제시된 초성을 참고하여 밑줄 친 부분과 의미가 통하는 한자 성어를 쓰시오.

11 어려운 형편에 있는 학우의 수술비를 지원하기 위해 <u>전교생이 조금씩 성금을 모아 수술비를 마련하였다.</u>

ㅅ ㅅ ㅇ ㅂ

12 시조와 가사는 <u>경치 좋은 곳에서 자연을 대상으로 시를 읊고 즐겁게 놀던</u> 문학에서 실제 소재를 바탕으로 현실 세계를 그리는 문학으로 발전했다.

ㅇ ㅍ ㄴ ㅇ

13 수련 : 버스가 예상 시간에 도착하지 않았어. 내 잘못이 아니야.

정아 : <u>그 말은 아까 했던 말이잖아. 같은 말 반복하지 마.</u>

ㅈ ㅇ ㅂ ㅇ

14 밑줄 친 한자 성어의 쓰임이 적절하지 <u>않은</u> 것은?

① 아기는 <u>절체절명</u>의 상황에서 일주일 만에 구조되었다.
② 나는 <u>연하고질</u>이라 산과 바다로 주말마다 캠핑을 다녔다.
③ 은사님은 은퇴 후 속세를 떠나 산 속에서 <u>무위자연</u>의 삶을 사셨다.
④ 시한폭탄을 안고 있는 것 같은 <u>일촉즉발</u>의 긴장된 상황이 연출되었다.
⑤ 논리적이고 정직한 발언을 하는 <u>견강부회</u>한 태도는 주변 사람들에게 신뢰를 준다.

15 〈보기〉의 빈칸에 들어가기에 적절한 한자 성어는?

> ● 보기 ●
>
> 건우는 취업에 실패하고 준비하던 자격증 시험에도 떨어지자 벼랑 끝에 선 (   )의 상황에 처했다.

① 오매불망(寤寐不忘)　　② 조삼모사(朝三暮四)　　③ 백척간두(百尺竿頭)
④ 주경야독(晝耕夜讀)　　⑤ 과유불급(過猶不及)

16 ~ 17 다음 한자 성어가 들어간 예문을 찾거나, 스스로 새로운 문장을 만들어 써 보시오.

16 순망치한 ⇨ _____

17 오월동주 ⇨ _____

01~03 다음 글을 읽고 물음에 답하시오.

> 허생은 변 씨를 만나 길게 절을 하고는, "내가 집이 가난하여 조그마한 것을 시험해 보려는 것이 있으니, 그대에게 돈 만 금을 빌릴까 하오."하니 변 씨는 "그러시오." 하고는 그 자리에서 만 금을 내주었다. 허생은 고맙다는 인사도 하지 않고 나가 버렸다.
> 변 씨 집의 자제들과 와 있던 손님들이 허생의 몰골을 보니, 이건 영락없는 비렁뱅이였다. 갓은 찌그러지고 도포는 그을려 행색이 꾀죄죄한데다가, 코에서는 콧물이 줄줄 흘렀다. 허생이 가고 나자 모두 크게 놀라 물었다.
> "대인께선 저이를 아십니까?" / "모른다네." / "아니, 지금 평생 알지도 못하는 사람에게 돈을 함부로 던져 버리시고도 그 이름조차 묻지 않으시다니, 대체 이게 무슨 영문입니까?" / "무릇 남에게 무얼 빌리러 오는 사람은 반드시 자기 생각과 뜻을 대단히 떠벌리고 자신의 신의를 먼저 보이려고 자랑하지만, 안색은 부끄러움에 비굴하고 말은 ㉠ 이미 한 말을 자꾸 되풀이하게 마련이라네. 그런데 그 손님은 비록 행색은 꾀죄죄하나, 하는 말은 간단하고 눈빛은 오만하게 뜨며 얼굴에 부끄러워하는 기색이 전혀 없으니, 필시 재물을 가지고 만족하는 그런 속물은 아닐 것이네. 그가 시험해 보자는 것이 작은 일이 아닐 것이매, 나 역시 손님을 시험해 보려 하네."
> – 박지원, 〈허생전〉

♥ 작품 감상
[해제] 조선 정조 때 박지원이 지은 한문 단편 소설. 허생의 상행위를 통하여 당시 허약한 국가 경제를 비판하고, 양반의 무능과 허위의식을 풍자한 작품이다.
[주제] 무능한 지배층에 대한 비판 및 개혁 촉구

01 이 글을 읽고 난 반응으로 적절하지 <u>않은</u> 것은?

① 변 씨와 허생은 대범한 성품을 지녔다.
② 변 씨는 허생이 큰일을 할 인물로 판단했다.
③ 변 씨 집의 자제들은 허생을 비렁뱅이로 여겼다.
④ 변 씨 집에 와 있던 손님들은 허생의 태도에 크게 놀랐다.
⑤ 변 씨는 보통 돈을 빌리는 사람들의 태도는 비굴하다고 했다.

02 ㉠과 관련 깊은 한자 성어로 알맞은 것은?

① 무위자연(無爲自然) ② 중언부언(重言復言) ③ 견강부회(牽强附會)
④ 일촉즉발(一觸卽發) ⑤ 음풍농월(吟風弄月)

창의적 적용

03 〈보기〉는 이 작품의 후반부이다. 밑줄 친 부분을 각각 한자 성어로 바꾸어 [A]를 표현하시오.

보기
> 변 씨의 소개로 허생을 찾아 정승 이완이 허생에게 청나라에 대한 대책을 묻자 세 가지 해결책을 던졌는데, [A] [이완이 모두 이치에 맞지 않는 말을 억지로 끌어다 붙이며 어렵다는 답만 했다. 그러자 허생은 칼로 이완을 찌르려 하자 목숨에 위태로움을 느낀 이완이 도망친다.]

04~06 다음 글을 읽고 물음에 답하시오.

당나라 초기에 전유암은 부귀공명의 뜻을 버리고 자연에 숨어 살았다. 뒷날 전유암의 어머니와 부인도 속세를 싫어하여 함께 기산에 살게 됐다. 기산은 태곳적 인물인 허유가 머물던 곳이었다. 전설에 의하면 요임금이 허유에게 왕위를 물려주려 하자 허유는 '더러운 말을 들었다'라고 하면서 냇물에서 귀를 씻은 뒤 숨어 살았다. 전유암은 허유의 무덤 옆에 살면서 허유와 친구라 칭하고 속세를 멀리했다.

그리고 당나라 고종이 행차 길에 친히 전유암을 찾아 산속의 생활이 편안한지 물으니 이렇게 답했다. ㉠"신은 샘과 바위를 좋아하는 병이 뼛속 깊이 들고, 안개와 노을을 사랑하는 병은 고질병 수준입니다."

이처럼 자연을 벗하며 음풍농월(吟風弄月)하는 삶의 태도를 고칠 수 없는 병에 빗댄 것이다. 전유암의 이러한 자연 친화의 삶은 우리나라 문학에도 많은 영향을 미쳤다. 송강 정철의 〈관동별곡〉의 첫머리에 나오는 '강호에 병이 깊어 죽림에 누웠더니'라는 구절은 '강과 호수 등의 자연을 좋아하는 병이 깊어 자신의 고향에 많이 나는 대나무 숲에 누워지낸다'는 뜻으로 천석고황(泉石膏肓)이라고도 한다.

또 고산 윤선도는 〈만흥〉이라는 연시조에서 '아마도 임천한흥(林泉閑興)을 비길 곳이 없어라.'라고 노래했는데 임천한흥은 '자연에서 즐기는 한가로운 흥'이란 뜻으로 전유암이 말한 병의 증세가 바로 이것이다.

> ♥ **문단별 중심 내용**
> [1문단] 부귀공명을 버리고 자연에 숨어 산 전유암의 삶
> [2문단] 왕의 질문에 대한 전유암의 대답
> [3문단] 〈관동별곡〉에 나타난 자연친화의 정서
> [4문단] 〈만흥〉에 나타난 자연 친화의 정서

04 이 글의 내용 이해로 적절하지 <u>않은</u> 것은?

① 전유암과 허유는 친구로 기산에서 같이 살았다.
② 허유가 말한 '더러운 말'은 '왕이 되라'는 말이다.
③ 전유암은 물론 그의 가족들도 부귀공명을 꺼렸다.
④ 자연 친화 사상은 우리나라 문학에 큰 영향을 미쳤다.
⑤ 관동별곡의 첫머리에 나오는 '강호에 병'은 전유암의 고질병과 유사하다.

05 ㉠과 의미가 통하는 한자 성어로 알맞은 것은?

① 백척간두(百尺竿頭)　　② 오월동주(吳越同舟)　　③ 연하고질(煙霞痼疾)
④ 순망치한(脣亡齒寒)　　⑤ 십시일반(十匙一飯)

창의적 적용

06 이 글과 〈보기〉를 참고하여 밑줄 친 부분을 한자 성어로 바꾸어 정철과 윤선도의 문학의 공통점을 한 문장으로 서술하시오.

> ● 보기 ●
> 조선 시대 사대부들은 <u>맑은 바람과 밝은 달을 대상으로 시를 짓고 흥취를 즐기는 것</u>을 이상적인 삶으로 생각했다.

어휘 체크

※ 잘 아는 한자 성어 ○표! 헷갈리거나 모르는 한자 성어 ×표! 학습 후 확실하게 이해했으면 ☆표!

결초보은 ☐☐	배은망덕 ☐☐	백골난망 ☐☐	과유불급 ☐☐
교각살우 ☐☐	대기만성 ☐☐	재자가인 ☐☐	청출어람 ☐☐
어부지리 ☐☐	연목구어 ☐☐	청천벽력 ☐☐	

★ 은혜

결초보은

結 맺을 결 | 草 풀 초 |
報 갚을 보 | 恩 은혜 은

나는 어려운 시기에 나를 도와준 친구에게 _____ 을 할 것이다.

(뜻 알기) 죽은 뒤에라도 은혜를 잊지 않고 갚음을 이르는 말.

(뜻 써 보기) _____

배은망덕

背 등 배 | 恩 은혜 은 |
忘 잊을 망 | 德 덕

_____ 하게도 민호는 길러주신 할머니께 말도 없이 집을 떠났다.

(뜻 알기) 남에게 입은 은덕을 저버리고 배신하는 태도가 있음.

(뜻 써 보기) _____

백골난망

白 흰 백 | 骨 뼈 골 |
難 어려울 난 | 忘 잊을 망

하영이는 대학에 합격할 수 있도록 도움을 준 스승님께 _____ 의 마음이 들었다.

(뜻 알기) 죽어서 백골이 되어도 잊을 수 없다는 뜻으로, 남에게 큰 은덕을 입었을 때 고마움의 뜻으로 이르는 말.

(뜻 써 보기) _____

(유의어) 각골난망(刻骨難忘) 남에게 입은 은혜가 뼈에 새길 만큼 커서 잊히지 아니함.

★ 지나침의 경계

과유불급

過 지날 과 | 猶 오히려 유 |
不 아닐 불 | 及 미칠 급

_____ 이라더니, 시험 전날 밤새 공부했던 승범이는 깜빡 잠이 들어 시험을 치르지 못했다.

(뜻 알기) 정도를 지나침은 미치지 못함과 같다는 말.

(뜻 써 보기) _____

교각살우

矯 바로잡을 교 | 角 뿔 각 |
殺 죽일 살 | 牛 소 우

정음이는 완성한 작품을 다듬다가 오히려 더 망쳐버리는 _____ 를 저질렀다.

(뜻 알기) 소의 뿔을 바로잡으려다가 소를 죽인다는 뜻으로, 잘못된 점을 고치려다가 그 방법이나 정도가 지나쳐 오히려 일을 그르침을 이르는 말.

(뜻 써 보기) _____

★ 성공, 뛰어남

대기만성
大 큰 대 | 器 그릇 기 | 晩 늦을 만 | 成 이룰 성

그 연예인은 오랜 무명 시절을 보내고 나서야 비로소 많은 사람들의 사랑을 받은 　　　　　의 전형이다.

뜻알기 큰 그릇을 만드는 데는 시간이 오래 걸린다는 뜻으로, 크게 될 사람은 늦게 이루어짐을 이르는 말.

뜻 써 보기 _____

재자가인
才 재주 재 | 子 아들 자 | 佳 아름다울 가 | 人 사람 인

옛날 이야기에는 　　　　　이나 영웅호걸을 주인공으로 한 것이 많다.

뜻알기 재주 있는 남자와 아름다운 여자를 아울러 이르는 말.

뜻 써 보기

청출어람
靑 푸를 청 | 出 날 출 | 於 어조사 어 | 藍 쪽 람

온유는 나날이 그림 실력이 늘더니 이제는 　　　　　하였다.

뜻알기 쪽에서 뽑아낸 푸른 물감이 쪽보다 더 푸르다는 뜻으로, 제자나 후배가 스승이나 선배보다 나음을 이르는 말.

뜻 써 보기 _____

★ 이득, 뜻밖의 일

어부지리
漁 고기 잡을 어 | 夫 지아비 부 | 之 어조사 지 | 利 이로울 리

서로 다툼을 벌였던 두 유력 후보는 낙선하고 다른 후보가 　　　　　로 당선되었다.

뜻알기 두 사람이 이해관계로 서로 싸우는 사이에 엉뚱한 사람이 애쓰지 않고 가로챈 이익을 이르는 말.

뜻 써 보기 _____

연목구어
緣 인연 연 | 木 나무 목 | 求 구할 구 | 魚 물고기 어

공부할 마음도 없으면서 독서실을 다니면 성적이 오를 것이라는 생각은 　　　　　나 마찬가지다.

뜻알기 나무에 올라가서 물고기를 구한다는 뜻으로, 도저히 불가능한 일을 굳이 하려 함을 이르는 말.

뜻 써 보기 _____

유의어 상산구어(上山求魚) 산 위에 올라가 물고기를 구한다는 뜻으로 불가능한 일을 굳이 하려 함.

청천벽력
靑 푸를 청 | 天 하늘 천 | 霹 벼락 벽 | 靂 벼락 력

우리 팀이 시합에서 예선 탈락을 했다는 　　　　　 같은 소식을 들었다.

뜻알기 맑게 갠 하늘에서 치는 날벼락이라는 뜻으로, 뜻밖에 일어난 큰 변고나 사건을 이르는 말.

뜻 써 보기

01 ~ 04 다음 뜻풀이에 해당하는 한자 성어를 〈보기〉에서 찾아 쓰시오.

─ 보기 ─
교각살우   결초보은   어부지리   재자가인

01 죽은 뒤에라도 은혜를 잊지 않고 갚음을 이르는 말.   (   )

02 재주 있는 남자와 아름다운 여자를 아울러 이르는 말.   (   )

03 두 사람이 이해관계로 서로 싸우는 사이에 엉뚱한 사람이 애쓰지 않고 가로챈 이익을 이르는 말.
                                                                           (   )

04 소의 뿔을 바로잡으려다가 소를 죽인다는 뜻으로, 잘못된 점을 고치려다가 그 방법이나 정도가 지나
쳐 오히려 일을 그르침을 이르는 말.   (   )

05 ~ 06 제시된 초성을 활용하여 한자 성어의 뜻풀이를 완성하시오.

05 배은망덕 : 남에게 입은 은덕을 저버리고 ㅂ ㅅ 하는 태도가 있음.

06 백골난망 : 죽어서 백골이 되어도 잊을 수 없다는 뜻으로, 남에게 큰 은덕을 입었을 때 ㄱ ㅁ
ㅇ 의 뜻으로 이르는 말.

07 ~ 10 제시된 초성을 참고하여 다음 뜻풀이에 알맞은 한자 성어를 쓰시오.

07 정도를 지나침은 미치지 못함과 같다는 말.   ㄱ ㅇ ㅂ ㄱ

08 큰 그릇을 만드는 데는 시간이 오래 걸린다는 뜻으로, 크게 될 사람은 늦게 이루어짐을 이르는 말.
                                                                        ㄷ ㄱ ㅁ ㅅ

09 나무에 올라가서 물고기를 구한다는 뜻으로, 도저히 불가능한 일을 굳이 하려 함을 이르는 말.
                                                                        ㅇ ㅁ ㄱ ㅇ

10 쪽에서 뽑아낸 푸른 물감이 쪽보다 더 푸르다는 뜻으로, 제자나 후배가 스승이나 선배보다 나음을
이르는 말.   ㅊ ㅊ ㅇ ㄹ

11 ~ 13 제시된 초성을 참고하여 밑줄 친 부분과 의미가 통하는 한자 성어를 쓰시오.

11 친구의 칭찬이 지나치니 진심 같지 않고 일부러 비꼬는 것 같아서 차라리 안 했으면 하는 마음이 들었다.

ㄱ ㅇ ㅂ ㄱ

12 학창시절 성적은 좋지 않았으나 중년이 되어 뒤늦게 성공한 박 사장님은 많은 사람들에게 희망의 본보기가 되었다.

ㄷ ㄱ ㅁ ㅅ

13 하늘 : 지난 해 나에게 큰 돈을 빌려줘서 고마워. 덕분에 사업이 위기에서 벗어났어.

기정 : 그래. 나한테 고마우면 내 은혜 잊지 말고 꼭 갚아야 해. 알았지?

ㄱ ㅊ ㅂ ㅇ

14 밑줄 친 한자 성어의 쓰임이 적절하지 <u>않은</u> 것은?

① 드라마 속 주인공은 재자가인의 모습을 보여야 대중들에게 인기를 끌 수 있다.
② 오타만 수정해야 하는데 전체를 고치는 교각살우를 범해 오히려 글이 엉망이 됐다.
③ 그 직원은 중요한 노하우를 전수 받고는 배은망덕하게 경쟁 가게에 그 기술을 팔았다.
④ 아무리 노력해도 피아노 실력이 늘지 않자 선생님께서는 청출어람이라며 화를 내셨다.
⑤ 달리기 시합을 하는데 친구들이 자리 싸움을 하다가 넘어져 어부지리로 내가 1등을 차지했다.

15 〈보기〉의 빈칸에 들어가기에 적절한 한자 성어는?

> ● 보기 ●
>
> 억울하게 누명을 쓴 나를 위해 적극적으로 변호해준 그분께 (   )의 마음이 든다.

① 관포지교(管鮑之交)　　② 일석이조(一石二鳥)　　③ 배은망덕(背恩忘德)
④ 백골난망(白骨難忘)　　⑤ 교언영색(巧言令色)

16 ~ 17 다음 한자 성어가 들어간 예문을 찾거나, 스스로 새로운 문장을 만들어 써 보시오.

16 연목구어 ⇨ _____

17 청천벽력 ⇨ _____

01~03 다음 글을 읽고 물음에 답하시오.

> 어린 조웅과 조웅의 어머니는 간신 이두병에게 쫓겨 변장을 하고 깊은 산골로 몸을 피했다. 하루는 종일토록 가도 사람은 보지 못하고 인가 또한 없었다. 조웅 모자(母子)는 굶주림이 심하여 길가에 앉아 있었는데, 남쪽 산길에서 한 승려가 지팡이를 짚고 오더니 음식을 내어 조웅 모자에게 공손히 바치며 말했다.
>
> "먼 길에 시장하실 것이니 요기하소서."
>
> 조웅 모자가 허겁지겁 음식을 먹으니 비로소 살 것 같았다. 부인이 승려에게 감사의 말을 전하였다.
>
> "지나는 사람도, 인가도 없어 굶주려 죽게 되었더니, 뜻밖에 사람을 살리는 부처님을 만나 배부르게 먹으니 이 은혜는 ㉠ 백골난망(白骨難忘)이올시다."
>
> 그 승려가 웃으며 말하기를 "잠깐 요기하신 것을 은혜라 한다면 소승은 부인께 금은보화를 얻어 왔사오니 그 은혜는 어떠하겠습니까?"
>
> 부인이 깜짝 놀라 말하기를 "소승은 본디 가난한 중이라, 사방에 걸식을 면치 못하옵거늘 어찌 금은보화가 있었겠습니까?"
>
> 그러자 승려 웃으며 말했다. "대국(大國) 충신 조 승상의 부인이 아니십니까. 승려의 옷을 입고 변장을 한들 소승이 어찌 모르겠습니까?"
>
> – 작자 미상, 〈조웅전〉

♥ 작품 감상

[해제] 국문으로 쓰인 소설로 간신을 물리치고 나라를 구하는 조웅을 중심으로 한 군담 영웅 소설이다.

[주제] 조웅의 영웅적 행적과 충효 사상 실현

01 이 글의 내용과 일치하지 <u>않는</u> 것은?

① 부인은 승려로 변장하고 있다.
② 조 승상은 조웅의 아버지이다.
③ 조웅 모자는 부처님을 만나 도움을 받았다.
④ 승려는 전에 부인에게 금은보화를 얻은 적이 있다.
⑤ 부인은 음식을 준 승려에게 신분을 속이려고 한다.

02 ㉠과 바꾸어 쓸 수 있는 한자 성어로 알맞은 것은?

① 배은망덕(背恩忘德)   ② 각골난망(刻骨難忘)   ③ 대기만성(大器晩成)
④ 과유불급(過猶不及)   ⑤ 청출어람(靑出於藍)

창의적 적용

03 이 글을 참고하여 한자 성어를 이용해서 빈칸에 문장을 완성하시오.

> 부인: 굶주린 저희 모자에게 음식을 나누어 주시니 이 은혜는 백골난망입니다.
> 승려: 아닙니다. 전에 (   )

04~06 다음 글을 읽고 물음에 답하시오.

조나라가 연나라를 치려 하자 연나라 왕은 사신을 보내 조나라 왕을 설득하고자 했다. 연나라 사신은 조나라 왕에게 이렇게 말했다.

"제가 이곳으로 오는 도중에 강을 건너오게 되었습니다. 마침 조개가 강변에 나와 입을 벌리고 햇볕을 쬐고 있는데, 도요새란 놈이 지나가다 조갯살을 쪼아 먹으려 하자 조개는 깜짝 놀라 입을 오므렸습니다. 그래서 도요새는 주둥이를 물리고 말았습니다. 도요새는 생각하기를 오늘 내일 비만 오지 않으면 바짝 말라 죽은 조개가 될 것이다 하였고, 조개는 조개대로 오늘 내일 입만 벌려 주지 않으면 죽은 도요새가 될 것이다 생각하여 서로 버티고 있었습니다. 그때 마침 어부가 이 광경을 보고 도요새와 조개를 한꺼번에 망태 속에 넣고 말았습니다. 지금 조나라가 연나라를 치려고 하시는데 두 나라가 오래 버티어 백성들이 지치게 되면 강한 진나라가 어부가 될 것을 저는 염려합니다. 그러므로 대왕께서는 깊이 생각하시기 바랍니다."

연나라 사신의 이 비유를 들은 조나라 왕은 과연 옳은 말이라 하여 연나라 공격 계획을 중지하였다.

                                            – 유향, 〈전국책〉

> ♥ 문단별 중심 내용
> [1문단] 연나라를 공격하려는 조나라
> [2문단] 연나라 사신이 조나라 왕에게 비유를 통해 설득함.
> [3문단] 연나라 공격 계획을 중지한 조나라 왕

04 이 글의 내용과 일치하지 <u>않는</u> 것은?

① 조나라는 연나라를 공격하고자 했다.
② 연나라는 도요새 주둥이를 문 조개에 비유되었다.
③ 연나라 사신은 조나라 왕을 설득하는 데 성공하였다.
④ 조나라는 조개를 쪼아 먹으려는 도요새에 비유되었다.
⑤ 도요새와 조개를 한꺼번에 넣은 망태는 진나라를 빗댄 것이다.

05 이 글의 내용과 가장 관련 깊은 한자 성어로 알맞은 것은?

① 결초보은(結草報恩)   ② 교각살우(矯角殺牛)   ③ 어부지리(漁父之利)
④ 재자가인(才子佳人)   ⑤ 청천벽력(靑天霹靂)

창의적 적용

06 이 글과 〈보기〉의 공통점을 서술하시오.

‹ 보기 ›

사냥을 잘하는 개가 발빠른 토끼를 뒤쫓았습니다. 그들은 수십 리에 이르는 산기슭을 오르락내리락하는 바람에 쫓기는 토끼도 쫓는 개도 힘이 다하여 지쳐 쓰러져 죽자 지나가던 농부가 이 둘을 주워갔습니다.

공부한 날 ◯ 월 ◯ 일

어휘 체크

※ 잘 아는 한자 성어 ◯표! 헷갈리거나 모르는 한자 성어 ×표! 학습 후 확실하게 이해했으면 ☆표!

노심초사 ☐	임기응변 ☐	전전반측 ☐	우공이산 ☐
와신상담 ☐	감탄고토 ☐	교언영색 ☐	조삼모사 ☐
표리부동 ☐	가렴주구 ☐	태평성대 ☐	

★ 걱정, 대응

노심초사
勞 일할 노 | 心 마음 심 |
焦 탈 초 | 思 생각 사

민경이는 동생에게 아무 소식이 없어 ▨▨▨▨ 하며 지내고 있다.

뜻 알기 몹시 마음을 쓰며 애를 태움.

뜻 써 보기 _____

임기응변
臨 임할 임 | 機 틀 기 |
應 응할 응 | 變 변할 변

진홍이는 발표 직전에 대본을 잃어버렸지만 ▨▨▨▨ 으로 발표를 잘 마칠 수 있었다.

뜻 알기 그때그때 처한 사태에 맞추어 즉각 그 자리에서 결정하거나 처리함.

뜻 써 보기 _____

전전반측
輾 돌아누울 전 | 轉 구를 전 |
反 돌이킬 반 | 側 곁 측

엄마는 해외로 유학을 떠난 언니가 걱정되어 매일같이 ▨▨▨▨ 이었다.

뜻 알기 누워서 몸을 이리저리 뒤척이며 잠을 이루지 못함.

뜻 써 보기 _____

★ 노력, 각오

우공이산
愚 어리석을 우 | 公 공평할 공 |
移 옮길 이 | 山 메 산

지환이는 ▨▨▨▨ 을 좌우명 삼아 묵묵히 공부한다.

뜻 알기 우공이 산을 옮긴다는 뜻으로, 어떤 일이든 끊임없이 노력하면 반드시 이루어짐을 이르는 말.

뜻 써 보기 _____

와신상담
臥 누울 와 | 薪 섶나무 신 |
嘗 맛볼 상 | 膽 쓸개 담

작년에 하위권에 머물렀던 그 팀은 올해 ▨▨▨▨ 으로 훈련을 하고 있다.

뜻 알기 불편한 섶에 몸을 눕히고 쓸개를 맛본다는 뜻으로, 원수를 갚거나 마음먹은 일을 이루기 위하여 온갖 어려움과 괴로움을 참고 견딤을 이르는 말.

뜻 써 보기 _____

★ 세태, 인간성

감탄고토

甘 달 감 | 呑 삼킬 탄 |
苦 쓸 고 | 吐 토할 토

기업을 운영하는 경영인들이 보이는   의 태도에 대중들은 불만이 많다.

(뜻 알기) 달면 삼키고 쓰면 뱉는다는 뜻으로, 자신의 비위*에 따라서 사리의 옳고 그름을 판단함을 이르는 말.

(뜻 써 보기) _____

(어휘 쏙) 비위(脾胃) 어떤 것을 좋아하거나 싫어하는 성미.

교언영색

巧 공교할 교 | 言 말씀 언 |
令 하여금 영 | 色 빛 색

그는 승진을 위해 상사들에게   을 마다하지 않는다.

(뜻 알기) 아첨하는 말과 알랑거리는 태도.

(뜻 써 보기) _____

조삼모사

朝 아침 조 | 三 석 삼 |
暮 저물 모 | 四 넉 사

회사 측은 구체적인 해결책을 내놓지 않고   로 직원들을 구슬리고 있다.

(뜻 알기) 간사한 꾀로 남을 속여 희롱함을 이르는 말.

(뜻 써 보기) _____

표리부동

表 겉 표 | 裏 속 리 |
不 아닐 부 | 同 한가지 동

재은이의   한 태도 때문에 아무도 그를 믿지 못한다.

(뜻 알기) 겉으로 드러나는 언행과 속으로 가지는 생각이 다름.

(뜻 써 보기) _____

★ 정치, 시대

가렴주구

苛 가혹할 가 | 斂 거둘 렴 |
誅 벨 주 | 求 구할 구

고을 군수의   가 나날이 심해져서 농민들은 쌀 한 톨마저도 빼앗겼다.

(뜻 알기) 세금을 가혹하게 거두어들이고, 무리하게 재물을 빼앗음.

(뜻 써 보기) _____

태평성대

太 클 태 | 平 평평할 평 |
聖 성스러울 성 | 代 대신할 대

새 임금이 즉위하자 나라는   를 이루었다.

(뜻 알기) 어진 임금이 잘 다스리어 태평한 세상이나 시대.

(뜻 써 보기) _____

01 ~ 04 다음 뜻풀이에 해당하는 한자 성어를 〈보기〉에서 찾아 쓰시오.

──● 보기 ●──

가렴주구   와신상담   임기응변   표리부동

01 겉으로 드러나는 언행과 속으로 가지는 생각이 다름.   (   )

02 세금을 가혹하게 거두어들이고, 무리하게 재물을 빼앗음.   (   )

03 그때그때 처한 사태에 맞추어 즉각 그 자리에서 결정하거나 처리함.   (   )

04 불편한 섶에 몸을 눕히고 쓸개를 맛본다는 뜻으로, 원수를 갚거나 마음먹은 일을 이루기 위하여 온
갖 어려움과 괴로움을 참고 견딤을 이르는 말.   (   )

05 ~ 06 제시된 초성을 활용하여 한자 성어의 뜻풀이를 완성하시오.

05 우공이산 : 우공이 산을 옮긴다는 뜻으로, 어떤 일이든 끊임없이 ㄴ ㄹ 하면 반드시 이루어짐을
이르는 말.

06 감탄고토 : 달면 삼키고 쓰면 뱉는다는 뜻으로, 자신의 ㅂ ㅇ 에 따라서 사리의 옳고 그름을 판
단함을 이르는 말.

07 ~ 10 제시된 초성을 참고하여 다음 뜻풀이에 알맞은 한자 성어를 쓰시오.

07 몹시 마음을 쓰며 애를 태움.   ㄴ ㅅ ㅊ ㅅ

08 아첨하는 말과 알랑거리는 태도.   ㄱ ㅇ ㅇ ㅅ

09 간사한 꾀로 남을 속여 희롱함을 이르는 말.   ㅈ ㅅ ㅁ ㅅ

10 누워서 몸을 이리저리 뒤척이며 잠을 이루지 못함.   ㅈ ㅈ ㅂ ㅊ

▶ 정답과 해설 50쪽

문맥적 의미

11 ~ 13 제시된 초성을 참고하여 밑줄 친 부분과 의미가 통하는 한자 성어를 쓰시오.

11 고전 문학 중 설총의 〈화왕계〉는 <u>간사한 말로 아첨하는 신하</u>를 경계하라는 뜻이 담겨 있다.

ㄱ ㅇ ㅇ ㅅ

12 저녁 식사를 준비하시던 엄마는 <u>감자가 없다는 사실을 알고 고구마로 대체</u>하여 요리를 완성했다.

ㅇ ㄱ ㅇ ㅂ

13 효민 : 오늘 연주회 날인데 컨디션이 어떠니?

주연 : <u>실수하면 어쩌나 걱정이 되어 잠을 한숨도 못 잤어.</u>

ㅈ ㅈ ㅂ ㅊ

14 밑줄 친 한자 성어의 쓰임이 적절하지 <u>않은</u> 것은?

① 나는 내가 범인으로 지목될까 <u>노심초사</u>했다.
② 청렴한 새 관리가 임명되면서 <u>가렴주구</u>하던 시절에서 벗어났다.
③ 본인에게 유리한 조건만 받아들이는 그의 모습은 <u>감탄고토</u>하듯 이기적이었다.
④ 그 국가는 국민이 서로 경쟁하며 전쟁이 수시로 발생하는 <u>태평성대</u>한 나라였다.
⑤ 매출이 떨어진 우리는 <u>와신상담</u>한 노력 덕분에 다시 매출 1위를 달성할 수 있었다.

15 〈보기〉의 빈칸에 들어가기에 적절한 한자 성어는?

● 보기 ●

　제우는 배달료를 받지 않지만 음식 가격이 다른 곳보다 비싼 가게를 보면서 (　　　　　)와 같은 상황이라며 어이없어 했다.

① 전화위복(轉禍爲福)　　② 조삼모사(朝三暮四)　　③ 수주대토(守株待兎)
④ 새옹지마(塞翁之馬)　　⑤ 부창부수(夫唱婦隨)

16 ~ 17 다음 한자 성어가 들어간 예문을 찾거나, 스스로 새로운 문장을 만들어 써 보시오.

16 우공이산 ⇨ _____

17 표리부동 ⇨ _____

01~03 다음 글을 읽고 물음에 답하시오.

나는 그믐날을 몹시 사랑한다.

그믐날은 요염하여 감히 손을 댈 수도 없고, 말을 붙일 수도 없이 깜찍하게 예쁜 계집 같은 달인 동시에 가슴이 저리고 쓰리도록 가련한 달이다.

서산 위에 잠깐 나타났다 숨어버리는 초승달은 철모르는 처녀 같은 달이지마는, 그믐달은 세상의 갖은 풍상을 다 겪고, 나중에는 그 무슨 원한을 품고서 애처롭게 쓰러지는 원부(怨婦)*와 같이 애절하고 애절한 맛이 있다. 보름의 둥근 달은 모든 영화와 끝없는 숭배를 받는 여왕과 같은 달이지마는, 그믐달은 애인을 잃고 쫓겨남을 당한 공주와 같은 달이다.

초승달이나 보름달은 보는 이가 많지마는, 그믐달은 보는 이가 적어 그만큼 외로운 달이다. 객창한등(客窓寒燈)*에 정든 임 그리워 ㉠잠 못 들어 하는 분이나, 못 견디게 쓰린 가슴을 움켜잡은 무슨 한 있는 사람이 아니면 그 달을 보아 주는 이가 별로 없을 것이다. 그는 고요한 꿈나라에서 평화롭게 잠들은 세상을 저주하며, 홀로이 머리를 풀어뜨리고 우는 청상(靑孀)*과 같은 달이다.

– 나도향, 〈그믐달〉

♥ 작품 감상
[해제] 이 작품은 그믐달을 다양한 대상에 비유하며 그믐달에 대한 애정을 드러낸 수필이다.
[주제] 그믐달을 사랑하는 마음

* 원부(怨婦): 원망(怨望)을 품은 여자.
* 청상(靑孀): 젊어서 남편을 잃고 홀로된 여자.
* 객창한등(客窓寒燈): 외로운 나그네의 신세를 말함.

01 '그믐달'에 대한 느낌 중 이 글에서 확인할 수 <u>없는</u> 것은?

① 철모르는 처녀 같은 느낌
② 세상을 저주하며 홀로 우는 느낌
③ 말을 붙일 수도 없이 깜찍한 느낌
④ 원한을 품고 쓰러지는 애절한 느낌
⑤ 가슴이 저리고 쓰리도록 가련한 느낌

02 ㉠과 관련 깊은 한자 성어로 알맞은 것은?

① 동상이몽(同床異夢)　　② 전전반측(輾轉反側)　　③ 와신상담(臥薪嘗膽)
④ 교언영색(巧言令色)　　⑤ 표리부동(表裏不同)

창의적 적용

03 이 글에서 그믐달을 보는 이들의 심리 상태를 〈보기〉에 제시된 한자 성어 중 적절한 것을 골라 한 문장으로 서술하시오.

보기

와신상담　　교언영색　　노심초사　　표리부동

04~06 다음 글을 읽고 물음에 답하시오.

당나라 때 이백은 시(詩)의 신선이라 일컬어지는 사람입니다. 어릴 때부터 총명했지만 이백은 지금 아이들과 마찬가지로 놀기도 좋아했습니다. 그래서 아버지는 훌륭한 스승을 찾아 이백에게 붙여주었습니다. 그리고 이백은 스승과 함께 산에 들어가 공부를 했습니다.

그런데 어느 날부터인가 공부에 싫증이 나기 시작했습니다. 그래서 그는 스승에게 말도 없이 산을 내려오고 말았습니다. 집을 향해 걷고 있던 이백이 계곡을 따라 흐르는 냇가에 이르자 한 노파가 바위에 열심히 도끼를 갈고 있는 것을 보게 되었습니다.

이백이 물었습니다.

"할머니, 지금 뭘 하고 계세요?" / "바늘을 만들려고 도끼를 갈고 있단다."

이백은 의아한 표정으로 다시 물었습니다.

"그렇게 큰 도끼를 간다고 바늘이 될까요?"

그러자 할머니는 확신에 찬 어조로 말했습니다.

"그럼, 되고말고…… 중도에 그만두지만 않는다면."

노파의 이 말이 이백 가슴에 강하게 꽂혔고, 이백는 다시 길을 돌려 산에 들어가 배움에 힘써 나중에 시의 신선이라 불리게 되었습니다.

– 〈당서(唐書)〉 중 '마부위침(磨斧爲針)' 고사

> ♥ **문단별 중심 내용**
> [1문단] 시의 신선 이백의 어린 시절
> [2문단] 공부를 중단한 이백
> [3문단] 노파에게 깨달음을 얻어 다시 공부하게 된 이백

04 이 글이 주는 교훈으로 가장 적절한 것은?

① 안 좋은 습관은 빨리 고쳐야 한다.

② 어렸을 때부터 배움에 힘써야 한다.

③ 무슨 일이든 확신을 갖고 해야 한다.

④ 일이 잘 풀리지 않을 때엔 휴식이 필요하다.

⑤ 포기하지 않고 끝까지 노력하는 자세가 중요하다.

05 다음 중 이 글의 내용과 비슷한 뜻을 가진 한자 성어는?

① 임기응변(臨機應變)　　② 우공이산(愚公移山)　　③ 감탄고토(甘呑苦吐)

④ 조삼모사(朝三暮四)　　⑤ 가렴주구(苛斂誅求)

창의적 적용

06 이 글과 〈보기〉에서 말하는 한자 성어의 공통점을 쓰시오.

> ─ 보기 ─
>
> 와신상담(臥薪嘗膽)은 중국 춘추 시대 오나라의 왕 부차(夫差)가 아버지의 원수를 갚기 위하여 장작더미 위에서 잠을 자며 월나라의 왕 구천(句踐)에게 복수할 것을 맹세하였고, 그에게 패배한 월나라의 왕 구천이 쓸개를 핥으면서 복수를 다짐한 데서 유래한다.

어휘 체크

※ 잘 아는 속담 ○표! 헷갈리거나 모르는 속담 ✕표! 학습 후 확실하게 이해했으면 ☆표!

구슬이 서 말이라도 꿰어야 보배 ☐ 부뚜막의 소금도 집어넣어야 짜다 ☐ 천 리 길도 한 걸음부터 ☐
고슴도치도 제 새끼가 제일 곱다고 한다 ☐ 열 손가락 깨물어 안 아픈 손가락이 없다 ☐
소 잃고 외양간 고친다 ☐ 원숭이도 나무에서 떨어진다 ☐ 호미로 막을 것을 가래로 막는다 ☐
달도 차면 기운다 ☐ 비 온 뒤에 땅이 굳어진다 ☐ 입술이 없으면 이가 시리다 ☐

★ 실천의 중요성

구슬이 서 말이라도 꿰어야 보배	구슬이 서 말이라도 꿰어야 [＿＿＿] 라더니, 폐품에 불과했던 재료들이 모여 멋진 작품으로 탄생했다. (뜻 알기) 아무리 훌륭하고 좋은 것이라도 다듬고 정리하여 쓸모 있게 만들어 놓아야 값어치가 있음을 이르는 말. (뜻 써 보기)
부뚜막의 소금도 집어넣어야 짜다	부뚜막의 [＿＿＿] 도 집어넣어야 짜다더니, 쉬운 일이라고 어영부영했다 가 일을 망치고 말았다. (뜻 알기) 아무리 좋은 조건이 마련되었거나 손쉬운 일이라도 힘을 들여 이용하거나 하지 않으면 안 됨을 이르는 말. (뜻 써 보기)
천 리 길도 한 걸음부터	천 리 길도 한 [＿＿＿] 라고, 걱정만 하지 말고 일단 시작해 보자. (뜻 알기) 무슨 일이나 그 일의 시작이 중요하다는 말. (뜻 써 보기)

★ 부모의 마음

고슴도치도 제 새끼가 제일 곱다고 한다	[＿＿＿] 도 제 새끼가 제일 곱다더니, 민수네 어머니는 항상 아들 자랑 밖에 이야기하지 않는다. (뜻 알기) 어버이 눈에는 제 자식이 다 잘나고 귀여워 보인다는 말. (뜻 써 보기)
열 손가락 깨물어 안 아픈 손가락이 없다	[＿＿＿] 깨물어 안 아픈 손가락이 없다지만, 그는 특히 첫째에게 정이 갔다. (뜻 알기) 혈육*은 다 귀하고 소중함을 이르는 말. (뜻 써 보기)

(어휘쏙) 혈육(血肉) 부모, 자식, 형제 따위의 한 혈통으로 맺어진 육친.

★ 실수, 잘못된 대책

소 잃고 외양간 고친다

사고가 난 후에야 부랴부랴 수습에 나선건, 결국 _____ 외양간 고치는 셈이다.

뜻 알기 | 일이 이미 잘못된 뒤에는 손을 써도 소용이 없음을 비꼬는 말.

뜻 써 보기

원숭이도 나무에서 떨어진다

_____ 도 나무에서 떨어진다더니, 빈틈없는 지영이가 그런 실수를 할 줄은 몰랐다.

뜻 알기 | 아무리 익숙하고 잘하는 사람이라도 간혹 실수할 때가 있음을 이르는 말.

뜻 써 보기

호미로 막을 것을 가래로 막는다

1) 호미로 막을 것을 _____ 더니, 별 일이 아닌데도 여러 사람에게 도움을 요청해서 인건비만 많이 나갔다.

뜻 알기 | 적은 힘으로 충분히 처리할 수 있는 일에 쓸데없이 많은 힘을 들이는 경우를 이르는 말.

뜻 써 보기

2) 호미로 막을 것을 _____ 더니, 미리 조금씩 해놓았으면 쉽게 끝냈을 일을 미루다가 밤새 고생하고 있다.

뜻 알기 | 커지기 전에 처리하였으면 쉽게 해결되었을 일을 방치하여 두었다가 나중에 큰 힘을 들이게 된 경우를 이르는 말.

뜻 써 보기

★ 세상의 순리

달도 차면 기운다

_____ 기운다는 말처럼, 그의 전성기는 곧 끝날 것이다.

뜻 알기 | 세상의 온갖 것이 한번 번성하면 다시 쇠하기 마련이라는 말.

뜻 써 보기

비 온 뒤에 땅이 굳어진다

_____ 에 땅이 굳어진다는데, 조금 더 참고 버티면 좋은 소식이 있을 것이다.

뜻 알기 | 어떤 시련을 겪은 뒤에 더 강해짐을 이르는 말.

뜻 써 보기

입술이 없으면 이가 시리다

_____ 면 이가 시리다고, 미국의 경제가 나빠지면서 우리나라에도 악영향을 끼쳤다.

뜻 알기 | 서로 밀접한 관계에 있어서 하나가 망하면 다른 하나도 망하게 된다는 말.

뜻 써 보기

01 ~ 03 다음 속담과 그 뜻풀이를 바르게 연결하시오.

01 비 온 뒤에 땅이 굳어 •
진다

• ㉠ 혈육은 다 귀하고 소중함을 이르는 말.

02 호미로 막을 것을 가 •
래로 막는다

• ㉡ 어떤 시련을 겪은 뒤에 더 강해짐을 이르는 말.

03 열 손가락 깨물어 안 •
아픈 손가락이 없다

• ㉢ 적은 힘으로 충분히 처리할 수 있는 일에 쓸데없이 많은 힘을 들이는 경우를 이르는 말.

04 ~ 06 다음 뜻풀이에 해당하는 속담을 〈보기〉에서 찾아 기호를 쓰시오.

──● 보기 ●──

㉠ 달도 차면 기운다   ㉡ 구슬이 서 말이라도 꿰어야 보배
㉢ 고슴도치도 제 새끼가 제일 곱다고 한다

04 어버이 눈에는 제 자식이 다 잘나고 귀여워 보인다는 말. ( )

05 세상의 온갖 것이 한번 번성하면 다시 쇠하기 마련이라는 말. ( )

06 아무리 훌륭하고 좋은 것이라도 다듬고 정리하여 쓸모 있게 만들어 놓아야 값어치가 있음을 이르는 말. ( )

07 ~09 제시된 초성을 참고하여 다음 뜻풀이에 알맞은 단어를 쓰시오.

07 소 잃고 외양간 고친다

⇨ 일이 이미 잘못된 뒤에는 손을 써도 ㅅ ㅇ 이 없음을 비꼬는 말.

08 입술이 없으면 이가 시리다

⇨ 서로 ㅁ ㅈ 한 관계에 있어서 하나가 망하면 다른 하나도 망하게 된다는 말.

09 부뚜막의 소금도 집어넣어야 짜다

⇨ 아무리 좋은 조건이 마련되었거나 ㅅ ㅅ ㅇ 일이라도 힘을 들여 이용하거나 하지 않으면 안 됨을 이르는 말.

▶ 정답과 해설 51쪽

10~11 제시된 초성을 활용하여 문맥에 맞게 속담을 완성하시오.

10 ㅇ ㅅ ㅇ 도 나무에서 떨어진다더니, 30년 경력의 주방장이 요리를 태웠다.

11 ㄱ ㅅ ㄷ ㅊ 도 제 새끼가 제일 곱다더니, 화내는 딸의 얼굴도 귀여워 보였다.

12 천 리 ㄱ 도 한 ㄱ ㅇ 부터라는 말이 있잖아. 조깅부터 꾸준히 하다보면 체력이 늘어날 거야.

13 다음 중 속담의 쓰임이 적절하지 <u>않은</u> 것은?

① '부뚜막의 소금도 집어넣어야 짜다'고, 책도 쌓아두지만 말고 읽어라.
② '입술이 없으면 이가 시리다'더니 성은이가 전학 간 덕분에 내가 1등이 되었다.
③ '비 온 뒤에 땅이 굳어진다'고 이번 실패를 계기로 나는 성공에 대한 의지가 더 강해졌다.
④ '열 손가락 깨물어 안 아픈 손가락이 없다'고 어머니는 자식들을 차별하지 않고 키우셨다.
⑤ '호미로 막을 것을 가래로 막는다'더니 그는 피해자에게 사과 한마디를 안 해서 소송까지 당했다.

14 〈보기〉의 ㉠에 들어갈 속담으로 가장 적절한 것은?

┌─────── 보기 ───────┐
A 나라에 지진이 나서 건물이 무너지고 인명 피해가 크게 났다. 그제서야 A 나라에서 건물 건축 시 내진설계를 시행하도록 법을 만들려고 하자 (㉠   )는 말이 나왔다.
└──────────────────┘

① 앉아 주고 서서 받는다
② 백지장도 맞들면 낫다
③ 소 잃고 외양간 고친다
④ 황소 뒷걸음질 치다가 쥐 잡는다
⑤ 서당 개 삼년이면 풍월을 읊는다

15~16 다음 속담이 들어간 예문을 찾거나, 스스로 새로운 문장을 만들어 써 보시오.

15 달도 차면 기운다

⇨ _____

16 구슬이 서 말이라도 꿰어야 보배

⇨ _____

01~03 다음 글을 읽고 물음에 답하시오.

19세기 말 미국과 프랑스에서 에디슨과 뤼미에르 형제 등에 의하여 거의 동시에 비슷한 형태의 영화가 만들어졌다. 그 중 오늘의 영화와 형식이나 형태가 가장 가까운 뤼미에르 형제의 시네마토그라프*를 영화의 출발점으로 본다.

초창기 영화가 호기심 많은 사람들의 흥미를 끌기는 했지만 오늘날과 같은 대중 예술의 중심이 되리라고는 에디슨이나 뤼미에르 형제도 상상하지 못했을 것이다. 산업 혁명으로 축적된 자본을 투자할 곳을 찾던 자본가들은 영화가 상품처럼 대량 생산이 가능하다는 것을 눈여겨보고 영화 산업에 뛰어들었다. 결과는 자본가들의 대성공이었다. 재주는 곰이 부리고 돈은 왕 서방이 버는 상황이 벌어진 것이다.

이렇게 영화는 단순한 기술적 발명이 아닌 현대 사회의 자본을 배경으로 한 투자와 흥행, 그리고 현대 사회의 욕구가 결집되면서 대중 예술의 왕좌를 차지하게 된 것이다.

♥ **문단별 중심 내용**
[1문단] 19세기 말에 탄생한 영화
[2문단] 산업 혁명을 바탕으로 자본가들에 의해 성장한 영화
[3문단] 기술과 자본이 결합되어 대중 예술의 왕좌를 차지한 영화

* 시네마토그라프: 움직이는 영상을 스크린 위에 영사하는 장치, 또는 그것을 사용하여 영사하는 장소를 뜻한다.

01 이 글의 내용과 일치하는 것은?

① 영화는 에디슨이 먼저 만들었다.
② 뤼미에르 형제는 상업 영화를 만들어 성공했다.
③ 초창기부터 영화는 대중 예술의 중심이 되었다.
④ 자본가들은 영화를 대량 생산할 수 있는 상품으로 여겼다.
⑤ 영화의 성공으로 에디슨과 뤼미에르 형제는 큰돈을 벌었다.

02 이 글의 '자본가'를 〈보기〉와 같이 평가할 때 문맥에 맞는 적절한 속담을 쓰시오.

───● 보기 ●───

에디슨과 뤼미에르 형제가 훌륭한 기술적 발명을 했지만 (   )
라는 말처럼 자본가들의 투자로 오늘날 영화는 훌륭한 대중 예술로 자리매김했다.

창의적 적용

03 〈보기〉를 참고하여 에디슨의 영화를 오늘날의 영화의 출발점으로 보지 않는 이유를 서술하시오.

───● 보기 ●───

에디슨은 혼자서 영화를 보는 형태를 선호하였다. 그래서 그는 관람객 혼자서 장치 속 영화를 들여다보는 형태인 키네토스코프를 발명하였다.

04~06 다음 글을 읽고 물음에 답하시오.

행랑채가 낡아 지탱할 수 없게끔 된 것이 세 칸이었다. 나는 마지못하여 이를 모두 수리하였다. 그런데 그 중의 두 칸은 앞서 장마에 비가 샌 지가 오래 되었으나, 나는 그것을 알면서도 망설이다가 손을 대지 못했던 것이고, 나머지 한 칸은 비를 한 번 맞고 샜던 것이었다. 이번에 수리하려고 보니 ⊙비가 샌 지 오래 된 것은 그 서까래, 추녀, 기둥, 대들보가 모두 썩어서 수리비가 엄청나게 들었고, 한 번밖에 비를 맞지 않았던 한 칸의 재목들은 완전하여 다시 쓸 수 있었던 까닭으로 그 비용이 많지 않았다.

나는 이에 느낀 것이 있었다. 사람의 몸에 있어서도 마찬가지라는 사실을. 잘못을 알고서도 바로 고치지 않으면 곧 그 자신이 나쁘게 되는 것이 마치 나무가 썩어서 못 쓰게 되는 것과 같으며, 잘못을 알고 고치기를 꺼리지 않으면 해(害)를 받지 않고 다시 착한 사람이 될 수 있으니, 저 집의 재목처럼 말끔하게 다시 쓸 수 있는 것이다.

뿐만 아니라 나라의 정치도 이와 같다. 백성을 좀먹는 무리들을 내버려 두었다가는 나라가 위태롭게 된다. 그런 연후에 급히 바로잡으려 하면 이미 썩어버린 재목처럼 때는 늦은 것이다.

– 이규보, 〈이옥설〉

♥ 작품 감상
[해제] 낡은 행랑채를 수리한 경험에서 얻은 깨달음을 인간의 삶과 정치 현실에 적용한 교훈적 수필이다.
[주제] 잘못을 알면 즉시 고치는 자세의 중요성

04 이 글이 주는 교훈으로 가장 적절한 것은?

① 무슨 일이든 기초가 튼튼해야 한다.
② 잘못을 알았다면 빨리 고쳐야 한다.
③ 자신이 잘못하고 남 탓하면 안 된다.
④ 사소한 잘못이라도 저지르면 안 된다.
⑤ 자신의 잘못을 인정하고 뉘우치는 태도가 필요하다.

05 ⊙과 의미가 통하는 속담으로 적절한 것은?

① 달도 차면 기운다
② 입술이 없으면 이가 시리다
③ 비 온 뒤에 땅이 굳어진다
④ 구슬이 서 말이라도 꿰어야 보배
⑤ 호미로 막을 것을 가래로 막는다

창의적 적용

06 이 글의 주제를 참고하여 〈보기〉의 속담을 긍정적으로 재해석해 보시오.

> ● 보기 ●
>
> '소 잃고 외양간 고친다.'는 속담은 일이 이미 잘못된 뒤에는 손을 써도 소용이 없음을 비꼬는 말이다. 그러나 이 글의 주제를 적용하여 재해석하면 _____

> **어휘 체크**
>
> ※ 잘 아는 속담 ○표! 헷갈리거나 모르는 속담 ×표! 학습 후 확실하게 이해했으면 ☆표!
>
> 남의 손의 떡은 더 커 보인다 [ ]　　　토끼 둘을 잡으려다가 하나도 못 잡는다 [ ]　　　제 논에 물 대기 [ ]
>
> 간에 붙었다 쓸개에 붙었다 한다 [ ]　달면 삼키고 쓰면 뱉는다 [ ]　감나무 밑에 누워서 홍시 떨어지기를 기다린다 [ ]
>
> 굴러온 돌이 박힌 돌 뺀다 [ ]　종로에서 뺨 맞고 한강에서 눈 흘긴다 [ ]　가랑잎이 솔잎더러 바스락거린다고 한다 [ ]
>
> 가재는 게 편이요 초록은 한 빛이라 [ ]　　　물에 빠진 놈 건져 놓으니까 내 봇짐 내라한다 [ ]

★ 욕심, 이기심

남의 손의 떡은 더 커 보인다

　　　　　은 더 커 보인다더니, 남의 것 넘보지 말고 네 그릇에 있는 것부터 먹으렴.

(뜻 알기) 물건은 남의 것이 제 것보다 더 좋아 보이고 일은 남의 일이 제 일보다 더 쉬워 보임을 이르는 말.

(뜻 써 보기) _____

토끼 둘을 잡으려다가 하나도 못 잡는다

　　　　　을 잡으려다가 하나도 못 잡는다는 말이 있듯이, 하나씩 차근차근 진행해야 일을 그르치지 않는다.

(뜻 알기) 욕심을 부려 한꺼번에 여러 가지 일을 하려 하면 그 가운데 하나도 이루지 못한다는 말.

(뜻 써 보기) _____

제 논에 물 대기

제 논에 　　　　　라고, 진경이는 뭐든지 자기 위주로 행동한다.

(뜻 알기) 자기에게만 이롭도록 일을 하는 경우를 이르는 말.

(뜻 써 보기) _____

★ 간사함

간에 붙었다 쓸개에 붙었다 한다

간에 붙었다 　　　　　에 붙었다 하는 기회주의자는 멀리해야 한다.

(뜻 알기) 자기에게 조금이라도 이익이 되면 지조 없이 이편에 붙었다 저편에 붙었다 함을 이르는 말.

(뜻 써 보기) _____

달면 삼키고 쓰면 뱉는다

　　　　　고 쓰면 뱉는 김 과장님의 비위를 맞추기가 어렵다.

(뜻 알기) 옳고 그름이나 신의를 돌보지 않고 자기의 이익만 꾀함을 이르는 말.

(뜻 써 보기) _____

★ 부적절한 상황이나 행동

감나무 밑에 누워서 홍시 떨어지기를 기다린다

연진이는 목표를 이루기 위해 아무런 노력도 하지 않고 그저 누워서 홍시 떨어지기를 기다린다.

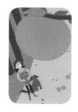

(뜻 알기) 어떤 상황에 합당한 노력을 하지 않고서 우연히 좋은 결과만 이루어지기를 바라는 경우를 이르는 말.

(뜻 써 보기) _____

굴러온 돌이 박힌 돌 뺀다

이 박힌 돌 뺀다더니, 신입 사원이 들어오자 기존 직원 몇 명이 해고되었다.

(뜻 알기) 새로 들어온 사람이 본래 터를 잡고 있었던 사람을 내쫓거나 해를 입힌다는 것을 이르는 말.

(뜻 써 보기) _____

종로에서 뺨 맞고 한강에서 눈 흘긴다

종로에서 뺨 맞고 _____ 에서 눈 흘긴다더니, 왜 화풀이를 동생한테 하니?

(뜻 알기) 욕을 당한 자리에서는 아무 말도 못 하고 뒤에 가서 불평함을 이르는 말.

(뜻 써 보기) _____

★ 인간관계, 남 탓

가랑잎이 솔잎더러 바스락거린다고 한다

이 솔잎더러 바스락거린다고, 수진이는 자기 잘못은 생각하지 않고 남 탓만 한다.

(뜻 알기) 자기의 허물은 생각하지 않고 도리어 남의 허물만 나무라는 경우를 이르는 말.

(뜻 써 보기) _____

가재는 게 편이요 초록은 한 빛이라

가재는 게 편이요 _____ 이라더니, 동엽이랑 지혁이는 어렸을 때부터 한 동네에 살아와서 어려운 일은 서로 도우며 지낸다.

(뜻 알기) 모양이나 형편이 서로 비슷하고 인연이 있는 것끼리 서로 잘 어울리고, 사정을 보아주며 감싸 주기 쉬움을 이르는 말.

(뜻 써 보기) _____

물에 빠진 놈 건져 놓으니까 내 봇짐 내라 한다

물에 빠진 놈 건져 놓으니까 내 _____ 한다더니, 시우에게 잃어버린 핸드폰을 찾아 줬는데 액정에 금이 갔다며 도리어 화를 냈다.

(뜻 알기) 남에게 은혜를 입고서도 그 고마움을 모르고 생트집을 잡음을 이르는 말.

(뜻 써 보기) _____

01 ~ 03 다음 속담과 그 뜻풀이를 바르게 연결하시오.

01 간에 붙었다 쓸개에 •
붙었다 한다

• ㉠ 욕심을 부려 한꺼번에 여러 가지 일을 하려 하면 그 가운데 하나도 이루지 못한다는 말.

02 토끼 둘을 잡으려다 •
가 하나도 못 잡는다

• ㉡ 자기에게 조금이라도 이익이 되면 지조 없이 이편에 붙었다 저편에 붙었다 함을 이르는 말.

03 감나무 밑에 누워서 •
홍시 떨어지기를 기
다린다

• ㉢ 어떤 상황에 합당한 노력을 하지 않고서 우연히 좋은 결과만 이루어지기를 바라는 경우를 이르는 말.

04 ~ 06 다음 뜻풀이에 해당하는 속담을 〈보기〉에서 찾아 기호를 쓰시오.

┌─────────────── 보기 ───────────────┐
㉠ 제 논에 물 대기   ㉡ 달면 삼키고 쓰면 뱉는다
㉢ 굴러온 돌이 박힌 돌 **뺀다**
└──────────────────────────────────┘

04 자기에게만 이롭도록 일을 하는 경우를 이르는 말. ( )

05 옳고 그름이나 신의를 돌보지 않고 자기의 이익만 꾀함을 이르는 말. ( )

06 새로 들어온 사람이 본래 터를 잡고 있었던 사람을 내쫓거나 해를 입힌다는 것을 이르는 말.
( )

07 ~ 09 제시된 초성을 참고하여 다음 뜻풀이에 알맞은 단어를 쓰시오.

07 남의 손의 떡은 더 커 보인다

⇨ ㅁ ㄱ 은 남의 것이 제 것보다 더 좋아 보이고 일은 남의 일이 제 일보다 더 쉬워 보임을 이르는 말.

08 종로에서 **뺨** 맞고 한강에서 눈 흘긴다

⇨ 욕을 당한 자리에서는 아무 말도 못 하고 뒤에 가서 ㅂ ㅍ ㅎ 을 이르는 말.

09 물에 빠진 놈 건져 놓으니까 내 봇짐 내라 한다

⇨ 남에게 ㅇ ㅎ 를 입고서도 그 고마움을 모르고 생트집을 잡음을 이르는 말.

▶ 정답과 해설 52쪽

10 ~ 11 제시된 초성을 활용하여 문맥에 맞게 속담을 완성하시오.

10 가재는 [ㄱ] 편이요 초록은 한 [ㅂ] 이라더니, 같은 과 선배님이 내 사정을 이해해주셨다.

11 물에 [ㅃ][ㅈ] 놈 건져 놓으니까 내 [ㅂ][ㅈ] 내라 한다는 말처럼, 동생의 그림 숙제를 도와줬더니 동생이 맘에 안 든다고 짜증을 냈다.

12 [ㅌ][ㄲ] 둘을 잡으려다가 [ㅎ][ㄴ]도 못 잡는다는 말이 있잖아. 일을 전부 혼자 하려 하지 말고 팀 원들과 힘을 합쳐 하렴.

13 다음 중 속담의 쓰임이 적절하지 <u>않은</u> 것은?

① '남의 손의 떡은 더 커 보인다'더니 진수가 맡은 일이 내 일보다 더 쉬워 보인다.
② '굴러온 돌이 박힌 돌 뺀다'고, 혜연이는 새로 가입한 동아리에서 사람들과 잘 어울렸다.
③ '감나무 밑에 누워서 홍시 떨어지기를 기다린다'고, 그는 게임만 하면서 성적이 오르길 기대했다.
④ '간에 붙었다 쓸개에 붙었다 한다'더니 병준이는 갑자기 친한 친구를 배신하고 전학생 편에 섰다.
⑤ '가랑잎이 솔잎더러 바스락거린다고 한다'고, 형은 낯선 사람들과 말 한마디 못하면서 나보고 소 극적이라며 지적했다.

14 〈보기〉의 ㉠에 들어갈 속담으로 가장 적절한 것은?

> ● 보기 ●
>
> 경력 단절 여성을 채용할 시 회사에 자금을 지원해준다는 정부 방침에 따라 여성 직원들을 채용 했다가 일정 기간 뒤 강제 퇴사를 시키는 일부 회사들은 (㉠)는 비판을 받았다.

① 간에 기별도 안 간다　　　　　　　② 달면 삼키고 쓰면 뱉는다
③ 소 잃고 외양간 고친다　　　　　　④ 지렁이도 밟으면 꿈틀한다
⑤ 낮말은 새가 듣고 밤말은 쥐가 듣는다

15 ~ 16 다음 속담이 들어간 예문을 찾거나, 스스로 새로운 문장을 만들어 써 보시오.

15 제 논에 물대기

⇨ _____

16 종로에서 뺨 맞고 한강에서 눈 흘긴다

⇨ _____

01 ~ 03 다음 글을 읽고 물음에 답하시오.

'악화(나쁜 화폐)가 양화(좋은 화폐)를 몰아낸다'는 말은 영국의 재정가이었던 그레셤이 한 말인데 가치가 낮은 것이 가치가 높은 것을 몰아내는 것을 뜻한다. 한 마디로 (　　⊙　　) 상황이다. 헨리 8세는 은 함량을 줄인 은화를 발행하고 남은 은에서 얻은 이익을 재정에 보충했다. 그러자 사람들은 양화(순은화)를 집에 쌓아 둔 채 악화(은 함량이 낮은 화폐)만 사용했다. 헨리 8세가 죽은 뒤에 그레셤은 엘리자베스 1세에게 '악화가 양화를 몰아낸다.'라는 표현으로 이 현상을 설명했다.

이와 같은 현상은 우리 역사에서도 찾아볼 수 있다. 조선 후기에 흥선대원군은 권력을 잡고 나서 왕권을 강화할 목적으로 경복궁을 재건하는데 드는 비용을 마련하기 위해 새로운 화폐인 당백전을 유통시켰다. 정부가 정한 당백전의 가치는 기존 화폐인 상평통보의 100배였으나 실질적으로는 5~6배에 불과했다. 상황이 이렇다 보니 백성들 사이에서 상평통보는 양화, 당백전은 악화로 자리매김했고, 백성들은 상평통보를 숨겨놓고 당백전만 통용하여 악화가 양화를 몰아내는 현상이 발생했다. 우리가 돈이 없을 때 상투적으로 사용하는 말인 '땡전 한 푼 없다.'의 '땡전'은 바로 '당(백)전'을 가리키는데 그만큼 당백전의 화폐 가치가 하락했다는 것을 알 수 있다.

> ♥ 문단별 중심 내용
> [1문단] 악화가 양화를 몰아낸 영국의 사례
> [2문단] 악화가 양화를 몰아낸 조선의 사례

01 이 글의 내용과 일치하는 것은?

① 당백전은 양화이고 상평통보는 악화이다.
② 상평통보는 당백전보다 실질가치가 높았다.
③ 헨리 8세는 은 함량을 줄인 은화를 발행하였다.
④ 흥선대원군은 당백전을 발행하기 위해 경복궁을 재건했다.
⑤ '악화가 양화를 몰아낸다'라는 말은 엘리자베스 1세가 한 말이다.

02 다음의 한자성어 풀이를 참고하여 이 글의 ⊙에 들어갈 알맞은 속담을 쓰시오.

> ● 보기 ●
> • 주객전도(主客顚倒) : 주인과 손의 처지가 뒤바뀐다는 뜻.

창의적 적용

03 이 글과 〈보기〉를 참고하여 빈칸에 적절한 속담을 문맥에 맞게 쓰시오.

> ● 보기 ●
> 당백전은 극심한 물가 폭등을 유발해 백성의 삶이 힘들어진 것은 물론 흥선대원군의 정치적 권력마저 위협했다. 흥선대원군의 입장에서는 (　　　　　　　　　　　　　　　　) 격이다.

04~06 다음 시를 읽고 물음에 답하시오.

개를 열 마리가 넘게 길렀어도 요 개같이 얄미운 놈이 있을까.

내가 미워하는 님이 오면 꼬리를 살랑살랑 흔들며 뛰어오르며 반겨서 좋아하고, 내가 좋아하는 님이 오면 뒷발을 바둥거리며 뒤로 물러갔다 앞으로 나아갔다 하며 캉캉 짖어 돌아가게 하는구나.

쉰 밥이 그릇그릇에 남아돈들 너에게 먹일 마음이 있겠느냐?

– 작자 미상

♥ 작품 감상
[해제] 아무리 기다려도 오지 않는 임에 대한 원망을 개에게 돌려 해학적인 웃음을 안겨주는 사설시조이다.
[주제] 임을 기다리는 안타까운 마음

이 작품은 '개'를 소재로 일상어를 통해 소박하고도 해학적으로 임을 기다리는 심정을 표현한 사설시조이다. 임이 오기를 기다리는 간절한 마음이 오히려 오지 않는 임에 대한 미움으로 변했는데, 그 미움을 개에게 전가하고 있다. 개 때문에 임이 오지 않는다는 발상을 통해 임을 기다리는 여인의 마음을 사실적이면서도 익살스럽게 표현하고 있다. 실제로 개가 미운 임이 오면 반기고 사랑하는 임이 오면 쫓아냈을 리 없으니 개의 입장에서는 매우 억울할 것이다.

04 이 시에 대한 설명으로 적절하지 <u>않은</u> 것은?

① 다양한 우리말 어휘를 구사하고 있다.
② 시적 화자는 임이 오기를 간절히 기다리고 있다.
③ 대조적인 표현을 사용하여 개의 태도 차이를 드러내고 있다.
④ 설의적 표현을 통해 개에 대한 시적 화자의 심리를 나타내고 있다.
⑤ 시적 화자는 개에게 밥을 주지 않으려고 엉뚱한 핑계를 대고 있다.

05 이 시의 화자를 비판하는 속담으로 가장 알맞은 것은?

① 제 논에 물대기
② 남의 손의 떡은 더 커 보인다
③ 굴러온 돌이 박힌 돌 빼낸다
④ 종로에서 뺨 맞고 한강에서 눈 흘긴다
⑤ 가재는 게 편이요 초록은 한 빛이라

창의적 적용

06 이 시의 '개'가 시적 화자에게 다음과 같이 말한다고 할 때 빈칸에 들어갈 적절한 속담을 쓰시오.

주인님, 임을 사랑한다면 소극적으로 (   ) 마시고 직접 찾아가서 적극적으로 사랑을 고백하세요.

어휘 체크

※ 잘 아는 관용어 ◯표! 헷갈리거나 모르는 관용어 ✕표! 학습 후 확실하게 이해했으면 ☆표!

가슴에 새기다 ☐	가슴이 뜨겁다 ☐	가슴이 무겁다 ☐	어깨를 으쓱거리다 ☐
어깨를 짓누르다 ☐	어깨에 힘을 주다 ☐	머리가 깨다 ☐	머리를 쥐어짜다 ☐
피가 되고 살이 되다 ☐	피가 마르다 ☐	말만 앞세우다 ☐	말을 맞추다 ☐
말을 잃다 ☐			

★ 가슴

가슴에 새기다

사라는 선생님의 충고를 ▨▨▨▨▨ 었다.

（뜻 알기） 잊지 않게 단단히 마음에 기억하다.

（뜻 써 보기） _____

가슴이 뜨겁다

도영이는 영화를 보면서 ▨▨▨▨▨▨ 는 것을 느꼈다.

（뜻 알기） 몹시 감동이 크다.

（뜻 써 보기） _____

가슴이 무겁다

할머니께서 편찮으시다는 소식에 나영이는 ▨▨▨▨ 다.

（뜻 알기） 슬픔이나 걱정으로 마음이 가라앉다.

（뜻 써 보기） _____

★ 어깨

어깨를 으쓱거리다

단상에 올라 상을 받은 진규는 ▨▨▨▨▨ 며 내려왔다.

（뜻 알기） 뽐내고 싶은 기분이나 떳떳하고 자랑스러운 기분이 되다.

（뜻 써 보기） _____

어깨를 짓누르다

휴가 기간 동안 쌓인 업무들이 내 ▨▨▨▨ 다.

（뜻 알기） 의무나 책임, 제약* 따위가 중압감을 주다.

（뜻 써 보기） _____

（어휘 쏙） 제약(制約) 조건을 붙여 내용을 제한함. 또는 그 조건.

어깨에 힘을 주다

해영이는 시험에 합격했다고 ▨▨▨▨▨ 고 다닌다.

（뜻 알기） 거만한 태도를 취하다.

（뜻 써 보기） _____

★ 머리

머리가 깨다

할아버지께서는   분이셔서 어머니를 유학까지 보내셨다.

(뜻 알기) 뒤떨어진 생각에서 벗어나다.

(뜻 써 보기)

머리를 쥐어짜다

지혜는 해결 방안을 생각하느라 하루 종일   다.

(뜻 알기) 애써 묘안을 생각하다.

(뜻 써 보기)

★ 피

피가 되고 살이 되다

할머니께서 해주신 말씀은 언제나   었다.

(뜻 알기) 큰 도움이 되다.

(뜻 써 보기)

피가 마르다

시험을 마친 그는 합격자 발표일까지   는 기분이었다.

(뜻 알기) 몹시 괴롭거나 애가 타다.

(뜻 써 보기)

★ 말

말만 앞세우다

세정이는   뿐 행동으로 보여주지 않는다.

(뜻 알기) 말만 앞질러 하고 실천은 하지 않다.

(뜻 써 보기)

말을 맞추다

아연이는 지은이에게 거짓말을 하려고 친구들과   었다.

(뜻 알기) 제삼자*에게 같은 말을 하기 위하여 다른 사람과 말의 내용이 다르지 않게 하다.

(뜻 써 보기)

(어휘 쏙) 제삼자(第三者) 일정한 일에 직접 관계가 없는 사람.

말을 잃다

그의 말도 안 되는 변명을 듣고 나는   었다.

(뜻 알기) 놀라거나 어이가 없어 말이 나오지 않다.

(뜻 써 보기)

01 ~ 04 다음 관용어와 그 뜻풀이를 바르게 연결하시오.

01 말을 맞추다 •

• ㉠ 거만한 태도를 취하다.

02 머리가 깨다 •

• ㉡ 뒤떨어진 생각에서 벗어나다.

03 가슴이 무겁다 •

• ㉢ 슬픔이나 걱정으로 마음이 가라앉다.

04 어깨에 힘을 주다 •

• ㉣ 제삼자에게 같은 말을 하기 위하여 다른 사람과 말의 내용이 다르지 않게 하다.

05 ~ 07 다음 뜻풀이에 해당하는 관용어를 〈보기〉에서 찾아 기호를 쓰시오.

─ 보기 ─

㉠ 가슴에 새기다   ㉡ 피가 마르다   ㉢ 어깨를 으쓱거리다

05 몹시 괴롭거나 애가 타다. ( )

06 잊지 않게 단단히 마음에 기억하다. ( )

07 뽐내고 싶은 기분이나 떳떳하고 자랑스러운 기분이 되다. ( )

08 ~ 11 제시된 초성을 활용하여 관용어의 뜻풀이를 완성하시오.

08 피가 되고 살이 되다 ⇨ 큰 ㄷ ㅇ 이 되다.

09 머리를 쥐어짜다 ⇨ 애써 ㅁ ㅇ 을 생각하다.

10 말만 앞세우다 ⇨ 말만 앞질러 하고 ㅅ ㅊ 은 하지 않다.

11 어깨를 짓누르다 ⇨ 의무나 책임, 제약 따위가 ㅈ ㅇ ㄱ 을 주다.

12~15 관용어의 쓰임을 고려하여 빈칸에 들어갈 알맞은 말을 쓰시오.

12 유관순 열사의 활약상을 보면서 나는 (   ).

13 우연히 도서관에서 읽었던 그 책은 내 인생에 (   ).

14 전교 회장에 당선되자 그 지위가 주는 부담감이 내 (   ).

15 윤하는 위기에서 벗어날 방법을 찾기 위해 (   )지만 소용이 없었다.

16 밑줄 친 관용어의 쓰임이 적절하지 <u>않은</u> 것은?

① 나는 서울로 떠나기 전 어머니의 말씀을 <u>가슴에 새겼다</u>.
② 지선이는 명품 옷을 입고 <u>어깨에 힘을 주며</u> 거드름을 피웠다.
③ 사장님은 일찍부터 <u>머리가 깨어</u> 있어서 예전 방식을 고집하셨다.
④ 나는 내 눈 앞에서 교통 사고 장면을 목격하고 <u>말을 잃고</u> 말았다.
⑤ 우리는 깜짝 생일 파티를 위해 다 같이 <u>말을 맞춰서</u> 은영이를 속였다.

17 〈보기〉의 ㉠과 ㉡에 들어갈 관용어가 바르게 나열된 것은?

———— 보기 ————
• 시험 성적이 많이 오른 동생은 어깨를 (㉠   ).
• 지영이가 입원을 했다는 소식을 듣고 가슴이 (㉡   ).

① 짓눌렀다 – 무거웠다   ② 짓눌렀다 – 시원했다   ③ 움츠렸다 – 뜨거웠다
④ 으쓱거렸다 – 뜨거웠다   ⑤ 으쓱거렸다 – 무거웠다

18~19 다음 관용어가 들어간 예문을 찾거나, 스스로 새로운 문장을 만들어 써 보시오.

18 피가 마르다 ⇨ _____

19 말만 앞세우다 ⇨ _____

01~03 다음 글을 읽고 물음에 답하시오.

갈릴레이는 1609년에 망원경을 스스로 제작하였다. 그리고 이를 사용하여 1610년에 목성의 위성, 토성의 띠, 달 표면의 요철, 태양의 흑점 등을 발견하고 ㉠크게 감동하였다. 왜냐하면 코페르니쿠스의 지동설이 진리임을 확인할 수 있었기 때문이었다. 갈릴레이는 자신의 연구가 당시 민중들의 ㉡뒤떨어진 생각을 깨게 할 수 있다고 믿었다. 그러나 갈릴레이의 연구는 성경의 내용과 교회의 가르침과 어긋나 교회의 분노를 샀다. 이에 몹시 괴로워하던 갈릴레이는 스스로 로마에 가서 변명을 시도하였지만, 결국 신성모독 혐의로 종교 재판에 회부되었다.

종교 재판에서 갈릴레이는 지동설을 부정하고 천동설을 수용함으로써 교회의 용서를 받을 수 있었다. 재판정에서 나오던 갈릴레이가 "그래도 지구는 돈다."라고 말했다고 전해진다. 그러나 역사학자 스틸만 드레이크에 의하면 이 일화는 18세기 이탈리아 작가 주세페 바레티의 창작이라고 한다.

어쨌든 갈릴레이는 종교 재판에서 나약한 지식인의 모습을 보여 줬다. 자신의 철학적 진리를 지키고 죽음을 택한 소크라테스와 비교해 볼 때 더욱 그러하다고 볼 수 있다. 그러나 소크라테스가 추구한 철학적 진리는 실천적이며 주관적인 데 반해 갈릴레이가 추구한 과학적 진리는 이론적이며 객관적이다. 과학적 진리는 부정하거나 거부한다고 사라지지 않는다. 오히려 부당한 억압은 진리를 더 빛나게 해 줄 뿐이다.

> ♥ **문단별 중심 내용**
> [1문단] 지동설을 주장하여 종교 재판에 회부된 갈릴레이
> [2문단] 종교 재판에서 지동설을 철회한 갈릴레이
> [3문단] 갈릴레이가 추구한 과학적 진리의 성격

01 이 글의 내용과 일치하지 <u>않는</u> 것은?

① 갈릴레이와 코페르니쿠스는 종교 재판에 회부되었다.
② 갈릴레이는 스스로 망원경을 제작하여 천체를 관찰하였다.
③ 갈릴레이는 종교 재판에서 지동설을 부정하고 천동설을 받아들였다.
④ 소크라테스가 추구한 철학적 진리는 실천적이며 주관적인 성격을 띤다.
⑤ 종교 재판정에서 보여 준 갈릴레이의 모습은 나약한 지식인의 모습으로 볼 수도 있다.

02 ㉠과 ㉡을 문맥에 맞게 관용어로 표현하시오.

── 보기 ──

㉠: _____   ㉡: _____

창의적 적용

03 〈보기〉의 문장을 '어깨'가 들어가는 관용어를 사용하여 다시 표현하시오.

── 보기 ──

성직자들은 갈릴레이의 연구가 신성 모독이라고 갈릴레이에게 중압감을 주었지만 결코 과학적 진리를 덮을 수는 없었다.

04~06 다음 글을 읽고 물음에 답하시오.

[앞부분의 줄거리] 용왕이 병이 들었는데 오직 토끼의 간만이 병을 고칠 수 있다고 하자 자라가 육지로 나가 온갖 달콤한 말로 토끼를 유혹하여 용궁으로 데려온다. 용궁의 군졸들이 배를 가르고 토끼의 간을 꺼내려 하자 토끼는 그제서야 자라에게 속은 것을 깨닫는다.

❤ 작품 감상
[해제] 이 작품은 동물을 의인화하여 현실을 풍자한 우화 소설이다. 자라는 관료를, 토끼는 서민을 상징한다.
[주제] 허욕에 대한 경계와 위기 극복의 지혜

　토끼가 자라를 바라보니 ㉮이놈이 용왕에게 뽐내며 자랑하고 싶어 하는 기색이 뚜렷하구나. 토끼는 이 ㉠위기를 벗어날 묘안을 생각하느라 정신이 없다가 드디어 한 꾀가 떠올랐다.

　"용왕님. 저는 한 달에 보름씩 간을 꺼내서 나뭇가지에 걸어놓는데 자라가 재촉하는 바람에 간을 챙겨 오지 못했습니다." / "이놈이 죽지 않으려고 말도 안 되는 소리를 하는구나. 간을 꺼내 두는 짐승이 어디 있단 말이냐?"

　"용왕님은 하나만 알고 둘은 모르시오. 사물은 각양각색이니 용왕님 몸에는 비늘이 가득, 제 몸에는 털이 가득, 용왕님 꼬리는 두 갈래, 제 꼬리는 뭉툭하니 어찌 모든 짐승이 똑같겠습니까?" 〈중략〉

　토끼란 놈이 어찌나 말주변이 좋은지 용왕의 생각을 아주 돌려놓았구나. 용왕이 토끼를 육지로 돌려보내기에 앞서 윗자리로 불러 송별주 한 잔을 건네는데 토끼가 술잔을 받으며 자라를 바라보니 ㉯이놈이 놀라고 어이가 없어 입만 벌리고 있구나.

－ 작자 미상, 〈토끼전〉

04 이 글의 내용으로 적절하지 <u>않은</u> 것은?

① 토끼와 자라는 모두 말로 상대방을 속였다.
② 용왕은 토끼를 육지로 되돌려 보내려 하고 있다.
③ 용왕은 간을 꺼내 두는 짐승이 있다고 믿게 되었다.
④ 토끼와 자라는 모두 상대방의 거짓말에 속아 넘어갔다.
⑤ 토끼와 자라는 모두 목적 달성을 위해 거짓말을 하였다.

05 ㉠과 바꾸어 쓸 수 있는 관용어로 가장 적절한 것은?

① 가슴에 새기다
② 말만 앞세우다
③ 머리를 쥐어짜다
④ 어깨를 짓누르다
⑤ 피가 되고 살이 되다

창의적 적용

06 이 글에서 자라의 태도가 ㉮에서 ㉯로 어떻게 변했는지 〈보기〉의 빈칸에 적절한 관용어를 쓰시오.

　자라는 처음에는 토끼를 잡아와 (　　　　　　　　　)지만, 용왕이 토끼를 육지로 돌려보내려 하자 (　　　　　　　　).

어휘 체크

※ 잘 아는 관용어 ○표! 헷갈리거나 모르는 관용어 ×표! 학습 후 확실하게 이해했으면 ☆표!

금이 가다	☐☐	다리를 놓다	☐☐	산통이 깨지다	☐☐	찬물을 끼얹다	☐☐
뜬구름을 잡다	☐☐	하늘을 찌르다	☐☐	못을 박다	☐☐	시치미를 떼다	☐☐
진땀을 빼다	☐☐	파김치가 되다	☐☐	등을 돌리다	☐☐	뼈에 사무치다	☐☐
오금이 저리다	☐☐						

★ 인간관계, 분위기

금이 가다

소진이와 채영이는 사소한 오해로 우정에 　　　　　서 결국 서로 연락을 끊었다.

(뜻 알기) 서로의 사이가 벌어지거나 틀어지다.

(뜻 써 보기) _____

다리를 놓다

준수가 중간에서 　　　　　아 물건을 쉽게 팔 수 있었다.

(뜻 알기) 일이 잘되게 하기 위하여 둘 또는 여럿을 연결하다.

(뜻 써 보기) _____

산통이 깨지다

다 이긴 게임이었는데 컴퓨터가 갑자기 꺼지는 바람에 　　　　　다.

(뜻 알기) 다 잘되어 가던 일이 뒤틀리다.

(뜻 써 보기) _____

찬물을 끼얹다

프로젝트를 거의 마무리하던 도중에 교수님이 나타나 　　　　　었다.

(뜻 알기) 잘되어 가고 있는 일에 뛰어들어 분위기를 흐리거나 공연히 트집을 잡아 헤살을 놓다.

(뜻 써 보기) _____

★ 하늘

뜬구름을 잡다

소민이는 별다른 계획 없이 　　　　　는 이야기만 한다.

(뜻 알기) 막연하거나 허황된* 것을 좇다.

(뜻 써 보기) _____

(어휘 쏙) 허황(虛荒)되다 헛되고 황당하며 미덥지 못하다.

하늘을 찌르다

첫 경기에서 승리한 우리 팀의 사기가 　　　　　다.

(뜻 알기) 기세가 대단하거나 몹시 세차다.

(뜻 써 보기) _____

★ 어떤 행동

못을 박다

1) 나연이는 더 이상 나를 도와주는 일은 없을 거라고 　　　　　 았다.

(뜻 알기) 단정지어 말하다.

(뜻 써 보기)

2) 상은이는 내 마음에 　　　　　 는 말을 남기고 떠났다.

(뜻 알기) 마음의 상처를 주다.

(뜻 써 보기)

시치미를 떼다

하연이는 자신이 한 일이 아니라면서 자꾸 　　　　　 다.

(뜻 알기) 자기가 하고도 하지 아니한 체하거나 알고 있으면서도 모르는 체하다.

(뜻 써 보기)

진땀을 빼다

민정이는 선생님께 자율학습에 빠진 이유를 설명하느라 　　　　　 다.

(뜻 알기) 어려운 일이나 난처한 일을 당해서 진땀이 나도록 몹시 애를 쓰다.

(뜻 써 보기)

파김치가 되다

며칠 동안 야근을 한 석준이는 　　　　　 어 돌아왔다.

(뜻 알기) 몹시 지쳐서 나른하게 되다.

(뜻 써 보기)

★ 그 밖의 신체

등을 돌리다

그의 불성실한 태도에 사람들이 모두 　　　　　 다.

(뜻 알기) (어떤 사람이 다른 사람에게) 배척하거나 관계를 끊다.

(뜻 써 보기)

뼈에 사무치다

몇 년 동안 해외에서 근무하고 있는 유리는 고향이 　　　　　 도록 그리웠다.

(뜻 알기) 원한이나 고통 따위가 뼛속에 파고들 정도로 깊고 강하다.

(뜻 써 보기)

오금이 저리다

동진이는 자신을 쫓아오는 발소리를 듣고 　　　　　 다.

(뜻 알기) 공포감 따위에 맥이 풀리고 마음이 졸아들다.

(뜻 써 보기)

01 ~ 04 다음 관용어와 그 뜻풀이를 바르게 연결하시오.

01 오금이 저리다 •

      • ㉠ 막연하거나 허황된 것을 좇다.

02 찬물을 끼얹다 •

      • ㉡ 공포감 따위에 맥이 풀리고 마음이 졸아들다.

03 뜬구름을 잡다 •

      • ㉢ 자기가 하고도 하지 아니한 체하거나 알고 있으면서도 모르는 체하다.

04 시치미를 떼다 •

      • ㉣ 잘되어 가고 있는 일에 뛰어들어 분위기를 흐리거나 공연히 트집을 잡아 훼살을 놓다.

05 ~ 07 다음 뜻풀이에 해당하는 관용어를 〈보기〉에서 찾아 기호를 쓰시오.

> ● 보기 ●
>
> ㉠ 뼈에 사무치다　　㉡ 진땀을 빼다　　㉢ 산통이 깨지다

05 다 잘되어 가던 일이 뒤틀리다. (　　　)

06 원한이나 고통 따위가 뼛속에 파고들 정도로 깊고 강하다. (　　　)

07 어려운 일이나 난처한 일을 당해서 진땀이 나도록 몹시 애를 쓰다. (　　　)

08 ~ 11 제시된 초성을 활용하여 관용어의 뜻풀이를 완성하시오.

08 등을 돌리다 ⇨ ㅂ ㅊ 하거나 관계를 끊다.

09 파김치가 되다 ⇨ 몹시 지쳐서 ㄴ ㄹ 하게 되다.

10 하늘을 찌르다 ⇨ ㄱ ㅅ 가 대단하거나 몹시 세차다.

11 다리를 놓다 ⇨ 일이 잘되게 하기 위하여 둘 또는 여럿을 ㅇ ㄱ 하다.

▶ 정답과 해설 54쪽

12 ~ 15 관용어의 쓰임을 고려하여 빈칸에 들어갈 알맞은 말을 쓰시오.

12 연승 행진을 하는 우리 선수의 기세가 (   ).

13 사다리를 타고 올라가다가 아래를 보니 (   ).

14 3대 1로 앞서가던 경기 중에 발생한 우리 팀의 반칙은 (   ) 행동이었다.

15 나는 과제의 의도를 명확하게 이해하지 못하고 매번 (   ) 친구가 답답했다.

16 밑줄 친 관용어의 쓰임이 적절하지 <u>않은</u> 것은?

① 나는 믿음직스런 보영이가 좋아서 그녀에게 <u>등을 돌리게</u> 되었다.
② 내가 약속을 지키지 못해서 희영이와 나의 관계는 <u>금이 가버렸다.</u>
③ 소미는 어제 엄마의 마음에 <u>못을 박는</u> 말을 한 것을 후회하고 있다.
④ 할아버지께서는 이제 돌아갈 수 없는 고향을 <u>뼈에 사무치게</u> 그리워하신다.
⑤ 내가 밴드부에 들고 싶다고 하자 친구는 밴드부 회장과 <u>다리를 놓아주었다.</u>

17 〈보기〉의 ㉠과 ㉡에 들어갈 관용어가 바르게 나열된 것은?

> ● 보기 ●
> • 강아지는 바닥을 어질러 놓고는 아닌 척 시치미를 (㉠   ).
> • 정윤이는 동생에게 어려운 수학 문제를 설명해 주느라 진땀을 (㉡   ).

① 뺐다 – 뗐다   ② 뗐다 – 뺐다   ③ 잡았다 – 뗐다
④ 뗐다 – 씻었다   ⑤ 붙였다 – 닦았다

18~ 19 다음 관용어가 들어간 예문을 찾거나, 스스로 새로운 문장을 만들어 써 보시오.

18 **산통이 깨지다** ⇨ _____

19 **파김치가 되다** ⇨ _____

01~03 다음 글을 읽고 물음에 답하시오.

　　미래를 예측하는 점치기는 과학이 발달하지 못한 옛날에는 꽤 신뢰를 받았다. 동아시아에서는 주로 복골(점 치는 뼈)을 이용하여 점을 쳤다. 얇은 뼈를 구우면 쩍 소리와 함께 갈라지는데 그 금이 간 방향과 흔적으로 길흉화복을 예측했다. 중국의 고대 국가 상나라의 왕은 나라의 대소사에 대해 점을 치고, 그 복골 위에 점괘를 기록해 문서 보관소에 넣었다가 필요한 때가 되면 꺼내서 그 점을 보고 일을 결정했다.

　　복골의 풍습은 한국에도 널리 퍼져 있었다. 『삼국유사』에 백제가 멸망할 때 ㉮ "백제는 보름달이고 신라는 초승달"이라는 글이 거북이의 등딱지에 쓰여 있었다고 한다. '달도 차면 기우는 법'이므로 백제는 몰락하고 신라가 강해진다는 예언인 것이다. 가야에서도 거북이의 등에 쓰인 글자가 예언을 했다고 나오니, 아마 왕족들 사이에서도 이 풍습은 삼국 시대에 널리 퍼졌던 것 같다.

　　점을 치는 방법 중에 '산통점'이라는 것도 있다. 향나무나 대나무, 혹은 금속을 길이 10cm 정도로 다듬어 1부터 8까지 숫자를 새긴 산가지를 넣는 통이 '산통'이다. 산통을 몇 번 흔든 다음 거꾸로 들면 산가지가 빠져 나오고, 그중 세 개를 꺼내 거기에 적힌 숫자를 보고 점괘를 읽는다. 그런데 만약 이 산통을 깬다면 점쟁이는 아무것도 할 수 없다. 그래서 '산통 깨다'는 _____㉠_____ 라는 뜻으로 쓰인다.

♥ 문단별 중심 내용
[1문단] 복골을 이용한 중국의 점술
[2문단] 복골을 이용한 한국의 점술
[3문단] 산통을 이용한 점술

01 이 글의 내용과 일치하지 <u>않는</u> 것은?

① 산통이 깨지면 점을 칠 수 없다.
② 『삼국유사』에 복골과 관련된 내용이 수록되어 있다.
③ 복골 풍습은 고대 중국과 우리나라에 널리 퍼져 있던 점술이다.
④ 산통은 길이 10cm 정도로 겉에 1부터 8까지 숫자를 새겨 넣었다.
⑤ 복골은 얇은 뼈를 불에 구워 뼈가 갈라지는 방향을 보고 미래를 예측하는 점술이다.

02 이 글의 ㉠에 들어갈 관용어의 의미를 아래 예문을 참고하여 쓰시오.

• 내 동생은 꼭 분위기 좋을 때만 골라서 <u>산통을 깬다</u>.

창의적 적용

03 아래 〈조건〉에 제시된 순서대로 문장을 구성하여 이 글을 한 문장으로 요약하시오.

━━ 조건 ━━

| 당대 현실 | → | 점술로 알고 싶은 점 | → | 점술의 기능 |

04~06 다음 글을 읽고 물음에 답하시오.

[앞부분의 줄거리] 홍계월은 남장을 하고 과거에 장원 급제한 후, 나라에 반란이 일어나자 대원수로 출전하여 공을 세운다. 그러다 천자에게 여자임이 들통나지만 천자는 다시 오랑캐가 쳐들어오자 홍계월을 대원수로 삼아 출전시킨다.

♥ 작품 감상
[해제] 이 작품은 여성 주인공을 남성보다 훨씬 뛰어난 인물로 설정하여 당시 사회적 제약을 뛰어넘고 싶은 여성들의 소망을 형상화한 영웅 소설이다.
[주제] 홍계월의 영웅적인 면모

계월이 보국에게 중군장으로 삼는다는 명령을 내리니 보국이 여장군 밑에서 부림당한다는 분함이 ⊙측량할 길이 없으나 군령을 거역하지 못하고 갑옷을 갖추고 군문에 대령하였다.

이때 ㉮원수가 드높은 기세로 추상같이 호령하기를,

"중군(보국)이 어찌 이다지 거만한가? 바삐 몸을 드러내라."

㉯중군이 그 위풍을 보고 겁을 먹고 몸을 굽혀 들어가니 얼굴에 땀이 흘렀다.

"군법이 지중하거늘 중군이 군령을 게을리 하니 즉시 군법을 시행할 것이다."

하고 군사를 호령하여 중군을 빨리 잡아내라 하는 소리치자 무사들이 일시에 고함하고 달려들어 장대 앞에 꿇리니, 중군이 정신을 잃었다가 겨우 진정하여 아뢰었다.

"소장이 병이 있어 늦었습니다. 병든 몸이 엄벌을 당해 죽으면 부모에게 불효이니 원수는 덕을 베풀어 살려 주시면 불효를 면할까 합니다."

하며, 무수히 애걸하니 원수가 속으로는 우스웠으나 겉으로는 호령하기를 멈추지 않았다.

— 작자 미상, 〈홍계월전〉

04 이 글의 내용으로 적절하지 <u>않은</u> 것은?

① 군대에서의 지위는 계월이 보국보다 높다.

② 보국은 효도를 핑계로 엄벌을 면하고자 한다.

③ 계월은 보국이 쩔쩔매는 모습을 속으로 비웃고 있다.

④ 계월은 군령을 거역한 보국에게 엄벌을 내리려고 한다.

⑤ 보국은 여성인 계월에게 부림을 당하는 것에 불만을 품고 있다.

05 ⊙과 바꾸어 쓸 수 있는 관용어는?

① 금이 가나 　　　② 찬물을 끼얹나 　　　③ 하늘을 찌르나

④ 등을 돌리나 　　　⑤ 오금이 저리나

창의적 적용

06 이 글의 내용을 〈조건〉에 맞게 요약하시오.

─● 조건 ●─

1) 계월의 행위와 이에 대한 보국의 태도를 중심으로 서술할 것.
2) ㉮와 ㉯의 상황에 각각 알맞은 관용어를 사용할 것.

어휘 체크

※ 의미 차이를 알면 ○표! 의미 차이를 모르면 ×표! 학습 후 확실하게 이해했으면 ☆표!

| 결재 vs 결제 | □□ | 너비 vs 넓이 | □□ | 단절 vs 두절 | □□ |
| 가늠 vs 가름 vs 갈음 | □□ | 돋구다 vs 돋우다 | □□ | 맞추다 vs 맞히다 | □□ |

★ [결재 vs 결제]

결재

유경이는 과장님에게 <u>결재</u>할 서류를 제출하였다.

(뜻 알기) 결정할 권한이 있는 상관이 부하가 제출한 안건을 검토하여 허가하거나 승인함.

결제

지희는 신용카드를 챙기는 것을 깜빡해 현금으로 <u>결제</u>했다.

(뜻 알기) 증권 또는 대금을 주고받아 매매 당사자 사이의 거래 관계를 끝맺는 일.

(헷갈리지 말자!) '결재'는 '상관이 부하가 제출한 안건을 검토하여 승인하는 것'이며, '결제'는 '돈을 주고받아 매매 당사자와 거래를 끝맺는 것'입니다. 글자만 비슷할 뿐 전혀 다른 의미를 지닌 단어이므로 유의해서 사용해야 합니다.

★ [너비 vs 넓이]

너비

태환이는 수영을 열심히 해서 어깨 <u>너비</u>가 넓어졌다.

(뜻 알기) 평면이나 넓은 물체의 가로로 건너지른 거리.

넓이

지구 온난화의 영향으로 해마다 사막의 <u>넓이</u>가 넓어지고 있다.

(뜻 알기) 일정한 평면에 걸쳐 있는 공간이나 범위의 크기.

(헷갈리지 말자!) '너비'는 '평면인 물체의 가로를 잰 길이'이며, '넓이'는 '평면의 크기'입니다. 뜻이 유사해 보이지만 '거리'와 '면적'이라는 차이점이 있으므로 사용할 때 유의해야 합니다.

★ [단절 vs 두절]

단절

그 부족은 외부와 철저히 <u>단절</u>되어 자신들만의 문화를 이루었다.

(뜻 알기) 유대나 연관 관계를 끊음.

두절

그는 여행 하루 전날부터 연락이 <u>두절</u>되었다.

(뜻 알기) 교통이나 통신 따위가 막히거나 끊어짐.

(헷갈리지 말자!) '단절'은 '관계가 끊어짐'을 의미하며, '두절'은 '교통이나 통신이 끊김'을 의미합니다. 두 단어 다 '끊어진다'라는 뜻을 내포하고 있어서 헷갈릴 수 있으니 문맥을 잘 파악해 적절한 단어가 무엇인지 판단해야 합니다.

★ [가늠 vs 가름 vs 갈음]

가늠

그 고층 건물은 높이가 <u>가늠</u>이 안 된다.

(뜻 알기) 사물을 어림잡아 헤아림.

가름

그런 일은 국민들을 <u>가름</u>하게 되므로 결국 논쟁을 일으킬 수 있다.

(뜻 알기) 쪼개거나 나누어 따로따로 되게 하는 일.

갈음

카페에서 노래가 끊어지자 수완이는 피아노 연주로 노래를 <u>갈음</u>하였다.

(뜻 알기) 다른 것으로 바꾸어 대신함.

(헷갈리지 말자!) '가늠'은 '헤아려 짐작하는 것'이며, '가름'은 '따로따로 나누는 일', '갈음'은 '다른 것으로 대체함'을 의미합니다. 발음은 비슷하지만 서로 전혀 다른 의미를 지니고 있습니다. 각 단어의 뜻을 잘 숙지하고 있어야 합니다.

★ [돋구다 vs 돋우다]

돋구다

종국이는 눈이 더 나빠져 안경 도수를 <u>돋구러</u> 안경점에 갔다.

(뜻 알기) 안경의 도수 따위를 더 높게 하다.

돋우다

❶ 현영이는 발끝을 <u>돋우어</u> 담장 밖을 내다보았다.

(뜻 알기) 위로 끌어 올려 도드라지거나 높아지게 하다.

❷ 라디오에서 흘러나오는 노래가 내 신바람을 <u>돋우었다</u>.

(뜻 알기) 감정이나 기색 따위를 생겨나게 하다.

❸ 상큼한 굴이 내 입맛을 <u>돋우었다</u>.

(뜻 알기) 입맛을 당기게 하다.

(헷갈리지 말자!) '입맛을 돋구다.'라고 잘못 사용하는 경우가 많은데 '돋구다'는 '안경의 도수를 더 높인다.'란 뜻만 가진 단의어이고 '입맛을 당기게 하다.'란 의미를 지닌 단어는 다의어인 '돋우다' 입니다.

★ [맞추다 vs 맞히다]

맞추다

신애는 문제지를 정답지와 <u>맞추어</u> 보고 나서 실망한 표정을 지었다.

(뜻 알기) 둘 이상의 일정한 대상들을 나란히 놓고 비교하여 살피다.

맞히다

❶ 광수는 퀴즈 정답을 모두 <u>맞혀서</u> 상품을 탈 수 있었다.

(뜻 알기) 문제에 대한 답을 틀리지 않게 하다.

❷ 동민이는 눈뭉치를 던져 친구를 <u>맞혔다</u>.

(뜻 알기) 물체를 쏘거나 던져서 어떤 물체에 닿게 하다.

(헷갈리지 말자!) '맞추다'는 '두 대상을 비교하여 살피다.'라는 의미를 가졌고, '맞히다'는 '문제의 답을 틀리지 않게 하다.'를 의미합니다. 보통 '문제를 맞히다/맞추다.'를 많이 헷갈려 하는데 '맞히다'에는 '적중하다'의 의미가 있으므로 무언가를 적중한다는 뜻을 담고 있으면 '맞히다'로 써야 합니다.

[01 ~ 05] 다음 단어와 그 뜻풀이를 바르게 연결하시오.

01 가늠 ·   · ㉠ 사물을 어림잡아 헤아림.

02 가름 ·   · ㉡ 유대나 연관 관계를 끊음.

03 갈음 ·   · ㉢ 다른 것으로 바꾸어 대신함.

04 단절 ·   · ㉣ 교통이나 통신 따위가 막히거나 끊어짐.

05 두절 ·   · ㉤ 쪼개거나 나누어 따로따로 되게 하는 일.

[06 ~ 08] 다음 뜻풀이에 알맞은 단어를 고르시오.

06 [돋구다 | 돋우다] : 입맛을 당기게 하다.

07 [맞히다 | 맞추다] : 문제에 대한 답을 틀리지 않게 하다.

08 [너비 | 넓이] : 일정한 평면에 걸쳐 있는 공간이나 범위의 크기.

[09 ~ 11] 제시된 초성을 활용하여 단어의 뜻풀이를 완성하시오.

09 너비 ⇨ 평면이나 넓은 물체의 가로로 건너지른 ㄱ ㄹ .

10 맞추다 ⇨ 둘 이상의 일정한 대상들을 나란히 놓고 ㅂ ㄱ 하여 살피다.

11 결재 ⇨ 결정할 ㄱ ㅎ 이 있는 상관이 부하가 제출한 안건을 검토하여 허가하거나 승인함.

12~15 다음 문장에서 적절한 단어를 고르시오.

12 문구점에서 현금으로 (결재 | 결제)하여 지우개를 샀다.

13 나의 작별 인사를 이 편지로 (가늠 | 갈음)하도록 하겠습니다.

14 학원을 갔다는 채연이와 연락이 (단절 | 두절)되어 걱정을 했다.

15 커다란 스크린에서 나오는 영화가 나의 흥미를 (돋우 | 돋구)고 있다.

16 밑줄 친 단어의 쓰임이 적절하지 않은 것은?

① 맛있는 **빵** 냄새가 나의 입맛을 <u>돋구고</u> 있었다.
② 내일 사장님이 안 계셔서 미리 오늘 <u>결재</u>를 받았다.
③ 엄마의 차 <u>너비</u>는 꽤 넓어서 주차할 때 조심해야 한다.
④ 사람을 직업이나 능력에 따라 <u>가름</u>하여 차별적으로 대하면 안 된다.
⑤ 나는 시험에 합격하기 위해 1년 동안 지인들과의 관계를 <u>단절</u>하고 살았다.

17 〈보기〉의 빈칸에 들어갈 말이 바르게 나열된 것은?

> ● 보기 ●
> • 천방지축인 동생의 생각은 (㉠)이 어렵다.
> • 이번 중간고사에서 한국사 문제를 모두 (㉡) 기분이 좋았다.

① 갈음 – 맞혀서   ② 가름 – 맞혀서   ③ 가늠 – 맞혀서
④ 갈음 – 맞춰서   ⑤ 가늠 – 맞춰서

18~19 다음 단어가 들어간 예문을 찾거나, 스스로 새로운 문장을 만들어 써 보시오.

18 **넓이** ⇨ _____

19 **맞추다** ⇨ _____

01~03 다음 글을 읽고 물음에 답하시오.

'최후통첩 게임'의 규칙은 다음과 같다. 실험자는 실험 대상자인 민교와 아리 중 한 사람에게 만 원을 준다. 만약 민교에게 주었다면 민교가 그 돈을 아리와 얼마씩 나눌지를 결정하고 아리에게 제안한다. 아리가 민교의 제안을 받아들이면 서로 나눠가져도 좋지만, 이를 거부한다면 돈은 다시 몰수된다.

전통 경제학에서 말하는 것처럼 두 사람이 자신에게 최대 이익을 가져다주는 방향으로 행동한다면 아리는 민교의 제안을 거부해서 한 푼도 못 받는 것보다는 단돈 100원이라도 받는 것이 훨씬 이득이다. 제안자가 자신의 이익을 최대화하는 합리적인 전략으로 최소한의 금액을 제안하고, 수령자가 이를 받아들이면 게임이 끝날 것이다.

그런데 현실은 달랐다. 평균적으로 배분 몫이 7대 3이 되지 않으면 수령자는 아예 그 돈을 포기했다. 한 푼도 못 받는 것보다 단돈 100원이라도 받으면 이득인데도 말이다. 이 게임을 통해 사람들은 물질적인 보상뿐만 아니라 공정성과 상호 혜택을 중시한다는 것을 보여주었다. 제안자가 자신의 이득을 양보해서라도 보상을 공정하게 하면 수령자가 받아들이지만 야박한 제안은 수령자의 분노를 ㉠돋우어 제안자도 돈을 못 받는 벌을 준 것이다.

> ♥ 문단별 중심 내용
> [1문단] '최후통첩 게임'의 규칙
> [2문단] 전통 경제학에서 예측한 '최후통첩 게임'의 결과
> [3문단] 비합리적인 선택을 보여주는 실제 '최후통첩 게임'의 결과

01 '최후통첩 게임'에 대한 설명으로 적절하지 **않은** 것은?

① 게임 진행을 위해 제안자와 수령자가 있어야 한다.
② 전통 경제학적 예측이 옳지 않다는 것을 알 수 있다.
③ 돈을 받을 수 있는 최종 결정의 권리는 제안자에게 있다.
④ 사람들은 경제적 이익을 포기하는 비합리적인 선택을 할 수도 있다.
⑤ 적절한 상호 혜택이 있다면 게임 참가자들은 경제적 이득을 볼 수 있다.

02 다음 중 ㉠과 같은 의미로 쓰인 것은?

① 그녀가 호롱불의 심지를 <u>돋우었다.</u>
② 그의 사연이 나의 호기심을 <u>돋우었다.</u>
③ 민조는 발끝을 <u>돋우어</u> 창밖을 내다보았다.
④ 싱그러운 봄나물이 내 입맛을 <u>돋우었다.</u>
⑤ 나는 구미를 <u>돋우기</u> 위해 향신료를 넣었다.

창의적 적용

03 〈보기〉의 문장에서 밑줄 친 어휘가 문맥에 맞게 표현된 것인지 근거를 들어 평가해 보시오.

> ● 보기 ●
> 최후통첩 게임에서 제안자는 수령자와 나누어가질 몫을 잘 <u>갈음</u>해야 한다.

04~06 다음 글을 읽고 물음에 답하시오.

어느 날 아침 그레고르가 악몽에서 깨어났을 때 자신이 침대 위에서 한 마리의 커다란 벌레로 변해 있음을 깨달았다. 그는 갑옷처럼 딱딱한 등을 대고 벌렁 누워 있었다. 고개를 쳐들고 보니 껍데기에 활 모양으로 불룩한 갈색 무늬가 보였다. 〈중략〉

"아아, 지배인님! 이제 곧 일어납니다. 몸이 좀 불편하고 현기증이 나서 일어날 수가 없습니다. 아무튼 8시 차에 맞추어 출발하겠습니다. 두서너 시간 쉬었더니 기운이 좀 납니다. 지배인님! 저도 곧 직장으로 나가겠습니다."

그러나 그레고르는 이런 말들을 급히 쏟아 놓았기 때문에 자기가 무슨 말을 했는지 거의 알 수도 없었다. 그레고르는 의자 등받이를 조그만 발들로 꼭 붙들었다. 그때 지배인의 말소리가 들려왔다. "한 마디라도 알아들으셨습니까?" 지배인이 부모에게 물었다. "저희들을 놀리고 있는 것은 아니겠지요?" 〈중략〉

아버지는 찬장 위에 있는 과일 접시에서 사과를 집어 주머니에 잔뜩 집어넣더니 연달아 던졌다. 던져진 사과 하나가 그레고르의 등을 스쳤지만 다치지는 않고 빗나갔다. 그러나 다음에 날아온 사과가 그레고르의 등을 제대로 ⑤<u>맞히고</u> 말았다.

– 카프카, 〈변신〉

♥ 작품 감상
[해제] 현대인의 불안한 내면세계와 소외의식을 드러낸 작품으로 주인공 그레고르가 벌레로 변한 것은 일상적인 세계로부터의 소외를 의미한다.
[주제] 현대인의 소외 현상과 삶의 부조리

04 이 글의 내용과 일치하지 <u>않는</u> 것은?

① 그레고르는 딱딱한 껍데기를 가진 벌레로 변했다.
② 그레고르는 벌레로 변했어도 직장에 출근하려고 했다.
③ 아버지는 벌레로 변한 그레고르에게 사과를 집어던졌다.
④ 지배인은 벌레로 변한 그레고르의 말을 알아듣지 못했다.
⑤ 몸이 불편하고 현기증을 느끼던 그레고르는 벌레로 변했다.

05 다음 중 ⑤과 같은 의미로 쓰인 것은?

① 수수께끼의 정답을 맞혔다.
② 시든 난초는 비를 맞혀야 한다.
③ 로빈훗은 화살로 과녁을 맞혔다.
④ 어린아이는 주사 맞히기가 어렵다.
⑤ 나를 바람 맞히다니 용서할 수 없다.

창의적 적용

06 〈보기〉를 참고하여 이 글의 그레고르가 처한 상황을 설명하시오.

─ 보기 ─

사회적 소수자란 신체적, 사회적 힘이 약해 차별과 편견의 대상이 되어 다수에게 지배를 당하는 사람들로 그들로부터 단절되기도 한다.

어휘 체크	※ 의미 차이를 알면 ○표! 의미 차이를 모르면 ×표! 학습 후 확실하게 이해했으면 ☆표!

매다 vs 메다	☐	벼르다 vs 벼리다	☐	빌다 vs 빌리다	☐
개시 vs 게시 vs 계시	☐	삭이다 vs 삭히다	☐	스러지다 vs 쓰러지다	☐

★ [매다 vs 메다]

매다

호영이는 교복 넥타이를 <u>매고</u> 등교할 준비를 했다.

(뜻 알기) 끈이나 줄 따위의 두 끝을 엇걸고 잡아당기어 풀어지지 아니하게 마디를 만들다.

메다

소정이는 새로 산 가방을 <u>메고</u> 여행을 떠났다.

(뜻 알기) 어깨에 걸치거나 올려놓다.

(헷갈리지 말자!) '매다'는 '끈 따위를 풀어지지 않게 묶다.'라는 의미이며, '메다'는 '어깨에 걸치거나 올려놓다.'라는 뜻입니다. 매듭 지어 묶을 때는 '매다', 무언가를 걸칠 때는 '메다'로 생각하면 헷갈리지 않습니다.

★ [벼르다 vs 벼리다]

벼르다

보미는 다음 휴가에 해외 여행을 가려고 잔뜩 <u>벼르고</u> 있다.

(뜻 알기) 어떤 일을 이루려고 마음속으로 준비를 단단히 하고 기회를 엿보다.

벼리다

대장장이는 숯불에 쇠를 달구어 칼날을 <u>벼리었다</u>.

(뜻 알기) 무디어진 연장의 날을 불에 달구어 두드려서 날카롭게 만들다.

(헷갈리지 말자!) '벼르다'는 '무언가를 이루기 위해 마음속으로 준비하다.'이며, '벼리다'는 '무뎌진 날을 날카롭게 만들다.'입니다. '벼르다'를 '별르다'라고 쓰는 경우도 있지만 이는 표준어로 인정되지 않습니다.

★ [빌다 vs 빌리다]

빌다

가난한 흥부는 형인 놀부의 집에 가서 밥을 <u>빌었다</u>.

(뜻 알기) 남의 물건을 공짜로 달라고 호소하여 얻다.

빌리다

세종이는 책을 <u>빌리려고</u> 도서관에 갔다.

(뜻 알기) 남의 물건이나 돈 따위를 나중에 도로 돌려주거나 대가를 갚기로 하고 얼마 동안 쓰다.

(헷갈리지 말자!) '빌다'는 '구걸하다'와 의미가 비슷하며, '빌리다'는 '물건을 다시 돌려주거나 대가를 갚는 전제 하에 가져가다.'라는 뜻입니다. '빌다'에는 '갚는다'는 전제 없이 '받는다'는 의미만 담겨있습니다.

★ [개시 vs 게시 vs 계시]

개시	휴식 시간이 끝나자 영민이는 다시 작업을 <u>개시</u>하였다.
	뜻 알기 행동이나 일 따위를 시작함.

게시	오늘 학교 홈페이지에 축제 일정표가 <u>게시</u>되었다.
	뜻 알기 여러 사람에게 알리기 위하여 내붙이거나 내걸어 두루 보게 함. 또는 그런 물건.

계시	그는 자신이 신의 <u>계시</u>를 받았다고 주장하였다.
	뜻 알기 사람의 지혜로써는 알 수 없는 진리를 신(神)이 가르쳐 알게 함.

헷갈리지 말자! 세 단어 모두 발음은 비슷하지만 의미는 완전히 다릅니다. '개시'와 '게시'는 주로 사람의 행위로 사용되지만 '계시'는 종교적인 의미로 자주 사용됩니다.

★ [삭이다 vs 삭히다]

삭이다	❶ 보경이는 어제부터 속이 좋지 않아 먹은 것을 제대로 <u>삭이지</u> 못했다.
	뜻 알기 먹은 음식물을 소화시키다.
	❷ 소민이는 화가 나면 표출하기보다는 속으로 분을 <u>삭인다</u>.
	뜻 알기 긴장이나 화를 풀어 마음을 가라앉히다.

삭히다	김장이 끝났으니 이제 김치를 <u>삭힐</u> 일만 남았다.
	뜻 알기 김치나 젓갈 따위의 음식물을 발효시켜 맛이 들게 하다.

헷갈리지 말자! '삭이다'는 사람의 대사 활동이나 감정과 관련된 단어로 '삭다(먹은 음식물이 소화되다 / 긴장이나 화가 풀려 마음이 가라앉다)'의 사동사입니다. 그리고 '삭히다'는 김치나 젓갈 같은 음식물에 사용되는 단어로 '삭다(김치나 젓갈 따위의 음식물이 발효되어 맛이 들다)'의 사동사입니다.

★ [스러지다 vs 쓰러지다]

스러지다	동이 틀 무렵 하늘의 별빛들이 점점 <u>스러졌다</u>.
	뜻 알기 형체나 현상 따위가 차차 희미해지면서 없어지다.

쓰러지다	강력한 태풍으로 인해 가로수들이 <u>쓰러졌다</u>.
	뜻 알기 힘이 빠지거나 외부의 힘에 의하여 서 있던 상태에서 바닥에 눕는 상태가 되다.

헷갈리지 말자! '스러지다'는 '형체나 현상이 차차 사라지다.'라는 의미를 가졌고, '쓰러지다'는 '서 있던 상태에서 바닥에 눕는 상태가 되다.'를 의미합니다. '스러지다'는 '사라지다'와 의미가 가까우므로 헷갈릴 때는 '사라지다'로 바꿔 생각하면 쉽게 느껴질 겁니다.

01 ~ 05 다음 단어와 그 뜻풀이를 바르게 연결하시오.

01 삭히다 •

• ㉠ 먹은 음식물을 소화시키다.

02 삭이다 •

• ㉡ 행동이나 일 따위를 시작함.

03 개시 •

• ㉢ 김치나 젓갈 따위의 음식물을 발효시켜 맛이 들게 하다.

04 게시 •

• ㉣ 사람의 지혜로써는 알 수 없는 진리를 신(神)이 가르쳐 알게 함.

05 계시 •

• ㉤ 여러 사람에게 알리기 위하여 내붙이거나 내걸어 두루 보게 함. 또는 그런 물건.

06 ~ 08 다음 뜻풀이에 알맞은 단어를 고르시오.

06 [스러지다 | 쓰러지다] : 형체나 현상 따위가 차차 희미해지면서 없어지다.

07 [벼르다 | 벼리다] : 어떤 일을 이루려고 마음속으로 준비를 단단히 하고 기회를 엿보다.

08 [빌다 | 빌리다] : 남의 물건이나 돈 따위를 나중에 도로 돌려주거나 대가를 갚기로 하고 얼마 동안 쓰다.

09 ~ 11 제시된 초성을 활용하여 단어의 뜻풀이를 완성하시오.

09 메다 ➡ ㅇㄲ 에 걸치거나 올려놓다.

10 빌다 ➡ 남의 물건을 ㄱㅉ 로 달라고 호소하여 얻다.

11 벼리다 ➡ 무디어진 ㅇㅈ 의 날을 불에 달구어 두드려서 날카롭게 만들다.

▶ 정답과 해설 56쪽

12 ~ 15 다음 문장에서 적절한 단어를 고르시오.

12 강아지 목에 리본 방울을 (매어 ┃ 메어)주니 더 귀여워졌다.

13 승객분들은 매표소에 (게시 ┃ 계시)된 승차 시간을 확인하세요.

14 진송이는 혜령이에게 화를 내려고 단단히 (벼르고 ┃ 벼리고) 있다.

15 그는 가난해서 이웃 사람들에게 밥을 (빌어 ┃ 빌려) 먹으며 지냈다.

16 밑줄 친 단어의 쓰임이 적절하지 않은 것은?

① 오늘은 이른 아침부터 장사를 개시하였다.
② 가람이는 새로 산 책가방을 어깨에 메고 등교했다.
③ 이번 명절에 대장간에 가서 무뎌진 칼들을 모두 벼리었다.
④ 도서관에서 시험 합격 소식을 들은 형은 조용히 흥분을 삭혔다.
⑤ 어머니는 동생에게 사고가 났다는 소식을 듣고 그 자리에서 쓰러지셨다.

17 〈보기〉의 빈칸에 들어갈 말이 바르게 나열된 것은?

───● 보기 ●───
• 동혁이는 준비물을 잊고 안 가져와서 옆 반 친구에게 (㉠).
• 오징어 젓갈을 (㉡) 맛이 더 깊어졌다.

① 빌렸다 – 삭히니   ② 빌렸다 – 삭이니   ③ 빌었다 – 삭이니
④ 빌었다 – 삭히니   ⑤ 반납했다 – 삭이니

18 ~ 19 다음 단어가 들어간 예문을 찾거나, 스스로 새로운 문장을 만들어 써 보시오.

18 스러지다 ⇨ _____

19 게시 ⇨ _____

01~03 다음 글을 읽고 물음에 답하시오.

책이 있으면서 남에게 _____ 주지 않으면 책 바보다. 자신에게 없는 책을 무슨 수를 써서든 소장하려고 드는 것도 책 바보다. 오직 책을 엮고 인쇄하여 마음이 통하는 고상한 사람에게 주고 뜻이 있는 시골 선비들과도 나누어야지만 책 바보가 아니다. 〈중략〉

책에 장서인*을 찍는 법으로 말하자면, 우리나라와 중국은 풍속이 매우 다르다. 중국인들은 책을 수집하더라도 유통하는 것을 근본으로 삼는다. 그러므로 그들이 장서인을 찍는 것은 나중에 그 책을 소유할 사람에게 이 책이 누구로부터 전해졌고 누가 평가하며 읽었는지 알려 주려 해서이다. 비유하자면 서화에 감상의 글을 덧붙이는 것과 같으니 어찌 고상하다 하지 않겠는가?

우리나라 사람들은 책을 모을 때 소장하는 것을 근본으로 삼는다. 그래서 반드시 본관과 이름, 자와 호 등 서너 가지 장서인을 무슨 관청의 장부와 같이 거듭거듭 찍는다. 그 책이 남의 것이 될까 근심하는 듯하니, 어찌 사사롭고 저속하다 하지 않겠는가?   – 유만주, 〈독서일기〉

♥ 문단별 중심 내용
[1문단] 책을 활용하는 올바른 태도
[2문단] 장서인을 찍는 이유가 바람직한 중국의 풍속
[3문단] 장서인을 찍는 이유가 저속한 우리나라의 풍속

* 장서인: 개인, 공공 단체, 문고 따위에서 간직하는 책에 찍어서 그 소유를 밝히는 도장.

01 이 글의 글쓴이의 주장과 **다른** 것은?

① 책이 널리 유통되기를 바란다.
② 우리나라의 관청은 장서인을 거듭거듭 찍는다.
③ 장서인 풍속은 중국은 고상하나 우리나라는 저속하다.
④ 책을 소장하는 것을 근본으로 삼는 문화는 바람직하지 않다.
⑤ 중국의 장서인은 서화에 감상의 글을 덧붙이는 것과 비슷하다.

02 이 글의 밑줄 친 부분에 들어갈 단어를 〈보기〉의 ㉠, ㉡을 참고하여 쓰시오.

━ 보기 ━
㉠ 굶기를 밥 먹듯 하는 흥부는 이제 빌어먹기에 익숙해져 아무렇지 않게 동냥질을 했다.
㉡ 흥부네 집에 톱이 있을 턱이 없어 이웃집에서 톱을 빌려 박을 타기 시작했다.

창의적 적용
03 이 글의 글쓴이가 말하는 '바보'와 〈보기〉 속 '바보'의 의미 차이를 쓰시오.

━ 보기 ━
책의 세계에 세 가지 바보가 있다. 책을 빌려달라고 하는 게 첫 번째 바보요, 남에게 책을 빌려 주는 게 두 번째 바보요, 남에게 빌려온 책을 돌려주는 게 세 번째 바보다.

04~06 다음 글을 읽고 물음에 답하시오.

[앞부분의 줄거리] 본성이 게을러 가난하게 살던 다람쥐는 서대주에게 도움을 청했다가 거절당하자 분풀이로 거짓 사실을 들어 소송을 제기한다. 이에 산중의 왕인 백호산군은 오소리와 너구리 두 형졸에게 서대주를 잡아오라고 명한다.

　오소리가 너구리더러 말했다.

　"내가 들으니 서대주가 재물이 많고 아주 ㉠교만하여 우리를 하찮게 여겨 내심 ㉡벼르던 바였는데, 오늘 우리에게 걸렸도다. 이놈을 잡아 우리를 ㉢괄시하던 일을 분풀이하고 소송 당하는 쪽은 형리들에게 뇌물을 쓰는 게 ㉣예사이니 수백 냥을 바치지 않으면 결단코 봐주지 말자."

　둘이 서로 약속하고, 바로 서대주 집 앞에 ㉤당도하여 소리 높여 부르며 외쳤다.

　"서대주는 다람쥐에게 고소를 당해 백호산군의 명을 받아 그대를 잡으러 왔으니 서대주는 지체 말고 빨리 나오라."

　서대주 집의 하인들이 이 말을 듣고 놀라서 급히 안으로 들어가서 서대주에게 이 사실을 알리자 서대주는 놀라서 호흡이 급해지고 땀이 흘러 등을 적셨다.

　　　　　　　　　　　　　　　　　　　　　　　　　　　　　－ 작자 미상, 〈서동지전〉

♥ 작품 감상
[해제] 쥐를 의인화한 우화 소설로 간악한 다람쥐와 후덕한 서대주의 대립을 통해 권선징악의 주제를 드러내는 송사 소설이다.
[주제] 배은망덕한 인간에 대한 비판과 봉건적 가치 체계에 대한 비판

04 이 글에 대한 이해로 적절하지 **않은** 것은?

① 오소리는 서대주에게 앙갚음을 하려고 한다.
② 오소리와 너구리는 의기양양한 모습을 보여준다.
③ 오소리와 너구리는 서대주에게 뇌물을 뜯어내려고 한다.
④ 오소리는 자신을 대하는 서대주의 태도에 불만이 있었다.
⑤ 부당하게 재물을 모은 서대주는 소송을 당하자 크게 긴장하고 있다.

05 ㉠~㉤의 뜻풀이로 적절하지 **않은** 것은?

① ㉠ : 잘난 체하며 뽐내고 건방져
② ㉡ : 의지를 가다듬어 강하게 하던
③ ㉢ : 업신여겨 하찮게 대하던
④ ㉣ : 보통 있는 일이니
⑤ ㉤ : (어떤 곳에) 다다라

■ 창의적 적용

06 〈보기〉를 참고하여 이 글의 오소리와 너구리는 어떤 인물형을 상징하는지 이유와 함께 서술하시오.

──● 보기 ●──
　탐관오리는 백성의 재물을 탐내어 빼앗는, 행실이 깨끗하지 못한 관리를 말한다.

어휘 체크

※ 의미 차이를 알면 ◯표! 의미 차이를 모르면 ✕표! 학습 후 확실하게 이해했으면 ☆표!

썩이다 vs 썩히다 ☐☐	여위다 vs 여의다 ☐☐	−장이 vs −쟁이 ☐☐
지양 vs 지향 ☐☐	추돌 vs 충돌 ☐☐	출연 vs 출현 ☐☐

해치다 vs 헤치다 ☐☐

★ [썩이다 vs 썩히다]

썩이다

명오는 툭하면 가출을 해 부모님의 속을 **썩인다**.

(뜻 알기) 걱정이나 근심 따위로 마음이 몹시 괴로운 상태가 되게 만들다.

썩히다

❶ 할아버지는 버려진 음식물을 **썩혀** 밭에 뿌릴 거름을 만들었다.

(뜻 알기) 균의 작용으로 악취가 생기거나 상하게 하다.

❷ 그 작가는 더 이상 글을 쓰지 않고 재능을 **썩히고** 있다.

(뜻 알기) 쓰여야 할 곳에 제대로 쓰이지 못하고 내버려진 상태로 있게 하다.

헷갈리지 말자! '썩히다'는 '썩다'의 사동사로 둘의 기본적인 의미는 같습니다. 그러나 '썩이다'는 사람의 심리 상태를 표현하는, 전혀 다른 의미를 가진 단어이므로 '썩히다'와 구별해야 합니다.

★ [여위다 vs 여의다]

여위다

지용이는 며칠을 앓고 나더니 얼굴이 많이 **여위었다**.

(뜻 알기) 몸의 살이 빠져 파리하게 되다.

여의다

그는 일찍이 부모님을 **여의어** 조부모의 손에 자랐다.

(뜻 알기) 부모나 사랑하는 사람이 죽어서 이별하다.

헷갈리지 말자! '여위다'는 '몸의 살이 빠져 파리하게 되다.'란 의미로 '야위다'와 같은 뜻을 가진 단어로 기억하면 됩니다.

★ [−장이 vs −쟁이]

−장이

동하는 아버지의 가업을 이어 옹기**장이**가 되었다.

(뜻 알기) '그것과 관련된 기술을 가진 사람'의 뜻을 더하는 접미사.

−쟁이

세준이는 옷을 잘 차려입고 다니는 멋**쟁이**다.

(뜻 알기) '그것이 나타내는 속성을 많이 가진 사람'의 뜻을 더하는 접미사.

헷갈리지 말자! '−장이'가 붙는 단어들은 기술자의 의미를 가지고 있고, 그 외에는 '−쟁이'가 붙는 형태를 표준어로 삼습니다.

★ [지양 vs 지향]

지양

남 탓만 하는 자세는 지양하고 자기 자신을 돌아볼 줄 알아야 한다.

뜻 알기 더 높은 단계로 오르기 위하여 어떠한 것을 하지 아니함.

지향

그 당시 우리는 우리 것을 지키기보다는 서구 지향적인 모습을 보였다.

뜻 알기 어떤 목표로 뜻이 쏠리어 향함.

헷갈리지 말자! '지향(志向)'의 '향(向)'은 '향하다'를 의미합니다. '어떤 목표로 향함.'이란 뜻을 지녔으므로 '지양'과는 반대 의미라는 것을 기억해두면 헷갈리지 않습니다.

★ [추돌 vs 충돌]

추돌

출근길에 버스 간의 추돌 사고가 일어나는 바람에 지각을 하고 말았다.

뜻 알기 자동차나 기차 따위가 뒤에서 들이받음.

충돌

서령이는 쓸데없는 충돌을 피하기 위해 자세를 누그러뜨렸다.

뜻 알기 서로 맞부딪치거나 맞섬.

헷갈리지 말자! '추돌(追突)'의 '추'는 '쫓다'란 의미를 가진 쫓을 추(追)입니다. 무언가를 쫓는다는 것은 무언가의 뒤에 있다는 말이므로 '추돌'은 뒤따르는 차나 기차 따위가 뒤에서 들이받았다는 의미로 기억하면 쉽습니다.

★ [출연 vs 출현]

출연

연주는 어제 시민 인터뷰로 뉴스에 출연을 했다고 자랑했다.

뜻 알기 연기, 공연, 연설 따위를 하기 위하여 무대나 연단에 나감.

출현

연락이 끊겼던 동은이의 출현으로 모두가 놀란 얼굴이었다.

뜻 알기 나타나거나 또는 나타나서 보임.

헷갈리지 말자! '출연(出演)'의 '연'은 '연기(演技)하다'의 '연(演)'과 한자가 같으므로 연기, 공연, 연설 등과 연관된 단어라고 생각하면 '출현'과 구별하기 쉬워집니다.

★ [해치다 vs 헤치다]

해치다

담배는 모든 사람의 건강을 해친다.

뜻 알기 손상시키거나 해롭게 하다.

헤치다

아이들은 숯을 헤치고 익은 고구마를 꺼내 먹었다.

뜻 알기 속에 든 물건을 드러나게 하려고 덮인 것을 파거나 젖히다.

헷갈리지 말자! '해치다'에는 무언가를 다치게 한다는 의미를 내포하고 있습니다. '헤치다'는 '해치다'와 발음은 비슷하지만 '다치게 하다.'란 의미는 담겨있지 않고 '흐트러지게 하다.'나 '덮인 것을 파다.'란 뜻을 담고 있습니다.

01 ~ 05 다음 단어와 그 뜻풀이를 바르게 연결하시오.

01 출현 •

• ㉠ 몸의 살이 빠져 파리하게 되다.

02 출연 •

• ㉡ 나타나거나 또는 나타나서 보임.

03 여위다 •

• ㉢ 자동차나 기차 따위가 뒤에서 들이받음.

04 여의다 •

• ㉣ 부모나 사랑하는 사람이 죽어서 이별하다.

05 추돌 •

• ㉤ 연기, 공연, 연설 따위를 하기 위하여 무대나 연단에 나감.

06 ~ 08 다음 뜻풀이에 알맞은 단어를 고르시오.

06 [지향 | 지양] : 더 높은 단계로 오르기 위하여 어떠한 것을 하지 아니함.

07 [해치다 | 헤치다] : 속에 든 물건을 드러나게 하려고 덮인 것을 파거나 젖히다.

08 [썩히다 | 썩이다] : 쓰여야 할 곳에 제대로 쓰이지 못하고 내버려진 상태로 있게 하다.

09 ~ 11 제시된 초성을 활용하여 단어의 뜻풀이를 완성하시오.

09 지향 ⇨ 어떤 | ㅁ | ㅍ |로 뜻이 쏠리어 향함.

10 –장이 ⇨ '그것과 관련된 | ㄱ | ㅅ |을 가진 사람'의 뜻을 더하는 접미사.

11 썩이다 ⇨ 걱정이나 근심 따위로 | ㅁ | ㅇ |이 몹시 괴로운 상태가 되게 만들다.

12 ~ 15 다음 문장에서 적절한 단어를 고르시오.

12 그 분은 최연소 대장(장이 | 쟁이)로서 자부심이 대단했다.

13 오늘 아침에 사거리에서 자동차 3중 (추돌 | 충돌) 사고가 났다.

14 개구(장이 | 쟁이)인 내 동생은 오늘도 아빠에게 장난을 치다가 혼이 났다.

15 나는 환경보호를 위해 종이컵보다는 텀블러 사용을 (지양 | 지향)하고 있다.

16 밑줄 친 단어의 쓰임이 적절하지 <u>않은</u> 것은?

① 젤리와 사탕은 고은이의 치아를 <u>썩혔다</u>.
② 친구의 병세가 악화되자 몸이 몰라보게 <u>여위었다</u>.
③ 나는 되도록 사람들 간의 의견 <u>충돌</u>을 피하려고 애쓴다.
④ 강아지는 흙을 <u>해치고</u> 땅에 묻어놓았던 간식을 찾아서 먹었다.
⑤ 유해 동물로 지정된 비둘기에게 먹이를 주는 행위를 <u>지양</u>해 주십시오.

17 〈보기〉의 빈칸에 들어갈 말이 바르게 나열된 것은?

> ● 보기 ●
>
> • 나는 사춘기 때 부모님 속을 많이 (㉠   ).
> • 부모님을 (㉡   ) 얼마 지나지 않아 나는 고향을 떠났다.

① 썩였다 – 여의고   ② 썩혔다 – 여의고   ③ 썩였다 – 여미고
④ 썩였다 – 여위고   ⑤ 썩혔다 – 여위고

18 ~ 19 다음 단어가 들어간 예문을 찾거나, 스스로 새로운 문장을 만들어 써 보시오.

18 해치다 ⇨ _____

19 출연 ⇨ _____

01~03 다음 글을 읽고 물음에 답하시오.

환경 문제와 관련하여 과학 기술을 바라보는 시각은 크게 다르다. 과학 기술의 비관론과 낙관론이 그 것이다.

과학 기술 비관론자들은 과학 기술이 인간을 과학 기술의 종으로 전락*시켰다고 비판한다. 그들은 자연을 단지 이용 대상물로만 파악하는 그릇된 자연관에 바탕을 두고 무분별하게 과학 기술 발전을 추구하여 지구 온난화 문제, 오존층 파괴, 생태계의 다양성 파괴 등의 오늘의 환경 문제가 비롯됐다고 단정한다. 이러한 사상은 과학을 거부하는 움직임으로까지 번지고 있다.

그러나 과학 기술 낙관론자들의 주장은 사뭇 다르다. 그들은 과학 기술 발전에 의한 경제 성장은 인류가 추구해야 할 최고의 지향점이 되어야 한다고 주장한다. 과학 기술이야말로 자원 부족, 환경 문제 등 현재 인류가 당면하고 있는 문제들을 해결해 줄 수 있다고 믿는다. 과학 기술이 환경 문제를 낳았지만 보다 더 적극적으로 과학 기술을 이용하여 그 원인을 분석하고 대책을 마련함으로써 문제를 해결할 수 있다는 것이다. 예를 들면 방사성 폐기물이나 산업 쓰레기를 지구 밖으로 보낼 수도 있으며 오염 물질들을 먹어 치우는 미생물도 만들 수 있다는 주장이다.

> ♥ **문단별 중심 내용**
> [1문단] 환경 문제와 관련하여 과학 기술을 보는 두 가지 시각
> [2문단] 과학 기술 비관론자들의 주장
> [3문단] 과학 기술 낙관론자들의 주장

* 전락: 나쁜 상태나 타락한 상태에 빠짐.

01 이 글의 내용과 일치하지 <u>않는</u> 것은?

① 환경 문제와 관련하여 과학 기술을 보는 상반된 시각이 있다.
② 과학 기술 비관론은 자연을 이용 대상물로 파악하는 자연관을 비판한다.
③ 과학 기술 낙관론은 과학 기술이 환경 문제의 원인이 아니라고 주장한다.
④ 과학 기술 비관론은 과학 기술이 인간을 과학 기술의 종으로 전락시켰다고 주장한다.
⑤ 과학 기술 낙관론은 방사성 폐기물을 과학 기술로 지구 밖으로 내보낼 수 있다고 주장한다.

02 이 글의 내용을 다음과 같이 요약할 때 문맥상 ㉠과 ㉡에 들어갈 적절한 단어를 쓰시오.

> 인류의 골머리를 ㉠(   ) 환경 문제와 관련하여 과학 기술을 바라보는 두 시각이 서로 ㉡(   )하고 있다.

창의적 적용

03 〈보기〉를 참고하여 과학 기술을 보는 두 관점이 가져야 할 올바른 태도를 '지양'과 '협력'이라는 단어를 사용하여 서술하시오.

> ● 보기 ●
> 이분법적 사고는 여러 가지 가능성을 배제하고 두 가지의 가능성에 한정하여 사고하는 오류이다.

04~06 다음 글을 읽고 물음에 답하시오.

나무는 덕을 지녔다. 나무는 주어진 분수에 만족할 줄을 안다. 나무로 태어난 것을 탓하지 아니하고, 왜 여기 놓이고 저기 놓이지 않았는가를 말하지 아니한다. 등성이에 서면 햇살이 따사로울까, 골짜기에 내려서면 물이 좋을까 하여, 새로운 자리를 엿보는 일도 없다. 〈중략〉

바람은 달과 달라 아주 변덕 많고 수다스럽고 믿지 못할 친구다. 그야말로 ㉠바람쟁이 친구다. 자기 마음 내키는 때 찾아올 뿐 아니라, 어떤 때는 쏴쏴 알랑거리고, 어떤 때에는 난데없이 휘갈기고, 또 어떤 때에는 공연히 뒤틀려 우악스럽게 남의 팔다리에 생채기를 내 놓고 달아난다. 새 역시 바람같이 믿지 못할 친구다. 자기 마음 내키는 때 찾아오고, 자기 마음 내키는 때 달아난다. 그러나 가다 믿고 와 둥지를 틀고, 지쳤을 때 찾아와 쉬며 푸념하는 것이 귀엽다. 그리고 가다 흥겨워 노래할 때, 노래 들을 수 있는 것이 또한 기쁨이 되지 아니할 수 없다. 〈중략〉

㉡불교의 소위 윤회설*이 참말이라면, 나는 죽어서 나무가 되고 싶다. '무슨 나무가 될까?' 이미 나무를 뜻하였으니, 진달래가 될까 소나무가 될까는 가리지 않으련다.   – 이양하, 〈나무〉

♥ 작품 감상
[해제] 이 작품은 나무를 의인화하여 인간이 갖추고 배워야 할 미덕을 제시하는 수필이다.
[주제] 나무에서 배우는 삶의 자세

* 윤회설: 불교에서 말하는, 수레바퀴가 끊임없이 구르는 것과 같이, 생사 세계를 그치지 아니하고 돌고 도는 일.

04 이 글의 내용과 일치하지 <u>않는</u> 것은?

① 바람과 새는 믿지 못할 친구다.
② 달은 변덕이 많거나 수다스럽지 않다.
③ 새는 지쳤을 때 나무를 찾아와 푸념하기도 한다.
④ 나무는 주어진 분수에 만족하여 불평하지 않는다.
⑤ 새는 자기 마음 내키는 때 찾아와 쏴쏴 알랑거린다.

05 ㉠에 쓰인 '–쟁이'의 사용이 적절하지 <u>않은</u> 것은?

① 겁쟁이   ② 멋쟁이   ③ 간판쟁이
④ 고집쟁이   ⑤ 수다쟁이

`창의적 적용`

06 ㉡에서 알 수 있는 글쓴이의 삶의 자세를 '지향'이라는 단어를 사용하여 서술하시오.

어휘 체크

※ 학습 후 제시된 동음이의어의 의미 차이를 확실하게 이해했으면 ☆표!

가공하다 ☐☐   긋다 ☐☐   사유 ☐☐

상기 ☐☐   수습 ☐☐   유리 ☐☐   절감하다 ☐☐

★ 가공하다

가공하다¹
加 더할 가 | 工 장인 공

우유를 <u>가공하여</u> 분유, 치즈와 같은 상품을 만든다.

(뜻 알기) 원자재나 반제품을 인공적으로 처리하여 새로운 제품을 만들거나 제품의 질을 높이다.

가공하다²
可 옳을 가 | 恐 두려울 공

최근에 개발된 신무기는 <u>가공할</u> 만한 위력을 지녔다.

(뜻 알기) 두려워하거나 놀랄 만하다.

가공하다³
架 시렁 가 | 空 빌 공

이 드라마에 나오는 지명과 단체 이름은 실제가 아닌 <u>가공한</u> 것입니다.

(뜻 알기) 사실이 아니고 거짓이나 상상으로 꾸며 내다.

★ 긋다

긋다¹

미애는 어려운 단어에 밑줄을 <u>그으며</u> 영어 공부를 했다.

(뜻 알기) 금이나 줄을 그리다.

긋다²

비가 갑자기 쏟아져서 수민이는 정류장에서 비를 <u>그었다</u>.

(뜻 알기) 비를 잠시 피하여 그치기를 기다리다.

★ 사유

사유¹
私 사사로울 사 | 有 있을 유

이곳은 개인이 <u>사유한</u> 땅이므로 함부로 들어가면 안 됩니다.

(뜻 알기) 개인이 사사로이 소유함. 또는 그런 소유물.

사유²
事 일 사 | 由 말미암을 유

소은이는 선생님께 오늘 지각한 <u>사유</u>를 말씀드렸다.

(뜻 알기) 일의 까닭.

★ 상기

상기[1]
上 윗 상 | 氣 기운 기

무대 위에 선 혜미의 얼굴은 잔뜩 상기되어 있었다.

(뜻 알기) 흥분이나 부끄러움으로 얼굴이 붉어짐.

상기[2]
想 생각할 상 | 起 일어날 기

의연이는 소파에 앉아 지난날들을 상기하였다.

(뜻 알기) 지난 일을 돌이켜 생각하여 냄.

★ 수습

수습[1]
收 거둘 수 | 拾 주울 습

선생님께선 어수선한 교실 분위기를 수습하셨다.

(뜻 알기) 어수선한 사태를 거두어 바로잡음.

수습[2]
修 닦을 수 | 習 익힐 습

태희는 수습 기간 동안 기본적인 업무를 익혔다.

(뜻 알기) 학업이나 실무 따위를 배워 익힘. 또는 그런 일.

★ 유리

유리[1]
有 있을 유 | 利 이로울 리

민이는 체격이 좋아서 운동하기에 유리하다.

(뜻 알기) 이익이 있음.

유리[2]
遊 놀 유 | 離 떠날 리

그는 항상 현실과 유리된 이상만을 추구했다.

(뜻 알기) 따로 떨어짐.

★ 절감하다

절감하다[1]
切 끊을 절 | 感 느낄 감

며칠 동안 집안이 정전되자 우리는 전기의 소중함을 절감하였다.

(뜻 알기) 절실히 느끼다.

절감하다[2]
節 마디 절 | 減 덜 감

우리는 난방비를 절감하기 위해 내복을 입었다.

(뜻 알기) 아끼어 줄이다.

01 ~ 04 밑줄 친 단어의 뜻풀이로 알맞은 것을 고르시오.

01 동윤이는 첫 직장에서 <u>수습</u> 기간 동안 많은 일을 겪었다.

㉠ 어수선한 사태를 거두어 바로잡음.

㉡ 학업이나 실무 따위를 배워 익힘. 또는 그런 일.

02 이번 달은 쓸데없는 지출을 줄여 생활비를 <u>절감할</u> 것이다.

㉠ 절실히 느끼다.

㉡ 아끼어 줄이다.

03 정당한 <u>사유</u>를 말씀해 주시면 이번 교육에 불참하는 것을 출석으로 인정해 드립니다.

㉠ 일의 까닭.

㉡ 개인이 사사로이 소유함. 또는 그런 소유물.

04 바퀴벌레는 강한 생명력과 <u>가공할</u> 번식력으로 멸종되지 않고 살아왔다.

㉠ 두려워하거나 놀랄 만하다.

㉡ 원자재나 반제품을 인공적으로 처리하여 새로운 제품을 만들거나 제품의 질을 높이다.

05 ~ 09 제시된 초성을 활용하여 밑줄 친 단어의 뜻풀이를 완성하시오.

05 기영이는 자신에게 <u>유리</u>한 조건만 받아들였다.

⇨ 유리 : ○ ○ 이 있음.

06 지우는 편의점에 들어가 잠시 비를 <u>그어</u> 갔다.

⇨ 긋다 : 비를 잠시 피하여 ㄱ ㅊ ㄱ 를 기다리다.

07 놀이터에서 뛰어 논 아이는 잔뜩 <u>상기</u>된 채로 돌아왔다.

⇨ 상기 : 흥분이나 부끄러움으로 ○ ㄱ 이 붉어짐.

08 그 소설은 <u>가공한</u> 이야기가 아닌 실제 사건을 바탕으로 한 내용이다.

⇨ 가공하다 : 사실이 아니고 ㄱ ㅈ 이나 상상으로 꾸며 내다.

09 자연 다큐멘터리를 시청한 우재는 환경 오염의 심각성을 <u>절감할</u> 수 있었다.

⇨ 절감하다 : ㅈ ㅅ 히 느끼다.

10 ~ 12 밑줄 친 단어가 제시된 의미로 사용된 예문을 고르시오.

10 수습 : 어수선한 사태를 거두어 바로잡음.

① 수습 기간에는 일을 배우느라 쉴 틈이 없었다.

② 본부에서는 이번 사건의 수습 대책을 세우고 있다.

11 긋다 : 비를 잠시 피하여 그치기를 기다리다.

① 우리 가게로 잠깐 들어와서 비를 그어 가세요.

② 동생이 내 그림에 삐뚤빼뚤한 선을 그어서 엉망이 되었다.

12 가공하다 : 사실이 아니고 거짓이나 상상으로 꾸며 내다.

① 이 소설의 인물은 가공하여 만들어 냈다.

② 소시지는 육류를 가공한 식품으로 요리를 할 때 간편하다.

13 밑줄 친 두 단어의 의미가 같지 <u>않은</u> 것은?

① • 수정이는 운동장에 금을 그어 출발선을 표시했다.
　• 나는 책을 읽으면서 중요한 문장에 줄을 그었다.

② • 나는 하림이가 거짓말을 한 사유가 궁금했다.
　• 여긴 우리 할머니께서 오래전부터 사유한 곳이다.

③ • 그 사건을 또다시 상기하면 가슴만 아프니 잊어라.
　• 정훈이는 자기 전에 그날 있었던 일을 상기한다.

④ • 우리 가족은 이번 달 외식 비용을 30% 절감했다.
　• 나는 불필요한 지출을 절감하고 그 돈으로 저축을 했다.

⑤ • 방향 감각이 뛰어나면 운전을 할 때 유리하다.
　• 자신의 나라에서 축구 시합을 치르면 유리한 면이 있다.

14 ~ 15 다음 단어가 들어간 예문을 찾거나, 스스로 새로운 문장을 만들어 써 보시오.

14 상기 : 흥분이나 부끄러움으로 얼굴이 붉어짐.

⇨ _____

15 유리 : 따로 떨어짐.

⇨ _____

01 ~ 03 다음 글을 읽고 물음에 답하시오.

〈매트릭스〉는 2199년의 미래 세계를 배경으로 하고 있는 미국의 SF 액션 영화이다. 영화는 인공 지능(AI) 컴퓨터와 기계에 의해 인간이 양육되는 암울한 미래를 묘사한다.

인간들은 태어나자마자 그들이 만들어낸 인공 자궁 안에 갇혀 AI의 생명 연장을 위한 에너지로 사용되고 AI에 의해 뇌세포에 매트릭스라는 프로그램이 입력된다. 프로그램 안에 있는 동안 인간의 뇌는 AI의 철저한 통제를 받는다. 인간이 보고 느끼는 것들은 항상 그들의 검색 엔진에 노출되어 있고, 인간의 기억 또한 그들에 의해 입력되고 삭제된다. 가상 현실 속에서 현실과 ㉠유리되어 진정한 현실을 인식할 수 있는 인간은 없다.

그러나 매트릭스 밖, 가상 현실의 꿈에서 깨어난 인간들이 생존하는 곳이 있다. 그곳에는 AI에게 인류 역사상 가장 위험한 인간으로 알려진 모피어스와 그와 더불어 AI에 맞서 싸우는 동료들이 있다. 그들은 광케이블을 통해 매트릭스에 침투하고 매트릭스 프로그램을 응용해 자신들의 뇌세포에 각종 데이터를 입력한다. 주인공 네오는 모피어스의 도움으로 AI가 만든 가공 세계에서 벗어난 다른 사람들과 함께 기계에 대한 반란을 일으킨다. 이들은 자유를 위해 투쟁해왔던 인류의 역사를 상기시킨다.

♥ 문단별 중심 내용
[1문단] 인공 지능에 지배받는 암울한 미래를 묘사한 영화 〈매트릭스〉
[2문단] 매트릭스의 통제를 받는 인간
[3문단] 매트릭스에 저항하는 인간

01 이 글의 영화 〈매트릭스〉에 대한 설명으로 적절하지 않은 것은?

① 인간은 인공 지능의 생명 연장을 위한 에너지로 쓰인다.
② 인간의 뇌세포에는 매트릭스라는 프로그램이 입력되어 있다.
③ 인공 지능 컴퓨터에 인간이 지배당하는 불행한 미래를 묘사하고 있다.
④ 인공 지능은 매트릭스 밖에 존재하는 인간들을 위험한 존재로 인식한다.
⑤ 인공 지능 밖에 존재하는 인간들은 매트릭스에 자신들의 뇌세포 데이터를 입력한다.

02 다음 중 ㉠과 같은 의미로 쓰인 것은?

① 모든 상황이 우리 쪽에 유리하다.
② 논점과 유리된 의견은 삼가주세요.
③ 맥주병은 갈색 유리로 만들어진다.
④ 혜빈이의 마음은 유리같이 약하다.
⑤ 전쟁으로 유리하는 사람이 늘어났다.

창의적 적용

03 이 글과 〈보기〉를 읽고 '절감하다'라는 단어를 활용하여 영화 〈매트릭스〉에 대해 느낀 점을 쓰시오.

● 보기 ●

인공 지능이 계속 발전하면서 인간을 앞서는 능력을 보여주자 인공 지능에 지배당하는 미래가 올지도 모른다는 우려가 커지고 있다.

04~06 다음 글을 읽고 물음에 답하시오.

광문(廣文)이라는 자는 거지였다. 일찍이 종루(鐘樓)의 저잣거리에서 빌어먹고 다녔는데, 거지 아이들이 광문을 추대하여 패거리의 우두머리로 삼고, 소굴을 지키게 한 적이 있었다. 〈중략〉

광문은 사람됨이 외모는 극히 추악하고, 말솜씨도 남을 감동시킬 만하지 못하며, 입은 커서 두 주먹이 들락날락했다. 그래서 아이들이 서로 욕을 할 때면, "니 형은 달문(達文)이다."라고 놀려 댔는데, 달문은 광문의 또 다른 이름이었다.

광문이 길을 가다가 싸우는 사람을 만나면 그도 역시 옷을 홀랑 벗고 싸움판에 뛰어들어, 뭐라고 시부렁대면서 땅에 금을 ㉠그어 마치 누가 바르고 누가 틀리다는 것을 판정이라도 하는 듯한 시늉을 하니, 온 저자 사람들이 다 웃어 대고 싸우던 자도 웃음이 터져, 어느새 싸움을 풀고 가 버렸다. 〈중략〉

이때 돈놀이 하는 자들이 대체로 머리꽂이, 보석, 의복, 가재도구 및 집, 논밭, 노비 등의 문서를 저당 잡고서 본값의 십분의 삼이나 십분의 오를 쳐서 돈을 내주게 마련이었다. 그러나 광문이 빚보증을 서 주는 경우는 담보를 따지지 아니하고 천 냥이라도 당장에 내주곤 하였다.

– 박지원, 〈광문자전〉

♥ 작품 감상
[해제] 평범한 인물을 주인공으로 하여 정직하고 소탈한 인간형을 창조하여 당시 사회를 풍자하는 박지원의 한문 소설이다.
[주제] 헛된 욕심을 부리지 않는 믿음성 있는 삶의 태도

04 이 글에 등장하는 인물에 대한 설명으로 적절하지 않은 것은?

① 광문은 말솜씨가 좋지 못하다.
② 광문은 거지 패거리의 대장이었다.
③ 광문은 사람들 사이에서 믿음성 있다.
④ 광문은 못생겨서 아이들의 놀림거리가 되기도 했다.
⑤ 광문은 싸움판에 끼어들어 시비를 가리는 것을 좋아한다.

05 이 글에 대한 설명 중 적절하지 않은 것은?

① 이 글은 실제가 아닌 가공된 이야기다.
② 이 글은 개인의 인품을 중시한다.
③ 광문은 현실과 유리된 이상을 추구한다.
④ 이 글은 사회를 풍자하기 위해 쓰였다.
⑤ 광문은 독특한 방법으로 싸움판을 수습한다.

창의적 적용

06 ㉠과 〈보기〉의 ㉡의 표기와 발음이 모두 동일해도 다른 단어로 인정되는 이유를 단어의 뜻을 이용하여 설명하시오.

• 보기 •

우리는 우산이 없어서 처마 밑에서 비를 ㉡그어야만 했다.

다의어

 공부한 날 ◯ 월 ◯ 일

어휘 체크 ※ 학습 후 제시된 다의어의 의미 차이를 확실하게 이해했으면 ☆표!

길 ☐☐	가볍다 ☐☐	무겁다 ☐☐
따르다 ☐☐	붙다 ☐☐	서다 ☐☐

길

❶ 나는 길을 건너다 우연히 친구를 만났다.

(뜻 알기) 사람이나 동물 또는 자동차 따위가 지나갈 수 있게 땅 위에 낸 일정한 너비의 공간.

❷ 설아는 일하던 가게가 폐업하게 되어 등록금을 마련할 길이 막막했다.

(뜻 알기) 방법이나 수단.

❸ 예솔이는 도서관에 가는 길에 할머니께 안부 전화를 드렸다.

(뜻 알기) 어떠한 일을 하는 도중이나 기회.

가볍다

❶ 종석이는 동생에게 가벼운 짐을 건네주었다.

(뜻 알기) 무게가 일반적이거나 기준이 되는 대상의 것보다 적다.

❷ 이번에 맡은 업무는 가벼운 일이 아니므로 신중하게 임해야 한다.

(뜻 알기) 비중이나 가치, 책임 따위가 낮거나 적다.

❸ 기말고사까지 끝나니 마음이 한결 가벼워졌다.

(뜻 알기) 마음이 홀가분하고 경쾌하다.

무겁다

❶ 아윤이는 가방이 무거워서 바닥에 떨어뜨렸다.

(뜻 알기) 무게가 나가는 정도가 크다.

❷ 은비는 맡은 역할이 무거워 부담을 느꼈다.

(뜻 알기) 비중이나 책임 따위가 크거나 중대하다.

❸ 할아버지가 편찮으시다고 하니 내 마음이 무거워졌다.

(뜻 알기) 마음이 유쾌하지 않고 우울하다.

따르다

❶ 강아지가 나를 따라 공원으로 나왔다.

(뜻 알기) 다른 사람이나 동물의 뒤에서, 그가 가는 대로 같이 가다.

❷ 초원이의 손재주는 아무도 따를 자가 없다.

(뜻 알기) 앞선 것을 좇아 같은 수준에 이르다.

❸ 그 후배는 나를 잘 따라서 같이 창업을 했던 적도 있다.

(뜻 알기) 좋아하거나 존경하여 가까이 좇다.

❹ 학교를 그만두고 다른 길을 가게 되면 많은 어려움이 따를 것이다.

(뜻 알기) 어떤 일이 다른 일과 더불어 일어나다.

붙다

❶ 오랫동안 집을 비웠더니 현관문에 전단지가 잔뜩 붙어있다.

(뜻 알기) 맞닿아 떨어지지 아니하다.

❷ 세아는 몇 년 동안 준비한 시험에 붙어서 눈물이 났다.

(뜻 알기) 시험 따위에 합격하다.

❸ 석일이는 주말에도 집에 붙어서 공부만 했다.

(뜻 알기) 어떤 장소에 오래 머무르다.

❹ 명절 동안 먹기만 했더니 몸에 살이 붙은 것 같다.

(뜻 알기) 어떤 것이 더해지거나 생겨나다.

서다

❶ 혜진이는 버스에서 자리가 나질 않아 1시간 동안 서서 갔다.

(뜻 알기) 사람이나 동물이 발을 땅에 대고 다리를 쭉 뻗으며 몸을 곧게 하다.

❷ 종민이는 결심이 설 때까지 선택을 보류하기로 했다.

(뜻 알기) 계획, 결심, 자신감 따위가 마음속에 이루어지다.

❸ 달리던 지하철이 갑자기 서자 승객들은 혼란에 빠졌다.

(뜻 알기) 어떤 곳에서 다른 곳으로 가던 대상이 어느 한 곳에서 멈추다.

❹ 나는 그 안건에 대한 생각이 바뀌어 반대 입장에 섰다.

(뜻 알기) 사람이 어떤 위치나 처지에 있게 되거나 놓이다.

01 ~ 04 밑줄 친 단어의 뜻풀이로 알맞은 것을 고르시오.

01 주혁이는 학원에 가는 길에 문구점에 들러 펜을 샀다.

ㄱ 방법이나 수단.

ㄴ 어떠한 일을 하는 도중이나 기회.

02 홍철이는 우리 팀을 저버리고 반대 팀에 섰다.

ㄱ 계획, 결심, 자신감 따위가 마음속에 이루어지다.

ㄴ 사람이 어떤 위치나 처지에 있게 되거나 놓이다.

03 희연이는 중요한 과제가 끝나자 가벼운 기분이 들었다.

ㄱ 마음이 홀가분하고 경쾌하다.

ㄴ 비중이나 가치, 책임 따위가 낮거나 적다.

04 우리 집 강아지는 나보다는 엄마를 더 잘 따른다.

ㄱ 좋아하거나 존경하여 가까이 좇다.

ㄴ 다른 사람이나 동물의 뒤에서, 그가 가는 대로 같이 가다.

05 ~ 09 제시된 초성을 활용하여 밑줄 친 단어의 뜻풀이를 완성하시오.

05 경민이의 타고난 운동 신경은 아무도 따르지 못한다.

⇨ 따르다: 앞선 것을 좇아 같은 ㅅ ㅈ 에 이르다.

06 수지는 바깥이 춥다고 온종일 방에만 붙어 있었다.

⇨ 붙다: 어떤 ㅈ ㅅ 에 오래 머무르다.

07 이번 사건으로 인해 우리는 무거운 책임을 느끼고 있다.

⇨ 무겁다: 비중이나 책임 따위가 크거나 ㅈ ㄷ 하다.

08 홍은이는 가벼운 상자를 들려고 먼저 줄을 섰다.

⇨ 가볍다: ㅁ ㄱ 가 일반적이거나 기준이 되는 대상의 것보다 적다.

09 영지는 길 위에 떨어진 지갑을 주워서 경찰서로 갔다.

⇨ 길: 사람이나 동물 또는 자동차 따위가 지나갈 수 있게 땅 위에 낸 ㅇ ㅈ 한 너비의 공간.

▶ 정답과 해설 59쪽

문맥적 의미

10 ~ 13 밑줄 친 단어가 제시된 의미로 사용된 예문을 고르시오.

10 무겁다 : 마음이 유쾌하지 않고 우울하다.

① 그 소식을 들으니 내 마음이 <u>무겁구나</u>.
② 어떤 조직이든 회장직은 <u>무거운</u> 자리라고 생각해.

11 따르다 : 좋아하거나 존경하여 가까이 좇다.

① 그 일에는 위험 부담이 <u>따른다</u>.
② 동생이 언니를 잘 <u>따르니</u> 언니도 동생을 잘 챙긴다.

12 서다 : 계획, 결심, 자신감 따위가 마음속에 이루어지다.

① 울퉁불퉁한 자갈밭에서는 <u>서</u> 있는 것이 쉽지 않다.
② 그는 한번 결정이 <u>서면</u> 절대로 꺾이지 않는 고집이 있다.

13 길 : 방법이나 수단.

① 이 문제를 해결할 <u>길</u>은 많으니 너무 걱정하지 말자.
② 철원이는 학교에서 돌아오던 <u>길</u>에 아이디어가 떠올랐다.

14 〈보기〉의 ㉠과 문맥적 의미가 유사하게 쓰인 것은?

─────── ● 보기 ● ───────

세연이는 모임 내에서 중현이보다 비교적 ㉠<u>가벼운</u> 일을 하고 있다.

① 오늘따라 물통이 <u>가벼워서</u> 보니 텅 비어 있었다.
② 막내는 내가 쉽게 들어 올릴 수 있을 만큼 <u>가볍다</u>.
③ 어머니께 속마음을 털어놓고 나니 마음이 <u>가벼웠다</u>.
④ 나는 회사에서 지난해보다 <u>가벼운</u> 임무를 맡게 되었다.
⑤ 우리는 주말이 되면 학업에 대한 걱정은 잊고 <u>가벼운</u> 마음으로 만났다.

15 ~ 16 다음 단어가 들어간 예문을 찾거나, 스스로 새로운 문장을 만들어 써 보시오.

15 **붙다** : 시험 따위에 합격하다.

⇨ _____

16 **서다** : 사람이 어떤 위치나 처지에 있게 되거나 놓이다.

⇨ _____

01~03 다음 글을 읽고 물음에 답하시오.

우리나라 사람은 마늘을 매우 좋아한다. 하지만 마늘은 특유한 냄새 때문에 많은 사람들이 꺼리는 식재료이다. 서양인들에게 익숙하지 않은 김치 냄새의 원인 중 하나가 바로 마늘이다. 또 독일인은 이탈리아나 프랑스, 스페인 남부 사람들을 경멸할 때 마늘을 먹는다고 비아냥거린다. 그런데도 마늘이 지구상에서 사라지지 않는 이유가 있다. 장점이 많기 때문이다.

마늘은 몸에 좋고, 음식의 맛을 내는데도 일품이다. 마늘은 알리신이라는 성분이 비타민 B_1과 결합하면서 피로 회복에 도움이 되고 알릴설파이드라는 성분은 살균 효과와 암 예방 효과도 있다. 또한 마늘은 고기의 비린내를 없애고 맛을 좋게 하며, 고기의 단백질을 응고시켜 소화를 돕는 작용도 한다.

그렇다면 마늘의 특유한 냄새를 없애면 더 많은 사람들이 마늘을 먹을까? 실제로 1978년에 냄새가 나지 않는 마늘이 개발되었다. 그런데 지금도 여전히 특유의 냄새를 지닌 마늘이 시장의 대부분을 차지하고 있다. 왜 그럴까? 냄새를 없애는 기술을 개발함에 ㉠따라 가격이 올라가기도 했지만, 더 큰 이유는 마늘의 독특한 냄새가 없으니 음식 맛이 제대로 나지 않아 사람들이 외면하였기 때문이다. ⓐ새로운 제품을 개발하는 사람들은 냄새 없는 마늘의 사례에서 어떤 교훈을 얻을 수 있을까?

♥ 문단별 중심 내용
[1문단] 많은 사람들이 꺼리는 마늘
[2문단] 마늘이 지닌 여러 가지 장점
[3문단] 냄새 없는 마늘의 실패 이유

01 이 글의 내용과 일치하는 것은?

① 마늘에 든 알리신 성분은 암을 예방하는 효과가 있다.
② 마늘에 든 알릴설파이드 성분은 비타민 B_1과 결합한다.
③ 이탈리아, 프랑스, 스페인 사람들은 마늘을 먹지 않는다.
④ 냄새 없는 마늘은 가격이 너무 비싸 시장에서 외면당했다.
⑤ 고기를 먹을 때 마늘을 함께 섭취하면 소화에 도움이 된다.

02 다음 밑줄 친 말 중에서 ㉠과 문맥적 의미가 같은 것은?

① 경찰은 범인의 뒤를 <u>따르기</u> 시작했다.　② 수호는 뛰어가는 형을 <u>따라</u> 달렸다.
③ 나는 언니를 잘 <u>따라서</u> 서로 사이가 좋다.　④ 그의 그림 솜씨를 <u>따를</u> 자는 아무도 없다.
⑤ 네가 무엇을 선택하든 반드시 대가가 <u>따른다</u>.

창의적 적용
03 ⓐ에 대한 답변을 〈조건〉에 맞게 쓰시오.

조건
1) '소비자'라는 단어를 사용할 것.　　　　2) 이 글과 관련된 내용을 제시할 것.

04~06 다음 글을 읽고 물음에 답하시오.

어제도 하로밤 / 나그네 집에
가마귀 가왁가왁 울며 새었소.
〈중략〉
산(山)으로 올라갈까/ 들로 갈까
오라는 곳이 없어 나는 못 가오.
〈중략〉
여보소, 공중에 / 기러기
공중엔 길 있어서 잘 가는가?

여보소, 공중에 / 저 기러기
열십자(十字) 복판에 내가 섰소.

[A] ⌈ 갈래갈래 갈린 길 / 길이라도
    ⌊ 내게 바이 갈 ㉠길은 하나 없소.

— 김소월, 〈길〉

♥ 작품 감상

[해제] 이 시는 7·5조 3음보 율격을 바탕으로 일제의 식민지 수탈 정책으로 농토를 빼앗긴 유랑민의 애절한 삶을 형상화하고 있다.
[주제] 정처 없이 유랑하는 나그네의 애환과 서글픔

04 이 시에 대한 이해로 적절하지 <u>않은</u> 것은?

① 전통적인 3음보 율격을 바탕으로 하고 있다.
② 종결 어미를 반복하여 운율감을 형성하고 있다.
③ '기러기'는 화자와 동일한 정서를 드러내는 소재이다.
④ '가마귀'를 통해 화자는 서글픈 정서를 나타내고 있다.
⑤ 갈 곳 없는 서글픈 처지를 자문자답으로 드러내고 있다.

05 문맥으로 보아 ㉠의 의미와 가장 가까운 것은?

① 끊어진 길 앞에 섰다.　　② 한적한 길을 걸었다.　　③ 살아갈 길이 막막하다.
④ 지금 고향에 가는 길이다.　　⑤ 출장 가는 길에 만나자.

창의적 적용

06 시적 화자가 [A]와 같이 말한 이유를 〈조건〉을 참고하여 서술하시오.

● 조건 ●
'삶의 방향'이란 말을 활용할 것.

찾아보기

ㅊ

중학 국어

일등급 독해력

독해력을 키우는 **단 계 별 · 수 준 별** 맞춤 훈련

- 독해의 원리와 방법을 알려 주는 6가지 비법

- 세상을 바라보는 눈을 키워 주는 48개의 지문

- 수능의 출제 원리를 반영한 수준 높은 문제

- 어휘력을 기를 수 있는 다양한 어휘 학습 장치

- 전 지문과 문제를 재수록해 꼼꼼하게 분석한 해설

중학 국어

일등급 어휘력

교과서 어휘, 다의어, 동음이의어, 한자 성어, 속담,
관용어, 헷갈리기 쉬운 말, 국어 개념어

중학교 필수 어휘
최다 수록
+
국어 영역별
필수 개념어 수록
+
이해를 돕기 위한
다양한 예문&문제
+
어휘력 향상을 위한
최적의 학습 시스템

문해력 완성

어휘력 테스트
& 정답과 해설

자신감 넘치는 문해력 '콩이'와 함께
어려운 어휘도 척척, 수능까지 달려가요!

중학 어휘

단계
3

어휘력 테스트 &정답과 해설

01 ~ 07 제시된 초성을 참고하여 뜻풀이에 맞는 단어를 쓰시오.

01 사물이나 현상을 관찰할 때, 그 사람이 보고 생각하는 태도나 방향 또는 처지. ㄱ ㅈ

02 같은 종류의 것 또는 비슷한 것에 기초하여 다른 사물을 미루어 추측하는 일. ㅇ ㅊ

03 상태, 모양, 성질 따위가 그와 같다고 보거나 그렇다고 여기다. ㄱ ㅈ ㅎ ㄷ

04 옳고 그름을 이유를 들어 밝힘. 또는 그 근거나 이유. ㄴ ㅈ

05 대상을 두루 생각하는 일. ㅅ ㅇ

06 서로 달라서 대비가 됨. ㄷ ㅈ

07 어떤 일을 당하여 감정, 충동 따위가 일어나다. 또는 그렇게 되게 하다. ㅊ ㅂ ㅎ ㄷ

08 ~ 13 제시된 초성을 활용하여 단어의 뜻풀이를 완성하시오.

08 견지 : 어떤 사물을 판단하거나 ㄱ ㅊ 하는 입장.

09 추론하다 : 미루어 ㅅ ㄱ 하여 논하다.

10 상념 : ㅁ ㅇ 속에 품고 있는 여러 가지 생각.

11 유추 : 같은 종류의 것 또는 비슷한 것에 기초하여 다른 사물을 미루어 ㅊ ㅊ ㅎ ㄴ 일.

12 정당성 : 사리에 맞아 옳고 ㅈ ㅇ ㄹ ㅇ 성질.

13 통찰하다 : 예리한 관찰력으로 사물을 ㄲ ㄸ ㅇ 보다.

14 ~ 19 빈칸에 들어갈 알맞은 단어를 〈보기〉에서 찾아 쓰시오.

> ● 보기 ●
>
> 대조   관점   고정 관념
> 추론   상념   통찰

14 이번 육상 대회 기록으로 동양인에 대한 (   )이 깨졌다.

15 발언이 나온 상황과 맥락을 통해 발언자의 의도를 (   )할 수 있다.

16 수진이는 중요하지 않은 (   )을 자주 떠올리는 습관이 있다.

17 심사위원들은 두 작품을 (   )해서 위 작품을 밝혀냈다.

18 그 시는 이상 세계를 동경하는 시인의 독특한 (   )이 드러난다.

19 재희는 사건의 본질을 (   )하는 능력이 뛰어나다.

01 ~ 07 제시된 초성을 참고하여 뜻풀이에 맞는 단어를 쓰시오.

01 가치를 깎아내리다. `ㅍ` `ㅎ` `ㅎ` `ㄷ`

02 뛰어난 업적이나 바람직한 정신, 위대한 사람 따위를 칭찬하고 기억하다. `ㄱ` `ㄹ` `ㄷ`

03 남의 감정, 의견, 주장 따위에 대하여 자기도 그렇다고 느끼다. `ㄱ` `ㄱ` `ㅎ` `ㄷ`

04 일정한 과정을 거치면서 이루어진 까닭. `ㄴ` `ㄹ`

05 주관이나 원칙이 없이 덮어놓고 행동하는. 또는 그런 것. `ㅁ` `ㅁ` `ㅈ`

06 따돌리거나 거부하여 밀어 내치다. `ㅂ` `ㅊ` `ㅎ` `ㄷ`

07 외부와 통하거나 교류하지 않는. 또는 그런 것. `ㅍ` `ㅅ` `ㅈ`

08 ~ 13 제시된 초성을 활용하여 단어의 뜻풀이를 완성하시오.

08 결렬: 교섭이나 회의 따위에서 의견이 합쳐지지 않아 각각 `ㄱ` `ㄹ` `ㅅ` `ㄱ` 됨.

09 공감하다 : 남의 감정, 의견, `ㅈ` `ㅈ` 따위에 대하여 자기도 그렇다고 느끼다.

10 내력 : 지금까지 지내온 경로나 `ㄱ` `ㄹ`.

11 두둔하다 : 편들어 감싸 주거나 `ㅇ` `ㅅ` 을 들어 주다.

12 박탈하다 : 남의 재물이나 권리, 자격 따위를 `ㅃ` `ㅇ` `ㄷ`.

13 자긍심 : 스스로에게 `ㄱ` `ㅈ` 를 가지는 마음.

14 ~ 19 빈칸에 들어갈 알맞은 단어를 〈보기〉에서 찾아 쓰시오.

───── ▸ 보기 ◂ ─────
| 공감 | 두둔 | 맹목적 |
| 단서 | 결렬 | 회의적 |

14 ( )인 사랑이 때로는 큰 힘이 될 때가 있다.

15 양측의 입장이 달라서 이번 사안은 ( )되었다.

16 언니는 나의 아픔에 ( )하고 눈물을 흘렸다.

17 세호는 선배에게 혼이 나는 후배를 ( )하고 잘못을 덮어주었다.

18 이 사진은 나의 형제를 찾을 때 중요한 ( )가 될 수 있다.

19 그는 그를 향한 ( )인 시선을 극복하고 마침내 성공했다.

01 ~ 07 제시된 초성을 참고하여 뜻풀이에 맞는 단어를 쓰시오.

01 혼자서 모두 차지함. ☐ ㄷ ㅈ

02 인간이 사회의 한 성원으로 생활하도록 기성세대에 동화함. 또는 그런 일. ㅅ ㅎ ㅎ

03 세금이나 공과금 따위를 관계 기관에 내다. ㄴ ㅂ ㅎ ㄷ

04 사람들의 일상생활, 풍습 따위에서 보이는 세상의 상태나 형편. ㅅ ㅌ

05 남에게 빚을 짐. 또는 그 빚. ㅂ ㅊ

06 차를 마시고 밥을 먹는 일이라는 뜻으로, 보통 있는 예사로운 일을 이르는 말. ㄷ ㅂ ㅅ

07 세상에 널리 알려지거나 일반적으로 인정되고 있는 설. ㅌ ㅅ

08 ~ 13 제시된 초성을 활용하여 단어의 뜻풀이를 완성하시오.

08 결손 : 어느 부분이 없거나 잘못되어서 ㅂ ㅇ ㅈ ㅎ .

09 공공복리 : 사회 구성원 전체에 두루 관계되는 ㅂ ㅈ .

10 유통 : 상품 따위가 생산자에서 소비자, 수요자에 도달하기까지 여러 단계에서 교환되고 ㅂ ㅂ ㄷ ㄴ 활동.

11 시비 : 옳음과 그름. 또는 이를 따지는 ㅁ ㄷ ㅌ .

12 인권 : ㅇ ㄱ 으로서 당연히 가지는 기본적 권리.

13 통념 : 일반적으로 널리 통하는 ㄱ ㄴ .

14 ~ 19 빈칸에 들어갈 알맞은 단어를 〈보기〉에서 찾아 쓰시오.

> ● 보기 ●
> 기승   시비   기성세대
> 유통   부채   다반사

14 이번 회의에서는 인간 복제에 대한 ( )를 논의했다.

15 요즘 젊은이들 사이에서 ( )의 문화를 따라하는 복고 바람이 불고 있다.

16 부모님께서는 열심히 일해서 갚아도 여전히 남아 있는 ( )에 한숨을 쉬셨다.

17 작년에 비해 올해는 유독 미세먼지가 ( )을 부린다.

18 기진이는 어릴 때 별명이 울보였는데 그만큼 우는 일이 ( )였다.

19 한국은행에서 5만 원권을 발행하여 시장에 ( )하였다.

01 ~ 07 제시된 초성을 참고하여 뜻풀이에 맞는 단어를 쓰시오.

01 침범하여 해를 끼치다. ㅊㅎㅎㄷ

02 국회나 행정 기관에서 일의 관련자에게 의견을 들어 보는 공개적인 모임. ㄱㅊㅎ

03 돈이나 물건 따위를 거두어들이다. ㅅㄹㅎㄷ

04 일을 결행하는 데 날짜나 시간을 미룸. 또는 그런 기간. ㅇㅇ

05 위치나 지위의 품계적인 것. ㅇㄱㅈ

06 법규에 맞다. ㅈㅂㅎㄷ

07 더할 나위 없는 지경에 도달하는. 또는 그런 것. ㄱㄱㅈ

08 ~ 13 제시된 초성을 활용하여 단어의 뜻풀이를 완성하시오.

08 구제하다 : 자연적인 ㅈㅎ 나 사회적인 피해를 당하여 어려운 처지에 있는 사람을 도와주다.

09 청구하다 : 남에게 돈이나 물건 따위를 달라고 ㅇㄱㅎㄷ.

10 배상 : 남의 권리를 침해한 사람이 그 ㅅㅎ를 물어 주는 일.

11 수렴하다 : 의견이나 사상 따위가 여럿으로 나뉘어 있는 것을 ㅎㄴㄹ 모아 정리하다.

12 일반적 : 일부에 ㅎㅈ되지 아니하고 전체에 걸치는. 또는 그런 것.

13 상쇄 : ㅅㅂ되는 것이 서로 영향을 주어 효과가 없어지는 일.

14 ~ 19 빈칸에 들어갈 알맞은 단어를 〈보기〉에서 찾아 쓰시오.

──── 보기 ────
적법	위계적	유예
수렴	보편적	도용

14 예의는 우리 모두가 마땅히 지켜야 할 ( ) 가치이다.

15 이번 선거에서는 만 18세도 투표권이 생겼기 때문에 지민이가 투표하는 것은 ( )하다.

16 우현이는 과제를 제출하지 않아서 선생님께 이틀의 ( )를 받았다.

17 회사에서의 ( ) 질서는 빠른 일처리에 도움이 된다.

18 이번 회의에서는 각계의 의견을 적극적으로 ( )할 것이다.

19 성수는 자신의 명의를 사기꾼에게 ( ) 당했다며 경찰에 신고했다.

01 ~ 07 제시된 초성을 참고하여 뜻풀이에 맞는 단어를 쓰시오.

01 다그쳐 빨리 나아가게 하다.

ㅊ ㅈ ㅎ ㄷ

02 생명을 지니지 않은 물질을 통틀어 이르는 말. 물, 흙, 공기, 돌, 광물 따위가 있다.

ㅁ ㄱ ㅁ

03 샘세포의 작용에 의하여 만든 액즙을 배출관으로 보내다.

ㅂ ㅂ ㅎ ㄷ

04 어떤 사실이나 원리 따위에 근거하다.

ㅇ ㄱ ㅎ ㄷ

05 사회나 조직 등의 기능이 활발함. 또는 그러한 기능을 활발하게 함.

ㅎ ㅅ ㅎ

06 목숨을 겨우 이어 살아가다.

ㅇ ㅁ ㅎ ㄷ

07 세균이나 병균 따위가 몸속에 들어오다.

ㅊ ㅌ ㅎ ㄷ

08 ~ 13 제시된 초성을 활용하여 단어의 뜻풀이를 완성하시오.

08 배출하다 : 안에서 밖으로 밀어 ㄴ ㅂ ㄴ ㄷ .

09 인과 : 원인과 ㄱ ㄱ 를 아울러 이르는 말.

10 결여 : ㅁ ㄸ ㅎ 있어야 할 것이 빠져서 없거나 모자람.

11 약화되다 : 세력이나 ㅎ 이 약해지다.

12 척도 : 평가하거나 측정할 때 의거할 ㄱ ㅈ .

13 활성화 : 생체나 생체 물질이 그 기능을 ㅂ ㅎ ㅎ . 또는 그런 일.

14 ~ 19 빈칸에 들어갈 알맞은 단어를 〈보기〉에서 찾아 쓰시오.

┌─────── 보기 ───────┐
척도   약화   활성화
결여   분석   유기물
└──────────────────┘

14 채린이는 추리 소설을 읽으면서 사건의 원인과 결과를 시간의 순서대로 (   )하는 것을 좋아한다.

15 날이 갈수록 기력이 (   )되는 아버지를 보면 마음이 아프다.

16 그의 글은 일관성이 (   )되어 주장하는 바가 무엇인지 모르겠다.

17 김 박사님은 식물 재배에 적당한 (   )의 양을 연구하고 있다.

18 국민총생산(GNP)과 국내총생산(GDP)은 한 나라의 경제 규모를 알아보는 (   )이다.

19 책을 읽으면서 생각을 많이 하면 뇌 기능이 (   )되어 사고력이 높아진다.

01 ~ 07 제시된 초성을 참고하여 뜻풀이에 맞는 단어를 쓰시오.

01 어떤 사물이나 일 따위가 궁극적으로 도달할 수 있는 한계. ㄱ ㅎ

02 눈으로 볼 수 있는 범위. ㄱ ㅅ ㄱ

03 증가하는 수나 양이 아주 많은. 또는 그런 것. ㄱ ㅎ ㄱ ㅅ ㅈ

04 오래도록 변하지 아니하는. 또는 그런 것. ㅇ ㄱ ㅈ

05 드러나지 않은 사물이나 현상 따위를 찾아내거나 밝히기 위하여 살피어 찾음. ㅌ ㅅ

06 해로움이 있다. ㅇ ㅎ ㅎ ㄷ

07 피할 수 없다. ㅂ ㄱ ㅍ ㅎ ㄷ

08 ~ 13 제시된 초성을 활용하여 단어의 뜻풀이를 완성하시오.

08 분화하다 : 화산성 물질이 지구 내부에서 표면으로 ㅂ ㅊ ㄷ ㄷ .

09 온난화 : 지구의 ㄱ ㅇ 이 높아지는 현상.

10 도출 : 판단이나 ㄱ ㄹ 따위를 이끌어 냄.

11 궤도 : 일이 발전하는 본격적인 ㅂ ㅎ 과 단계.

12 규명하다 : 어떤 사실을 자세히 ㄸ ㅈ ㅅ 바로 밝히다.

13 침식 : 비, 하천, 빙하, 바람 따위의 자연 현상이 ㅈ ㅍ 를 깎는 일.

14 ~ 19 빈칸에 들어갈 알맞은 단어를 〈보기〉에서 찾아 쓰시오.

```
───────── 보기 ─────────
   유해    도출    불가피
   분화    극한    온난화
```

14 화산이 (   )해서 발생한 화산재로 인해 주변 지역은 막대한 피해를 입었다.

15 식품부에서는 인체에 (   )한 물질을 추가로 지정하여 안정성 기준을 강화했다.

16 이산화탄소와 메탄은 지구 (   )를 악화시키는 주요 원인이다.

17 50년 된 아파트의 외벽과 기둥에 금이 가 재건축이 (   )한 상황에 이르렀다.

18 재형이는 논술 시험에서 주어진 문제에 대한 해결 방안을 논리적으로 (   )하여 높은 점수를 받았다.

19 삼촌은 교통사고로 인해 생사를 오가는 (   )의 경험을 했다.

01 ~ 07 제시된 초성을 참고하여 뜻풀이에 맞는 단어를 쓰시오.

01 어떤 일의 바탕이 되는 돈이나 물자, 소재, 인력 따위가 다하여 없어짐. ㄱ ㄱ

02 자연의 힘이 아닌 사람의 힘으로 이루어지는. 또는 그런 것. ㅇ ㅇ ㅈ

03 뚜렷하고 분명하다. ㅁ ㄹ ㅎ ㄷ

04 어떤 시설물을 쌓아 올려 만듦. ㄱ ㅊ

05 상대편을 억눌러서 제 마음대로 다룸. ㅈ ㅇ

06 입자나 전자기파의 형태로 에너지를 내보내다. ㅂ ㅊ ㅎ ㄷ

07 엔진, 전동기, 발전기 따위가 외부에 공급하는 기계적·전기적 힘. ㅊ ㄹ

08 ~ 13 제시된 초성을 활용하여 단어의 뜻풀이를 완성하시오.

08 모호하다 : 말이나 태도가 ㅎ ㄹ ㅌ ㅂ 하여 분명하지 않다.

09 제동 장치 : 기차·전차·자동차 따위의 차량이나 기계 장치의 운전 ㅅ ㄷ 를 조절하고 ㅈ ㅇ 하기 위한 장치.

10 원동력 : 어떤 움직임의 ㄱ ㅂ 이 되는 힘.

11 균일하다 : 한결같이 ㄱ ㄹ ㄷ .

12 동력원 : 수력, 전력, 화력, 원자력, 풍력 따위와 같이 동력의 근원이 되는 ㅇ ㄴ ㅈ .

13 구축 : 체제, 체계 따위의 ㄱ ㅊ 를 닦아 세움.

14 ~ 19 빈칸에 들어갈 알맞은 단어를 〈보기〉에서 찾아 쓰시오.

┌─────── 보기 ───────┐
균일   구축   원동력
모호   식별   인위적
└────────────────────┘

14 아이는 우리 부부가 사는 삶의 ( ) 이 되었다.

15 식물원에서 ( )으로 조성한 나무와 꽃을 보면서 나는 어떤 감흥도 느낄 수 없었다.

16 소연이는 친구들의 미세한 표정 변화까지 ( )하는 능력이 뛰어나다.

17 보민이는 ( )한 표정을 지어서 기쁜 건지 슬픈 건지 알 수가 없다.

18 우리 회사는 직원 간 원활한 의사소통을 위해 전자 메신저 시스템을 ( ) 했다.

19 효정이는 재료들을 ( )하게 잘라 작업대에 올려놨다.

01 ~ 07 제시된 초성을 참고하여 뜻풀이에 맞는 단어를 쓰시오.

01 비할 데가 없을 만큼 아주 묘하다.

ㅈ ㅁ ㅎ ㄷ

02 어떤 일에 전문적인 지식이 없는 사람.

ㅁ ㅇ ㅎ

03 힘차고 활발하게 움직이는. 또한 그런 것.

ㅇ ㄷ ㅈ

04 여러 가지 재료를 이용하여 구체적인 형태나 형상으로 만든 물체.

ㅈ ㅎ ㅁ

05 매우 훌륭한 작품.

ㄱ ㅈ

06 형체로는 분명히 나타나 있지 않은 것을 어떤 방법이나 매체를 통하여 구체적이고 명확한 형상으로 나타냄.

ㅎ ㅅ ㅎ

07 어떤 주제를 바탕으로, 소재·형태·방식 따위를 변형하여 표현함. 또는 그런 표현.

ㅂ ㅈ

08 ~ 13 제시된 초성을 활용하여 단어의 뜻풀이를 완성하시오.

08 수려하다 : 빼어나게 ㅇ ㄹ ㄷ ㄷ .

09 혹평 : 가혹하게 ㅂ ㅍ 함.

10 대중성 : 일반 대중이 ㅊ ㅅ 하게 느끼고 즐기며 좋아할 수 있는 성질.

11 전율 : 몸이 떨릴 정도로 ㄱ ㄱ ㅅ ㄹ ㅇ 을 비유적으로 이르는 말.

12 중첩 : 둘 이상의 것이 ㄱ ㄷ 해서 겹쳐짐.

13 현란하다 : 시나 글 따위에 아름다운 수식이 많아서 ㅁ ㅊ 가 화려하다.

14 ~ 19 빈칸에 들어갈 알맞은 단어를 〈보기〉에서 찾아 쓰시오.

┌─ 보기 ─┐
중첩   혹평   역동적
절묘   수려   형상화
└────────┘

14 그 감독은 영화를 본 관객들의 날카로운 지적과 ( )을 겸허하게 받아들였다.

15 이 시는 어머니의 희생과 사랑을 겨울 나무로 ( )하고 있다.

16 소설 속 주인공과 나의 생각이 ( ) 하게 맞아 떨어져 깊은 울림을 주었다.

17 영상을 편집하는 과정에서 오류가 나는 바람에 두 장면이 ( )되어 나타났다.

18 옛 문인들은 유배지에서 ( )한 자연 풍경을 보면서 시조와 가사를 지었다.

19 이 작품은 ( )으로 성장하는 대한민국을 상징한다.

01 ~ 07 제시된 초성을 참고하여 뜻풀이에 맞는 단어를 쓰시오.

01 마음의 작용으로 얼굴에 드러나는 빛.

　　ㄱ　ㅅ

02 '애'를 강조하여 이르는 말.

　　ㅇ　ㄱ　ㅈ

03 마음속에서 느끼는 감동이나 느낌이 끝이 없음. 또는 그 감동이나 느낌.

　　ㄱ　ㄱ　ㅁ　ㄹ

04 채워지지 아니한 허전한 느낌이 있다.

　　ㅎ　ㅎ　ㅎ　ㄷ

05 몹시 슬퍼하면서 탄식함. 또는 그 탄식.

　　ㅂ　ㅌ

06 분명하지 못하여 마음이 놓이지 않는 데가 있다.

　　ㅁ　ㅅ　ㅉ　ㄷ

07 조마조마하여 마음을 졸임. 또는 그렇게 졸이는 마음.

　　ㅈ　ㅂ　ㅅ

08 ~ 13 제시된 초성을 활용하여 단어의 뜻풀이를 완성하시오.

08 황망하다 : 마음이 몹시 급하여 당황하고 ㅎ　ㄷ　ㅈ　ㄷ 하는 면이 있다.

09 부아 : 노엽거나 ㅂ　ㅎ 마음.

10 망연자실 : 멍하니 ㅈ　ㅅ 을 잃음.

11 꺼림칙하다 : 마음에 걸려서 ㅇ　ㅉ　ㄱ 싫은 느낌이 있다.

12 애수 : 마음을 서글프게 하는 슬픈 ㅅ　ㄹ .

13 조급하다 : ㅊ　ㅇ　ㅅ 이 없이 몹시 급하다.

14 ~ 19 빈칸에 들어갈 알맞은 단어를 〈보기〉에서 찾아 쓰시오.

　　　　　　　　● 보기 ●
　　　기색　　　허심탄회　　조바심
　　　헛헛한　　망연자실　　미심쩍다

14 1시간 동안 이어진 발표에도 발표자는 발언을 멈출 (　　　　)을 보이지 않았다.

15 농부는 가뭄이 들어 메마른 땅을 보며 (　　　　)할 뿐 어찌할 도리가 없었다.

16 우리 업체의 실력이 (　　　　)면 당장 이 계약을 해지해도 됩니다.

17 오늘은 우리 반 생활에 대해 건의 사항이 있는지 (　　　　)하게 말해보는 시간을 갖겠습니다.

18 삼촌이 서울로 올라가고 할머니께선 (　　　　) 마음이 드시는지 종일 누워만 계셨다.

19 내 숨겨 둔 간식을 언니가 발견할까봐 (　　　　)이 났다.

01 ~ 07 제시된 초성을 참고하여 뜻풀이에 맞는 단어를 쓰시오.

01 사물을 너그럽게 용납하여 처리할 수 있는 넓은 마음과 깊은 생각. ㄷ ㄹ

02 마음씨가 몹시 매섭고 독하다. ㅁ ㅈ ㄷ

03 언행이 신중하지 못하고 가볍다. ㄱ ㅂ ㅎ ㄷ

04 믿음성이 있다. ㅁ ㅃ ㄷ

05 진실하고 솔직하다. ㅈ ㅅ ㅎ ㄷ

06 중요하게 여길 만하지 아니하고 예사롭다. ㅂ ㅅ ㅎ ㄷ

07 시치미를 뚝 떼어 겉으로는 아무렇지 않은 체하는 태도가 있다. ㅊ ㅇ ㄷ ㅅ ㄹ ㄷ

08 ~ 13 제시된 초성을 활용하여 단어의 뜻풀이를 완성하시오.

08 능청스럽다 : 속으로는 엉큼한 마음을 숨기고 겉으로는 ㅊ ㅇ ㅅ ㄹ ㄱ 행동하는 데가 있다.

09 간사하다 : 자기의 ㅇ ㅇ 을 위하여 나쁜 ㄲ 를 부리는 등 마음이 바르지 않다.

10 해쓱하다 : 얼굴에 핏기나 생기가 없어 ㅍ ㄹ 하다.

11 불측 : 생각이나 행동 따위가 ㄱ ㅆ 하고 엉큼함.

12 수더분하다 : 성질이 까다롭지 아니하여 ㅅ ㅎ ㄱ 무던하다.

13 정색하다 : 얼굴에 ㅇ ㅈ ㅎ 빛을 나타내다.

14 ~ 19 빈칸에 들어갈 알맞은 단어를 〈보기〉에서 찾아 쓰시오.

```
● 보기 ●
경박      도량      해쓱
진솔      수더분      간사
```

14 누나는 시험 공부를 너무 열심히 해서 얼굴이 ( )해졌다.

15 나는 진로에 대해 엄마와 ( )하게 대화를 나눴다.

16 전학 온 아이는 상냥한 말투로 우리에게 ( )한 인상을 주었다.

17 진호는 매사에 진중하여 ( )한 행동을 보인 적이 없다.

18 선생님께서는 실수한 학생에게 넓은 ( )을 베풀어주셨다.

19 ( )한 사람은 이익이 될 만한 사람을 찾아 접근한다.

01 ~ 07 제시된 초성을 참고하여 뜻풀이에 맞는 단어를 쓰시오.

01 속내를 꿰뚫어 알아차림. ㄱ ㅍ

02 선뜻 결정하지 못하고 머뭇거리며 망설이다. ㅅ ㅅ ㄷ

03 대수롭지 아니하거나 쓸모가 없다. ㅂ ㅈ ㅇ ㄷ

04 정신을 빼앗겨 하여야 할 바를 잊어버림. 또는 그렇게 되게 함. ㅎ ㅎ

05 까닭 없이 남을 탓하고 원망함. ㅈ ㅊ ㄱ

06 달리 어떻게 할 도리가 없이. ㅎ ㄹ ㅇ ㅇ

07 어떤 것을 간절히 그리워하여 그것만을 생각함. ㄷ ㄱ

08 ~ 13 제시된 초성을 활용하여 단어의 뜻풀이를 완성하시오.

08 푸념: 마음속에 품은 ㅂ ㅍ 을 늘어놓음. 또는 그런 말.

09 하직하다: 먼 길을 떠날 때 ㅇ ㅇ ㄹ 께 작별을 고하다.

10 과오: 부주의나 ㅌ ㅁ 따위에서 비롯된 잘못이나 허물.

11 결박하다: 몸이나 손 따위를 움직이지 못하도록 ㄷ ㅇ ㅇ 묶다.

12 바투: 두 대상이나 물체의 사이가 썩 ㄱ ㄲ ㄷ.

13 선연히: 실제로 보는 것같이 ㅅ ㅅ 하게.

14 ~ 19 빈칸에 들어갈 알맞은 단어를 〈보기〉에서 찾아 쓰시오.

— 보기 —

| 과오 | 현혹 | 동경 |
| 푸념 | 하직 | 바투 |

14 그는 자신의 (   )를 인정하지 않고 도리어 큰소리쳤다.

15 중독성 있는 컴퓨터 게임은 많은 청소년들을 (   )한다.

16 나는 좋아하는 연예인에게 (   )하는 마음을 담아 선물을 보냈다.

17 어머니는 아이의 벨트를 (   ) 잡아 매어주셨다.

18 언니는 미국으로 유학을 가면서 부모님께 (   ) 인사를 편지로 대신했다.

19 오늘도 나는 직장 생활이 고단한 형의 (   )을 들어야 했다.

01 ~ 07 제시된 초성을 참고하여 뜻풀이에 맞는 단어를 쓰시오.

01 허물이 없이 아주 친하다. ☐ㅁ ☐ㅇ ☐ㅎ ☐ㄷ

02 칭찬하여 일컫다. ☐ㅊ ☐ㅅ ☐ㅎ ☐ㄷ

03 상대방의 잘못이나 부족한 점을 꼬집어 말하다. ☐ㄴ ☐ㅁ ☐ㄹ ☐ㄷ

04 업신여기고 얕잡아 봄. ☐ㅁ ☐ㅁ

05 혼인의 예식을 지냄. ☐ㅅ ☐ㄹ

06 부부가 되어 한평생을 사이좋게 지내고 즐겁게 함께 늙음. ☐ㅂ ☐ㄴ ☐ㅎ ☐ㄹ

07 웃고 즐기면서 이야기함. 또는 그런 이야기. ☐ㄷ ☐ㅅ

08 ~ 13 제시된 초성을 활용하여 단어의 뜻풀이를 완성하시오.

08 슬하: ☐ㅁ ☐ㄹ 의 아래라는 뜻으로, 어버이나 조부모의 보살핌 아래. 주로 부모의 보호를 받는 테두리 안을 이른다.

09 측은하다: 가엾고 ☐ㅂ ☐ㅆ 하다.

10 우격다짐: 억지로 우겨서 남을 ☐ㄱ ☐ㅂ 시킴. 또는 그런 행위.

11 끄나풀: 남의 ☐ㅇ ☐ㅈ ☐ㅇ 노릇을 하는 사람을 낮잡아 이르는 말.

12 맹신: 옳고 그름을 가리지 않고 ☐ㄷ ☐ㅇ ☐ㄴ ☐ㄱ 믿는 일.

13 텃세: 먼저 자리를 잡은 사람이 뒤에 들어오는 사람에 대하여 가지는 ☐ㅌ ☐ㄱ 의식. 또는 뒷사람을 ☐ㅇ ☐ㅅ ☐ㅇ ☐ㄱ ☐ㄴ 행동.

14 ~ 19 빈칸에 들어갈 알맞은 단어를 〈보기〉에서 찾아 쓰시오.

● 보기 ●

| 담소 | 성례 | 막역 |
| 텃세 | 측은 | 맹신 |

14 진아는 새로 들어간 회사에서 갖은 ( ) 를 이겨내고 적응했다.

15 나는 힘이 없는 우리 집 강아지를 ( ) 하게 바라보았다.

16 포털 사이트에서 검색한 정보를 ( ) 하지 말아야 한다.

17 오랜만에 만난 친구와 ( )를 나누다 보니 시간 가는 줄 몰랐다.

18 나와 태현이는 어릴 적부터 부모님과도 친분이 있을 정도로 ( )한 사이다.

19 지난 주말 선생님께서는 많은 이들의 축복 속에서 ( )를 올리셨다.

01 ~ 07 제시된 초성을 참고하여 뜻풀이에 맞는 단어를 쓰시오.

01 사랑으로 쓰는 방. [ㅅ][ㄹ][ㅂ]

02 나루와 나루 사이를 오가며 사람이나 짐 따위를 실어 나르는 작은 배. [ㄴ][ㄹ][ㅂ]

03 도회에서 멀리 떨어져 사람이 많이 살지 않는 변두리나 깊은 곳. [ㄷ][ㅁ][ㅅ][ㄱ]

04 고려·조선 시대에, 죄인을 먼 시골이나 섬으로 보내어 일정한 기간 동안 제한된 곳에서만 살게 하던 형벌. [ㄱ][ㅇ]

05 복사나무의 꽃. [ㄷ][ㅎ]

06 남이 한 일에 대하여 고마움이나 칭찬의 뜻을 표시함. 주로 윗사람이 아랫사람에게 한다. [ㅊ][ㅎ]

07 어린 나이나 때. 또는 어린 나이의 아이. [ㅇ][ㄴ]

08 ~ 13 제시된 초성을 활용하여 단어의 뜻풀이를 완성하시오.

08 피란: 난리를 [ㅍ][ㅎ][ㅇ] 옮겨 감.

09 달포: [ㅎ][ㄷ] 조금 넘는 동안.

10 더부살이 : 남의 집에서 먹고 자면서 일을 해 주고 [ㅅ]을 받는 일. 또는 그런 사람.

11 삭풍: 겨울철에 북쪽에서 불어오는 [ㅂ][ㄹ].

12 움트다 : 초목 따위의 [ㅆ]이 새로 [ㄷ][ㅇ] 나오기 시작하다.

13 행랑채 : 대문간 곁에 있는 [ㅈ][ㅊ].

14 ~ 19 빈칸에 들어갈 알맞은 단어를 〈보기〉에서 찾아 쓰시오.

─● 보기 ●─

| 유년 | 귀양 | 나룻배 |
| 피란 | 도화 | 더부살이 |

14 라디오에서 전쟁으로 (   )을 떠나 이산가족이 된 정수네 사연이 나왔다.

15 나는 가난했지만 행복했던 (   )의 기억을 잊지 못한다.

16 현승이는 (   )의 서러움을 이겨내고 자신의 집을 마련하게 되었다.

17 (   ) 꽃잎이 바람에 흩날리는 모습을 보니 절로 콧노래가 나왔다.

18 마을 사람들은 나무로 만든 작은 (   )를 타고 이웃 마을과 오갔다.

19 송강 정철은 (   )을 떠나 유배지에서 많은 가사 작품을 썼다.

01 ~ 07 제시된 초성을 참고하여 뜻풀이에 맞는 단어를 쓰시오.

01 고요하고 쓸쓸함. ㅈ ㅁ

02 작거나 희미한 것이 보일 듯 말 듯 하게 조금씩 자꾸 움직이다. ㅇ ㅁ ㄱ ㄹ ㄷ

03 고요하고 아늑하다. ㄱ ㅈ ㄴ ㅎ ㄷ

04 또렷하게 보이거나 들리지 아니하고 희미하고 흐릿한 모양. ㅇ ㅅ ㅍ ㄹ

05 깨끗하고 깔끔하다. ㅈ ㄱ ㅎ ㄷ

06 급하게 서두르거나 시끄럽게 떠들어 어수선하다. ㅂ ㅅ ㅎ ㄷ

07 어떤 인물의 외모나 성격, 또는 사건이 의도적으로 우스꽝스럽게 묘사되거나 풍자됨. 또는 그렇게 만듦. ㅎ ㅎ ㅎ

08 ~ 13 제시된 초성을 활용하여 단어의 뜻풀이를 완성하시오.

08 고풍스럽다 : 보기에 ㅇ ㅅ ㄹ ㅇ 데가 있다.

09 참상 : ㅂ ㅊ 하고 끔찍한 상태나 상황.

10 환란 : 근심과 ㅈ ㅇ 을 통틀어 이르는 말.

11 삼삼하다 : 잊히지 않고 눈앞에 보이는 듯 ㄸ ㄹ 하다.

12 엄습하다 : 뜻하지 아니하는 사이에 ㅅ ㄱ 하다.

13 허망 : 어이없이 ㅎ ㅁ 함.

14 ~ 19 빈칸에 들어갈 알맞은 단어를 〈보기〉에서 찾아 쓰시오.

● 보기 ●
참상	적막	부산
정갈	허망	희화화

14 요즘은 사회 이슈를 ( )하는 개그가 유행이다.

15 내전으로 인해 아이들이 겪고 있는 ( )은 차마 눈 뜨고 볼 수 없었다.

16 그 가게는 제품들을 항상 ( )하게 배치해 손님들의 평이 좋았다.

17 주영이네 집은 외진 곳에 있어서 밤에 ( )하다못해 오싹하기까지 했다.

18 도진이는 약속에 늦을까봐 아침부터 ( )하게 집안을 돌아다니며 나갈 준비를 했다.

19 현지는 노력한 것에 비해 턱 없이 부족한 점수를 보고 ( )함을 느꼈다.

01 ~ 07 제시된 초성을 참고하여 뜻풀이에 맞는 단어를 쓰시오.

01 몸을 움직임. 또는 그런 짓이나 태도.
ㄱ ㄷ

02 어떤 사물을 사랑하고 좋아하는 사람.
ㅇ ㅎ ㄱ

03 처지가 좋지 못해 몹시 힘들다.
ㄱ ㄷ ㅎ ㄷ

04 많은 사람이 야단스럽게 부산을 떨며 법석이는 일.
ㅂ ㅅ

05 가장 좋은 대책이나 방책.
ㅅ ㅊ

06 앞으로 닥쳐올 일에 대하여 미리 생각하고 기다리다.
ㅇ ㄱ ㅎ ㄷ

07 쇠로 만든 낯가죽이라는 뜻으로, 염치가 없고 뻔뻔스러운 사람을 낮잡아 이르는 말.
ㅊ ㅁ ㅍ

08 ~ 13 제시된 초성을 활용하여 단어의 뜻풀이를 완성하시오.

08 불한당 : 남 괴롭히는 것을 일삼는 ㅍ ㄹ ㅊ ㅎ 사람들의 무리.

09 초월 : 어떠한 ㅎ ㄱ 나 표준을 뛰어넘음.

10 순리 : 순한 이치나 도리. 또는 도리나 이치에 ㅅ ㅈ 함.

11 대장부 : 건장하고 씩씩한 ㅅ ㄴ.

12 모함하다 : 나쁜 ㄲ 로 남을 어려운 처지에 빠지게 하다.

13 염치 : 체면을 차릴 줄 알며 ㅂ ㄲ ㄹ ㅇ 을 아는 마음.

14 ~ 19 빈칸에 들어갈 알맞은 단어를 〈보기〉에서 찾아 쓰시오.

— 보기 —

철면피	초월	고단
애호가	모함	상책

14 말도 없이 뻔뻔하게 계속 내 음식을 집어 먹는 태민이는 (   )다.

15 김만중의 〈구운몽〉은 시간과 공간을 (   )하여 인간의 삶과 꿈을 그렸다.

16 도자기 (   )이신 박 사장님은 유명 도자기들을 수집하고 계신다.

17 감기에 걸렸을 때는 잠을 많이 자고 푹 쉬는 것이 (   )이다.

18 새벽부터 출근하시는 아버지의 축 처진 어깨를 보니 많이 (   )해 보이셨다.

19 형원이는 내가 희수를 괴롭혔다는 거짓말로 나를 (   )했다.

01 ~ 07 제시된 초성을 참고하여 뜻풀이에 맞는 단어를 쓰시오.

01 사실 그대로 고함. ㅇ ㅅ ㅈ ㄱ

02 백성의 재물을 탐내어 **빼앗는**, 행실이 깨끗하지 못한 관리. ㅌ ㄱ ㅇ ㄹ

03 연두저고리와 다홍치마라는 뜻으로, 곱게 차려입은 젊은 여자의 옷차림을 이르는 말. ㄴ ㅇ ㅎ ㅅ

04 사람의 기름과 피란 뜻으로, 몹시 고생하여 얻은 이익이나 재산을 이르는 말. ㄱ ㅎ

05 임금의 사위. ㅂ ㅁ

06 얼음같이 맑고 깨끗한 살결과 구슬같이 아름다운 자질. ㅂ ㅈ ㅇ ㅈ

07 재판에 의하여 원고와 피고 사이의 권리나 의무 따위의 법률관계를 확정하여 줄 것을 법원에 요구함. ㅅ ㅅ

08 ~ 13 제시된 초성을 활용하여 단어의 뜻풀이를 완성하시오.

08 흉계 : 흉악한 ㄱ ㄹ .

09 삭정이 : 살아 있는 ㄴ ㅁ 에 붙어 있는, 말라 죽은 가지.

10 낙목한천 : 나뭇잎이 다 떨어진 ㄱ ㅇ 의 춥고 ㅆ ㅆ 한 풍경. 또는 그런 계절.

11 소저 : ' ㅇ ㄱ ㅆ '를 한문 투로 이르는 말.

12 송죽 : 소나무와 ㄷ ㄴ ㅁ 를 아울러 이르는 말.

13 풍상 : 바람과 ㅅ ㄹ . 많이 겪은 세상의 어려움과 고생을 이르는 말.

14 ~ 19 빈칸에 들어갈 알맞은 단어를 〈보기〉에서 찾아 쓰시오.

● 보기 ●
이실직고   송사   부마
녹의홍상   흉계   풍상

14 재영이는 영철이의 (   )에 넘어가 친구를 오해하고 말았다.

15 갖은 (   )을 겪고도 굳은 의지로 이겨낸 현아의 이야기는 감동적이었다.

16 나의 잘못을 솔직하게 어머니께 (   )하자 용서해주셨다.

17 〈서동지전〉은 다람쥐의 소송 사건을 다루는 대표적인 (   )소설이다.

18 평민이었던 사람이 공주의 (   )로 간택되어 백성들 사이에서 화제가 되었다.

19 단오 날 아름다운 여인이 (   )에 나비 비녀를 하고 그네를 뛴다.

01 ~ 06 제시된 초성을 참고하여 뜻풀이에 맞는 한자 성어를 쓰시오.

01 이미 한 말을 자꾸 되풀이함. 또는 그런 말.

ㅈ ㅇ ㅂ ㅇ

02 사람의 힘을 더하지 않은 그대로의 자연. 또는 그런 이상적인 경지.

ㅁ ㅇ ㅈ ㅇ

03 이치에 맞지 않는 말을 억지로 끌어 붙여 자기에게 유리하게 함.

ㄱ ㄱ ㅂ ㅎ

04 입술이 없으면 이가 시리다는 뜻으로, 서로 이해관계가 밀접한 사이에 어느 한쪽이 망하면 다른 한쪽도 그 영향을 받아 위험하다는 말.

ㅅ ㅁ ㅊ ㅎ

05 밥 열 술이 한 그릇이 된다는 뜻으로, 여러 사람이 조금씩 힘을 합하면 한 사람을 돕기 쉬움을 이르는 말.

ㅅ ㅅ ㅇ ㅂ

06 서로 적의를 품은 사람들이 한자리에 있게 된 경우나 서로 협력하여야 하는 상황을 이르는 말.

ㅇ ㅇ ㄷ ㅈ

07 ~ 11 제시된 초성을 활용하여 한자 성어의 뜻풀이를 완성하시오.

07 음풍농월 : 맑은 바람과 밝은 달을 대상으로 ㅅ 를 짓고 ㅎ ㅊ 를 자아내어 즐겁게 놂.

08 연하고질 : 자연의 아름다운 경치를 몹시 사랑하고 즐기는 ㄱ ㅈ 같은 성격.

09 백척간두 : 백 자나 되는 높은 ㅈ ㄷ 위에 올라섰다는 뜻으로, 몹시 어렵고 위태로운 지경을 이르는 말.

10 일촉즉발 : 한 번 건드리기만 해도 ㅍ ㅂ 할 것 같이 몹시 위급한 상태.

11 절체절명 : 몸도 ㅁ ㅅ 도 다 되었다는 뜻으로, 어찌할 수 없는 ㅈ ㅂ 한 경우를 이르는 말.

12 ~ 17 빈칸에 들어갈 알맞은 한자 성어를 〈보기〉에서 찾아 쓰시오.

```
┌──────────── 보기 ────────────┐
   중언부언    십시일반    무위자연
   견강부회    절체절명    오월동주
└──────────────────────────────┘
```

12 그가 억지로 변명을 늘어놓으며 합리화하니 반대 측에서는 (   )라고 비난했다.

13 (   )라더니 매일 싸우던 명수와 준하는 같은 팀이 되어 한마음으로 시합에 임했다.

14 우리 구조대는 (   )의 순간에도 침착하게 대응했다.

15 평화로운 바다 한 가운데 배를 띄워 유유자적하며 (   )을 즐겼다.

16 발표자가 쓸데없는 말을 지겹게 (   )하니 청중들은 그의 말을 경청하지 않았다.

17 안 입는 옷과 깨끗한 신발, 이불 등을 (   ) 모아서 구호 물품을 전달했다.

01 ~ 05 제시된 초성을 참고하여 뜻풀이에 맞는 한자 성어를 쓰시오.

01 정도를 지나침은 미치지 못함과 같다는 말.
ㄱ ㅇ ㅂ ㄱ

02 두 사람이 이해관계로 서로 싸우는 사이에 엉뚱한 사람이 애쓰지 않고 가로챈 이익을 이르는 말.
ㅇ ㅂ ㅈ ㄹ

03 죽어서 백골이 되어도 잊을 수 없다는 뜻으로, 남에게 큰 은덕을 입었을 때 고마움의 뜻으로 이르는 말.
ㅂ ㄱ ㄴ ㅁ

04 소의 뿔을 바로잡으려다가 소를 죽인다는 뜻으로, 잘못된 점을 고치려다가 지나쳐 오히려 일을 그르침을 이르는 말.
ㄱ ㄱ ㅅ ㅇ

05 큰 그릇을 만드는 데는 시간이 오래 걸린다는 뜻으로, 크게 될 사람은 늦게 이루어짐을 이르는 말.
ㄷ ㄱ ㅁ ㅅ

06 ~ 11 제시된 초성을 활용하여 한자 성어의 뜻풀이를 완성하시오.

06 재자가인 : 재주 있는 ㄴ ㅈ 와 아름다운 ㅇ ㅈ 를 아울러 이르는 말.

07 청출어람 : ㅉ 에서 뽑아낸 푸른 물감이 쪽보다 더 푸르다는 뜻으로, ㅈ ㅈ 나 후배가 스승이나 선배보다 나음을 이르는 말.

08 연목구어 : 나무에 올라가서 ㅁ ㄱ ㄱ 를 구한다는 뜻으로, 도저히 불가능한 일을 굳이 하려 함을 이르는 말.

09 결초보은 : 죽은 뒤에라도 ㅇ ㅎ 를 잊지 않고 갚음을 이르는 말.

10 배은망덕 : 남에게 입은 ㅇ ㄷ 을 저버리고 배신하는 태도가 있음.

11 청천벽력 : 맑게 갠 하늘에서 치는 ㄴ ㅂ ㄹ 이라는 뜻으로, 뜻밖에 일어난 큰 변고나 사건을 이르는 말.

12 ~ 17 빈칸에 들어갈 알맞은 한자 성어를 〈보기〉에서 찾아 쓰시오.

┌─────── 보기 ───────┐
청천벽력　　연목구어　　배은망덕
대기만성　　청출어람　　과유불급
└───────────────────┘

12 50대에 꿈을 이룬 그 분은 (　　　　　)형 인물이다.

13 어머니께서 갑자기 병으로 쓰러지신 건 나에겐 (　　　　　)이나 다름없었다.

14 서울에서 중국까지 걸어가겠다는 형의 고집을 보며 나는 (　　　　　) 같은 행동이라고 비난했다.

15 선생님은 어린 제자가 논리적으로 자신의 말을 반박하는 것을 보고 (　　　　　)이라고 생각했다.

16 미술품 복원 작업에서 지나치게 수정을 하여 원본의 가치를 훼손하자 (　　　　　)이라는 말이 나왔다.

17 송화는 내게 도와달라고 할 때는 언제고 이제 와서 (　　　　　)하게 날 잊었다.

01 ~ 06 제시된 초성을 참고하여 뜻풀이에 맞는 한자 성어를 쓰시오.

01 우공이 산을 옮긴다는 뜻으로, 어떤 일이든 끊임없이 노력하면 반드시 이루어짐을 이르는 말.
ㅇ ㄱ ㅇ ㅅ

02 간사한 꾀로 남을 속여 희롱함을 이르는 말.
ㅈ ㅅ ㅁ ㅅ

03 그때그때 처한 사태에 맞추어 즉각 그 자리에서 결정하거나 처리함.
ㅇ ㄱ ㅇ ㅂ

04 겉으로 드러나는 언행과 속으로 가지는 생각이 다름.
ㅍ ㄹ ㅂ ㄷ

05 몹시 마음을 쓰며 애를 태움.
ㄴ ㅅ ㅊ ㅅ

06 어진 임금이 잘 다스리어 태평한 세상이나 시대.
ㅌ ㅍ ㅅ ㄷ

07 ~ 11 제시된 초성을 활용하여 한자 성어의 뜻풀이를 완성하시오.

07 교언영색 : ㅇ ㅊ 하는 말과 알랑거리는 태도.

08 가렴주구 : ㅅ ㄱ 을 가혹하게 거두어들이고, 무리하게 재물을 빼앗음.

09 전전반측 : 누워서 몸을 이리저리 ㄷ ㅊ 이며 잠을 이루지 못함.

10 감탄고토 : 달면 삼키고 쓰면 ㅂ ㄴ ㄷ 는 뜻으로, 자신의 비위에 따라서 사리의 옳고 그름을 판단함을 이르는 말.

11 와신상담 : 불편한 섶에 몸을 눕히고 ㅆ ㄱ 를 맛본다는 뜻으로, ㅇ ㅅ 를 갚거나 마음먹은 일을 이루기 위하여 온갖 어려움과 괴로움을 참고 견딤을 이르는 말.

12 ~ 17 빈칸에 들어갈 알맞은 한자 성어를 〈보기〉에서 찾아 쓰시오.

┌─── 보기 ───┐
교언영색　　임기응변　　태평성대
가렴주구　　전전반측　　와신상담
└──────────┘

12 누구나 걱정 없이 부유하고 평화롭게 잘 사는 (　　　　　)를 꿈꾼다.

13 농민들은 탐관오리의 (　　　　　)에 못 이겨 동학 농민 운동을 벌였다.

14 임금은 (　　　　　)의 태도를 지닌 간사한 사람보다 직언을 하는 진실된 사람을 곁에 두어야 한다.

15 원하는 대학교에 진학하기 위해 나는 좋아하는 게임을 중단하고 (　　　　　)했다.

16 호기롭게 시작한 일이 생각보다 잘 풀리지 않자 (　　　　　)하며 걱정했다.

17 생방송 중 방송 사고가 났지만 (　　　　　)이 뛰어난 사회자가 자연스럽게 진행을 이어 갔다.

01 ~ 05 제시된 초성을 참고하여 뜻풀이에 맞는 속담을 완성하시오.

01 아무리 훌륭하고 좋은 것이라도 다듬고 정리하여 쓸모 있게 만들어 놓아야 값어치가 있음을 이르는 말.
⇨ ㄱ ㅅ 이 서 말이라도 꿰어야 보배

02 아무리 좋은 조건이 마련되었거나 손쉬운 일이라도 힘을 들여 이용하거나 하지 않으면 안 됨을 이르는 말.
⇨ ㅂ ㄸ ㅁ 의 소금도 집어넣어야 짜다

03 혈육은 다 귀하고 소중함을 이르는 말.
⇨ 열 손가락 ㄲ ㅁ ㅇ 안 아픈 손가락이 없다

04 어떤 시련을 겪은 뒤에 더 강해짐을 이르는 말.
⇨ 비 온 뒤에 땅이 ㄱ ㅇ ㅈ ㄷ

05 아무리 익숙하고 잘하는 사람이라도 간혹 실수할 때가 있음을 이르는 말.
⇨ ㅇ ㅅ ㅇ 도 나무에서 떨어진다

06 ~ 10 제시된 초성을 활용하여 속담의 뜻풀이를 완성하시오.

06 호미로 막을 것을 가래로 막는다 ⇨ 적은 힘으로 충분히 처리할 수 있는 일에 ㅆ ㄷ ㅇ ㅇ 많은 힘을 들이는 경우를 이르는 말.

07 천 리 길도 한 걸음부터 ⇨ 무슨 일이나 그 일의 ㅅ ㅈ 이 중요하다는 말.

08 고슴도치도 제 새끼가 제일 곱다고 한다 ⇨ ㅇ ㅂ ㅇ 눈에는 제 자식이 다 잘나고 귀여워 보인다는 말.

09 달도 차면 기운다 ⇨ 세상의 온갖 것이 한번 번성하면 다시 ㅅ 하기 마련이라는 말.

10 입술이 없으면 이가 시리다 ⇨ 서로 밀접한 관계에 있어서 하나가 ㅁ ㅎ ㅁ 다른 하나도 망하게 된다는 말.

11 ~ 15 빈칸에 들어갈 알맞은 속담을 〈보기〉에서 찾아 쓰시오.

> ──● 보기 ●──
> ㉠ 달도 차면 기운다
> ㉡ 소 잃고 외양간 고친다
> ㉢ 비 온 뒤에 땅이 굳는다
> ㉣ 원숭이도 나무에서 떨어진다
> ㉤ 열 손가락 깨물어 안 아픈 손가락이 없다

11 ( )더니 이별을 겪은 재현이가 성숙해졌다.

12 ( )고 그 디자인은 이제 유행이 지났다.

13 ( )더니 수학 선생님께서 계산 실수를 하셨다.

14 매일 얇은 옷만 입어서 감기에 걸린 뒤에야 두꺼운 옷을 입은 재환이를 보니 ( )는 말이 떠올랐다.

15 맏이는 맏이대로, 막내는 막내대로 예쁜 걸 보면 ( )는 말이 맞다.

01 ~ 06 제시된 초성을 참고하여 뜻풀이에 맞는 속담을 완성하시오.

01 자기에게만 이롭도록 일을 하는 경우를 이르는 말. ⇨ 제 논에 물 ⬜ㄷ⬜ㄱ⬜

02 어떤 상황에 합당한 노력을 하지 않고서 우연히 좋은 결과만 이루어지기를 바라는 경우를 이르는 말.
⇨ 감나무 밑에 누워서 ⬜ㅎ⬜ㅅ⬜ 떨어지기를 기다린다.

03 남에게 은혜를 입고서도 그 고마움을 모르고 생트집을 잡음을 이르는 말.
⇨ 물에 빠진 놈 건져 놓으니까 내 ⬜ㅂ⬜ㅈ⬜ 내라 한다

04 새로 들어온 사람이 본래 터를 잡고 있었던 사람을 내쫓거나 해를 입힌다는 것을 이르는 말. ⇨ 굴러온 돌이 ⬜ㅂ⬜ㅎ⬜ 돌 뺀다

05 물건은 남의 것이 제 것보다 더 좋아 보이고 일은 남의 일이 제 일보다 더 쉬워 보임을 이르는 말. ⇨ 남의 ⬜ㅅ⬜의 떡은 더 ⬜ㅋ⬜ 보인다

06 모양이나 형편이 서로 비슷하고 인연이 있는 것끼리 서로 잘 어울리고, 사정을 보아주며 감싸 주기 쉬움을 이르는 말.
⇨ ⬜ㄱ⬜ㅈ⬜는 게 편이요 초록은 한 빛이라

07 ~ 10 제시된 초성을 활용하여 속담의 뜻풀이를 완성하시오.

07 간에 붙었다 쓸개에 붙었다 한다 ⇨ 자기에게 조금이라도 이익이 되면 ⬜ㅈ⬜ㅈ⬜ 없이 이편에 붙었다 저편에 붙었다 함을 이르는 말.

08 토끼 둘을 잡으려다가 하나도 못 잡는다 ⇨ ⬜ㅇ⬜ㅅ⬜을 부려 한꺼번에 여러 가지 일을 하려 하면 그 가운데 하나도 이루지 못한다는 말.

09 달면 삼키고 쓰면 뱉는다 ⇨ 옳고 그름이나 신의를 돌보지 않고 자기의 ⬜ㅇ⬜ㅇ⬜만 꾀함을 이르는 말.

10 가랑잎이 솔잎더러 바스락거린다고 한다 ⇨ 자기의 ⬜ㅎ⬜ㅁ⬜은 생각하지 않고 도리어 남의 ⬜ㅎ⬜ㅁ⬜만 나무라는 경우를 이르는 말.

11 ~ 15 빈칸에 들어갈 알맞은 속담을 〈보기〉에서 찾아 쓰시오.

⟶ 보기 ⟵
ㄱ 굴러온 돌이 박힌 돌 뺀다
ㄴ 남의 손의 떡은 더 커 보인다
ㄷ 가재는 게 편이요 초록은 한 빛이다
ㄹ 종로에서 뺨 맞고 한강에서 눈 흘긴다
ㅁ 물에 빠진 놈 건져 놓으니까 내 봇짐 내라 한다

11 ( )더니, 진주는 내 필기 노트 빌리면서 내 글씨가 마음에 안 든다고 신경질을 냈다.

12 ( )라고 나는 누명을 쓰게 된 고향 친구를 감싸줬다.

13 ( )는 말처럼 나는 수현이랑 싸우고 혜준이에게 짜증을 냈다.

14 ( )더니 신입 회원이 기존 회원들이 세운 규칙을 비판하고 나섰다.

15 ( )는 말처럼 내 옷보다 언니의 원피스가 더 예뻐보였다.

01 ~ 07 제시된 초성을 참고하여 뜻풀이에 맞는 관용어를 완성하시오.

01 거만한 태도를 취하다.
ㅇㄲ에 힘을 주다

02 잊지 않게 단단히 마음에 기억하다.
가슴에 ㅅㄱㄷ

03 애써 묘안을 생각하다.
머리를 ㅈㅇㅈㄷ

04 슬픔이나 걱정으로 마음이 가라앉다.
ㄱㅅ이 무겁다

05 뒤떨어진 생각에서 벗어나다.
ㅁㄹ가 깨다

06 큰 도움이 되다. ㅍ가 되고 ㅅ이 되다

07 말만 앞질러 하고 실천은 하지 않다.
말만 ㅇㅅㅇㄷ

08 ~ 13 제시된 초성을 활용하여 관용어의 뜻풀이를 완성하시오.

08 말을 맞추다 : ㅈㅅㅈ에게 같은 말을 하기 위하여 다른 사람과 말의 내용이 다르지 않게 하다.

09 말을 잃다 : 놀라거나 ㅇㅇ가 없어 말이 나오지 않다.

10 어깨를 짓누르다 : 의무나 책임, 제약 따위가 ㅈㅇㄱ을 주다.

11 가슴이 뜨겁다 : 몹시 ㄱㄷ이 크다.

12 어깨를 으쓱거리다 : 뽐내고 싶은 기분이나 떳떳하고 ㅈㄹ스러운 기분이 되다.

13 피가 마르다 : 몹시 괴롭거나 ㅇ가 타다.

14 ~ 19 빈칸에 들어갈 알맞은 관용어를 〈보기〉에서 찾아 문맥에 맞게 쓰시오.

► 보기 ◄
말을 잃다   피가 마르다   가슴이 뜨겁다
말만 앞세우다   머리를 쥐어짜다
피가 되고 살이 되다

14 혜영이는 매번 (   ) 약속을 지키지 않아서 우리에게 신뢰를 잃었다.

15 창의력이 뛰어난 초희도 (   ) 아이디어가 떠오르지 않았다.

16 재난 현장에서 생존자를 기다리는 가족들은 (   ) 것 같았다.

17 동생이 내 숙제에 낙서를 해 놓은 것을 보고 나는 (   ).

18 졸업하신 선배님의 강연은 우리에게 (   ).

19 멀리 이사 간 친구가 보내준 편지를 읽었더니 (   ).

01 ~ 07 제시된 초성을 참고하여 뜻풀이에 맞는 단어를 쓰시오.

01 자기가 하고도 하지 아니한 체하거나 알고 있으면서도 모르는 체하다.

ㅅ ㅊ ㅁ 를 떼다

02 막연하거나 허황된 것을 좇다.

ㄸ ㄱ ㄹ 을 잡다

03 서로의 사이가 벌어지거나 틀어지다.

금이 ㄱ ㄷ

04 일이 잘되게 하기 위하여 둘 또는 여럿을 연결하다.

ㄷ ㄹ 를 놓다

05 (어떤 사람이 다른 사람에게) 배척하거나 관계를 끊다.

등을 ㄷ ㄹ ㄷ

06 원한이나 고통 따위가 뼛속에 파고들 정도로 깊고 강하다.

뼈에 ㅅ ㅁ ㅊ ㄷ

07 기세가 대단하거나 몹시 세차다.

ㅎ ㄴ 을 찌르다

08 ~ 13 제시된 초성을 활용하여 관용어의 뜻풀이를 완성하시오.

08 파김치가 되다 : 몹시 지쳐서 ㄴ ㄹ 하게 되다.

09 오금이 저리다 : 공포감 따위에 ㅁ 이 풀리고 마음이 졸아들다.

10 못을 박다 : ㄷ ㅈ 지어 말하다.

11 산통이 깨지다 : 다 잘되어 가던 일이 ㄷ ㅌ ㄹ ㄷ .

12 찬물을 끼얹다 : 잘되어 가고 있는 일에 뛰어들어 분위기를 흐리거나 공연히 ㅌ ㅈ 을 잡아 ㅎ ㅅ 을 놓다.

13 진땀을 빼다 : 어려운 일이나 ㄴ ㅊ 한 일을 당해서 진땀이 나도록 몹시 애를 쓰다.

14 ~ 19 빈칸에 들어갈 알맞은 관용어를 〈보기〉에서 찾아 문맥에 맞게 쓰시오.

보기

| 파김치가 되다 | 등을 돌리다 | 다리를 놓다 |
| 시치미를 떼다 | 못을 박다 | 오금이 저리다 |

14 63층에서 창문을 통해 아래를 내려다보니 ( ).

15 우리는 매번 약속을 어기고 변명만 하는 재호에게 ( ).

16 시은이는 수업 시간에 몰래 과자를 먹고 안 먹은 척 ( ).

17 선생님께서는 수행평가 마감 날짜를 바꿀 수 없다며 ( ).

18 체육 대회가 끝나자 우리 반 친구들은 모두 ( ).

19 엄마와 아빠는 이모가 ( ) 결혼할 수 있었다.

01 ~ 07 제시된 초성을 참고하여 뜻풀이에 맞는 단어를 쓰시오.

01 사물을 어림잡아 헤아림. ☐ㄱ ☐ㄴ

02 다른 것으로 바꾸어 대신함. ☐ㄱ ☐ㅇ

03 안경의 도수 따위를 더 높게 하다.
☐ㄷ ☐ㄱ ☐ㄷ

04 증권 또는 대금을 주고받아 매매 당사자 사이의 거래 관계를 끝맺는 일. ☐ㄱ ☐ㅈ

05 평면이나 넓은 물체의 가로로 건너지른 거리. ☐ㄴ ☐ㅂ

06 물체를 쏘거나 던져서 어떤 물체에 닿게 하다. ☐ㅁ ☐ㅎ ☐ㄷ

07 교통이나 통신 따위가 막히거나 끊어짐.
☐ㄷ ☐ㅈ

08 ~ 13 제시된 초성을 활용하여 단어의 뜻풀이를 완성하시오.

08 돋우다 : 위로 끌어 올려 도드라지거나 ☐ㄴ
☐ㅇ ☐ㅈ ☐ㄱ 하다.

09 맞추다 : ☐ㄷ 이상의 일정한 대상들을 나란히 놓고 ☐ㅂ ☐ㄱ 하여 살피다.

10 단절 : ☐ㅇ ☐ㄷ 나 연관 관계를 끊음.

11 결재 : 결정할 권한이 있는 상관이 부하가 제출한 ☐ㅇ ☐ㄱ 을 검토하여 ☐ㅎ ☐ㄱ 하거나 승인함.

12 넓이 : 일정한 평면에 걸쳐 있는 ☐ㄱ ☐ㄱ 이나 범위의 크기.

13 가름 : ☐ㅉ ☐ㄱ 거나 나누어 따로따로 되게 하는 일.

14 ~ 19 빈칸에 들어갈 알맞은 단어를 〈보기〉에서 찾아 쓰시오.

┌─ 보기 ─┐
가늠 갈음 두절 단절
너비 넓이 결제 결재
└────────┘

14 결혼식장에 사람이 많이 와서 하객의 수가 ( )이 안 된다.

15 새 기획안을 ( ) 받기 위해 팀장님을 만났다.

16 그는 가까운 사람에게 배신을 당한 뒤 세상과 ( )하고 산 속에 묻혀 지냈다.

17 이 동네에는 축구장 10배 ( )의 쇼핑몰이 들어선다고 한다.

18 카드로 ( )하실 분은 저 계산대로 가세요.

19 자세한 설명은 나눠드린 안내장으로 ( ) 하겠습니다.

01 ~ 07 제시된 초성을 참고하여 뜻풀이에 맞는 단어를 쓰시오.

01 끈이나 줄 따위의 두 끝을 엇걸고 잡아당기어 풀어지지 아니하게 마디를 만들다.

ㅁ ㄷ

02 어떤 일을 이루려고 마음속으로 준비를 단단히 하고 기회를 엿보다.

ㅂ ㄹ ㄷ

03 김치나 젓갈 따위의 음식물을 발효시켜 맛이 들게 하다.

ㅅ ㅎ ㄷ

04 여러 사람에게 알리기 위하여 내붙이거나 내걸어 두루 보게 함. 또는 그런 물건.

ㄱ ㅅ

05 행동이나 일 따위를 시작함.

ㄱ ㅅ

06 형체나 현상 따위가 차차 희미해지면서 없어지다.

ㅅ ㄹ ㅈ ㄷ

07 남의 물건이나 돈 따위를 나중에 도로 돌려주거나 대가를 갚기로 하고 얼마 동안 쓰다.

ㅂ ㄷ

08 ~ 13 제시된 초성을 활용하여 단어의 뜻풀이를 완성하시오.

08 빌다 : 남의 물건을 ㄱ ㅉ 로 달라고 호소하여 얻다.

09 쓰러지다 : 힘이 빠지거나 외부의 ㅎ 에 의하여 서 있던 상태에서 ㅂ ㄷ 에 눕는 상태가 되다.

10 삭이다 : 먹은 음식물을 ㅅ ㅎ 시키다.

11 메다 : ㅇ ㄲ 에 걸치거나 올려놓다.

12 벼리다 : 무디어진 ㅇ ㅈ 의 날을 불에 달구어 두드려서 날카롭게 만들다.

13 계시 : 사람의 지혜로써는 알 수 없는 진리를 ㅅ 이 가르쳐 알게 함.

14 ~ 19 빈칸에 들어갈 알맞은 단어를 〈보기〉에서 찾아 쓰시오.

보기

쓰러지다   스러지다   삭히다   삭이다
매다   메다   빌리다   빌다

14 보라는 무리하게 운동을 하다가 운동장 한가운데서 (   ).

15 이 소화제는 음식물을 보다 빨리 (   ).

16 이 지역에서는 멸치 젓갈을 맛있게 (   ).

17 나는 운동화 끈을 최대한 단단히 (   ).

18 형은 산을 오를 때 무거운 등산 가방을 (   ).

19 갑자기 비가 와서 친구에게 우산을 (   ).

01 ~ 07 제시된 초성을 참고하여 뜻풀이에 맞는 단어를 쓰시오.

01 '그것과 관련된 기술을 가진 사람'의 뜻을 더하는 접미사. ㅈ ㅇ

02 걱정이나 근심 따위로 마음이 몹시 괴로운 상태가 되게 만들다. ㅆ ㅇ ㄷ

03 부모나 사랑하는 사람이 죽어서 이별하다. ㅇ ㅇ ㄷ

04 '그것이 나타내는 속성을 많이 가진 사람'의 뜻을 더하는 접미사. ㅈ ㅇ

05 어떤 목표로 뜻이 쏠리어 향함. ㅈ ㅎ

06 서로 맞부딪치거나 맞섬. ㅊ ㄷ

07 쓰여야 할 곳에 제대로 쓰이지 못하고 내버려진 상태로 있게 하다. ㅆ ㅎ ㄷ

08 ~ 13 제시된 초성을 활용하여 단어의 뜻풀이를 완성하시오.

08 출연 : 연기, 공연, ㅇ ㅅ 따위를 하기 위하여 무대나 ㅇ ㄷ 에 나감.

09 해치다 : 손상시키거나 ㅎ ㄹ ㄱ 하다.

10 헤치다 : 속에 든 물건을 드러나게 하려고 덮인 것을 ㅍ ㄱ ㄴ 젖히다.

11 여위다 : 몸의 살이 빠져 ㅍ ㄹ 하게 되다.

12 지양 : 더 ㄴ ㅇ 단계로 오르기 위하여 어떠한 것을 하지 아니함.

13 추돌 : ㅈ ㄷ ㅊ 나 기차 따위가 뒤에서 들이받음.

14 ~ 19 빈칸에 들어갈 알맞은 단어를 〈보기〉에서 찾아 쓰시오.

┌─────── 보기 ───────┐
출현   출연   추돌
충돌   지양   지향
└──────────────────┘

14 오랜만에 동창회에 재연이가 (   )해 반가웠다.

15 운전하고 있던 진수는 뒤에서 오던 오토바이와 (   ) 사고가 나서 병원에 입원을 했다.

16 지구 온난화를 막기 위해 플라스틱 사용을 (   )해야 한다.

17 그 카페는 다회용기 사용을 (   )하고 있는 친환경적인 가게다.

18 마주 오던 승용차 두 대가 (   )하여 도로는 아수라장이 되었다.

19 나는 우연히 영화에 (   )할 기회가 생겼다.

01 ~ 05 제시된 초성을 참고하여 뜻풀이에 맞는 단어를 쓰시오.

01 금이나 줄을 그리다. ㄱ ㄷ

02 이익이 있음. ㅇ ㄹ

03 두려워하거나 놀랄 만하다. ㄱ ㄱ ㅎ ㄷ

04 절실히 느끼다. ㅈ ㄱ ㅎ ㄷ

05 지난 일을 돌이켜 생각하여 냄. ㅅ ㄱ

06 ~ 10 제시된 초성을 활용하여 단어의 뜻풀이를 완성하시오.

06 이건 개인이 <u>사유</u>한 물건이니 함부로 손을 대면 안 된다.
⇨ 사유 : 개인이 ㅅ ㅅ ㄹ ㅇ 소유함. 또는 그런 소유물.

07 가희는 입사하고 <u>수습</u>을 하는 도중에 일을 그만두었다.
⇨ 수습 : 학업이나 ㅅ ㅁ 따위를 배워 익힘. 또는 그런 일.

08 돼지고기를 <u>가공</u>한 햄이나 소시지는 아이들에게 인기 있다.
⇨ 가공하다 : ㅇ ㅈ ㅈ 나 반제품을 인공적으로 처리하여 새로운 제품을 만들거나 제품의 질을 높이다.

09 나는 비를 <u>그을</u> 곳을 찾다가 옷이 다 젖었다.
⇨ 긋다 : ㅂ 를 잠시 피하여 그치기를 기다리다.

10 우리 집은 수도세를 <u>절감</u>하기 위해 불필요한 물 사용을 줄이고 있다.
⇨ 절감하다 : 아끼어 ㅈ ㅇ ㄷ .

11 ~ 15 밑줄 친 단어의 뜻풀이로 알맞은 것을 고르시오.

11 그가 제안한 것은 실제와 <u>유리</u>된 이론이다.
㉠ 이익이 있음.
㉡ 따로 떨어짐.

12 방송국에서 방송 사고를 급하게 <u>수습</u>했지만 시청자들은 불만이 많았다.
㉠ 어수선한 사태를 거두어 바로잡음.
㉡ 학업이나 실무 따위를 배워 익힘. 또는 그런 일.

13 꼬마의 <u>상기</u>된 볼이 빨갛게 보였다.
㉠ 지난 일을 돌이켜 생각하여 냄.
㉡ 흥분이나 부끄러움으로 얼굴이 붉어짐.

14 나는 은선이가 불참한 <u>사유</u>를 듣고 수긍을 했다.
㉠ 일의 까닭.
㉡ 개인이 사사로이 소유함. 또는 그런 소유물.

15 그 이야기는 영우가 <u>가공</u>한 이야기라 신빙성이 없다.
㉠ 두려워하거나 놀랄 만하다.
㉡ 사실이 아니고 거짓이나 상상으로 꾸며 내다.

01 ~ 05 제시된 초성을 참고하여 뜻풀이에 맞는 단어를 쓰시오.

01 마음이 유쾌하지 않고 우울하다.

　　ㅁ　ㄱ　ㄷ

02 사람이나 동물 또는 자동차 따위가 지나갈 수 있게 땅 위에 낸 일정한 너비의 공간. ㄱ

03 앞선 것을 좇아 같은 수준에 이르다.

　　ㄸ　ㄹ　ㄷ

04 어떤 것이 더해지거나 생겨나다. ㅂ　ㄷ

05 무게가 일반적이거나 기준이 되는 대상의 것보다 적다.

　　ㄱ　ㅂ　ㄷ

06 ~ 10 제시된 초성을 활용하여 단어의 뜻풀이를 완성하시오.

06 은샘이는 고민 끝에 홀로 해외여행을 떠나겠다는 결심이 섰다.

　　⇨ 서다 : 계획, 결심, ㅈ　ㅅ　ㄱ 따위가 마음속에 이루어지다.

07 승후는 자신의 꿈을 이루기까지 많은 시련이 따랐다고 말했다.

　　⇨ 따르다 : 어떤 일이 다른 일과 ㄷ　ㅂ　ㅇ 일어나다.

08 그저 제자리에만 머물지 말고 문제를 해결할 길을 찾아야 한다.

　　⇨ 길 : 방법이나 ㅅ　ㄷ.

09 오랫동안 저축을 했더니 많은 이자가 붙었다.

　　⇨ 붙다 : 어떤 것이 ㄷ　ㅎ 지거나 생겨나다.

10 내가 챙겨주던 고양이가 어느 날은 나를 따라서 집까지 왔다.

　　⇨ 따르다 : 다른 사람이나 동물의 ㄷ 에서, 그가 가는 대로 같이 가다.

11 ~ 15 밑줄 친 단어의 뜻풀이로 알맞은 것을 고르시오.

11 실패해도 괜찮다고 생각하면 내 마음이 <u>가볍다</u>.

　　㉠ 마음이 홀가분하고 경쾌하다.

　　㉡ 비중이나 가치, 책임 따위가 낮거나 적다.

12 이번 사태에 대한 고위 관리들의 책임이 <u>무겁다</u>.

　　㉠ 무게가 나가는 정도가 크다.

　　㉡ 비중이나 책임 따위가 크거나 중대하다.

13 반 아이들은 평소 학업 성적이 좋고 인성도 훌륭한 현주를 잘 <u>따랐다</u>.

　　㉠ 좋아하거나 존경하여 가까이 좇다.

　　㉡ 앞선 것을 좇아 같은 수준에 이르다.

14 시장에 들어서자 아이는 길을 잃지 않으려고 엄마에게 딱 <u>붙었다</u>.

　　㉠ 맞닿아 떨어지지 아니하다.

　　㉡ 어떤 장소에 오래 머무르다.

15 버스가 승객을 태우기 위해 정류장에 <u>섰다</u>.

　　㉠ 사람이 어떤 위치나 처지에 있게 되거나 놓이다.

　　㉡ 어떤 곳에서 다른 곳으로 가던 대상이 어느 한 곳에서 멈추다.

정답과 해설

문해력 기초 다지기
▶ 본문 16~17쪽

01 ⓒ   02 ⓒ   03 ⓔ   04 ⓙ   05 사리   06 예
리한   07 확고한   08 사유   09 논증   10 상념
11 견지   12 추론   13 관점   14 고정 관념   15
상념   16 ④   17 ②   18 **예시 답안** 그 시는 연마다
드러나는 계절의 대조가 아름답다.   19 **예시 답안** 진희는
자신의 주장에 그럴듯한 정당성을 부여하고 있다.

16

'논증'은 '옳고 그름을 이유를 들어 밝힘. 또는 그 근
거나 이유.'를 의미한다. 환경 연구가가 자신의 생
각이나 주장을 밝혔다는 문장이므로 '논증을 주장했
다.'가 아닌 '주장을 논증했다.'로 바꿔 쓰는 것이 적
절하다.

✗오답 풀이

① 촉발(觸發)하다: 어떤 일을 당하여 감정. 충동 따위가 일어
   나다. 또는 그렇게 되게 하다.
② 시각(視角): 사물을 관찰하고 파악하는 기본적인 자세.
③ 견지(見地): 어떤 사물을 판단하거나 관찰하는 입장.
⑤ 유추(類推): 같은 종류의 것 또는 비슷한 것에 기초하여
   다른 사물을 미루어 추측하는 일.

17

'통찰하다'는 '예리한 관찰력으로 사물을 꿰뚫어 보
다'라는 의미이다. '꿰뚫다'는 '어떤 일의 내용이나 본
질을 잘 알다.'라는 뜻으로 '통찰하다'와 유사하다.

✗오답 풀이

③ 판단(判斷)하다: 사물을 인식하여 논리나 기준 등에 따라
   판정을 내리다.
④ 정리(整理)하다: 흐트러지거나 혼란스러운 상태에 있는
   것을 한데 모으거나 치워서 질서 있는 상태가 되게 하다.
⑤ 간주(看做)하다: 상태. 모양, 성질 따위가 그와 같다고 보
   거나 그렇다고 여기다.

문해력 완성 하기
▶ 본문 18~19쪽

01 ②   02 ㉠ 관점 ㉡ 견지   03 **예시 답안** '나'는 사회
적 성공을 중시하지만 '한 남자'는 개인의 행복을 더 소
중히 여긴다는 점에서 대조를 이룬다.   04 ②   05 ⑤
06 **예시 답안** 고래는 바다에 산다

01

'나'가 금문교 통행료 징수원과의 만남을 통해 행복
한 삶을 살려면 자신의 삶을 만족해하는 태도가 필
요하다는 깨달음을 전달하고 있다.

03

'나'는 징수대 안에서 춤을 추는 징수원이 실없고 가
난한 노동자라는 고정 관념을 갖고 있었다. 하지만
'한 남자'는 자신의 일을 즐기며 행복을 느끼고 있으
므로 '나'의 고정 관념과 대비된다.

04

연역 논증은 전제가 참이면 결론이 항상 참이므로
전제가 참이 아닌데 결론이 참이 될 수 없다.

05

'도출'은 '판단이나 결론 따위를 이끌어 냄'이라는 뜻
이다.

06

연역 논증은 전제가 참이면 결론은 항상 참이 된다.
탐험가의 추론에서 빈칸은 대전제, '이 사막에 고래
뼈가 있다'는 소전제에 해당한다. 따라서 탐험가는
결론을 참으로 이끌어내기 위해서 다음과 같은 연역
추론을 했다.

(대전제) 고래는 바다에 산다.

(소전제) 그런데 이 사막에 고래뼈가 있다.

(결론) 그러므로 이 사막은 과거에 바다였을 것이다.

01 자긍심   02 회의적   03 내력   04 맹목적   05
결렬   06 깎아내리다   07 빼앗다   08 해결   09
두둔하다   10 폐쇄적   11 기리다   12 맹목적
13 내력   14 결렬   15 ⑤   16 ④
17 예시 답안 우국 열사들의 이야기를 들으면 민족의 자긍
심을 느낄 수 있다.   18 예시 답안 유네스코에서는 그 마
을의 세계 문화유산 자격을 박탈했다.

15

친구가 그녀를 추천하면서 칭찬했다는 말이므로, 이
문장에는 '가치를 깎아내리다.'라는 뜻인 '폄하하다'
가 아닌 '좋은 점이나 착하고 훌륭한 일을 높이 평가
하다.'의 의미를 가진 '칭찬하다'가 들어가야 한다.

16

'단서'란 '어떤 문제를 해결하는 방향으로 이끌어 가
는 일의 첫 부분.'을 뜻한다. 첫 번째 문장은 범인을
찾을 때 도움이 될 만한 부분을 확인해야 한다는 의
미이므로 빈칸에는 '단서'가 적절하다. '배척'은 '따돌
리거나 거부하여 밀어 내침.'이라는 뜻이다. 두 번째
문장은 외래 문물을 지나치게 거부하면 고립이 될
수 있다는 의미이므로 '배척'이 빈칸에 들어가기 적
절하다.

✗오답 풀이

① 인재(人材): 어떤 일을 할 수 있는 학식이나 능력을 갖춘
사람.
수용(受容): 어떠한 것을 받아들임.
② 증거(證據): 어떤 사실을 증명할 수 있는 근거.
박탈(剝奪): 남의 재물이나 권리, 자격 따위를 빼앗음.
⑤ 논리(論理): 말이나 글에서 사고나 추리 따위를 이치에 맞
게 이끌어 가는 과정이나 원리.

01 ④   02 ③   03 예시 답안 우리 문화에 대한 자긍
심을 갖는 것은 바람직하지만, 다른 문화를 배척하는 태
도는 옳지 않다.   04 ④   05 ㉠ 공감 ㉡ 회의
06 예시 답안 〈보기〉의 주장에 대해 고려 왕조는 공감할
것이고 개혁파는 〈보기〉의 주장을 폄하할 것이다.

01

흥선 대원군의 쇄국 정책은 서양 세력 침투를 일시
적으로 저지하여 조선의 자긍심을 높였다고 볼 수
있으나 국제적 위상을 드높였다고 보기는 어렵다.

✗오답 풀이

① 1868년 독일 상인 오페르트가 남연군 묘를 도굴한 사건,
1871년의 미국과의 전쟁을 통해 19세기 후반 조선에 서양
세력이 자주 출몰했다는 것을 알 수 있다.
② 흥선 대원군의 아버지인 남연군의 묘를 독일 상인이 도굴
한 사건은 쇄국 정책을 펴게 된 대원군의 개인적인 원인
이라고 볼 수 있다.
③ 흥선 대원군은 자문화 우월주의에 빠져 조선 문화가 서양
문화보다 월등하다고 생각했다.
⑤ 흥선 대원군은 서양 세력을 저지하는 데에서 정치적 정당
성은 확보했지만 쇄국 정책은 조선의 근대화를 막아 역사
적 정당성을 확보하지 못했다.

03

이 글을 통해 자신의 문화에는 자긍심을 가져야 하
지만 다른 문화의 가치를 배척하는 태도는 바람직하
지 않다는 교훈을 얻을 수 있다.

04

정도전은 새로운 국가 건설을 꿈꾸었고 정몽주는 고
려왕조에 끝까지 충성하였으므로 서로 뜻이 달랐다.

06

정몽주를 고려 왕조 입장에서는 긍정적으로, 개혁파
의 입장에서는 부정적으로 보았을 것이다. 따라서
고려 왕조는 정몽주를 지지하는 입장에 대해 공감할
것이고 개혁파는 이에 대해 폄하할 것이다.

문해력 기초 다지기 ▶ 본문 28~29쪽

01 ⓒ   02 ⓔ   03 ⓖ   04 ⓒ   05 기성세대
06 예사로운   07 분배   08 독점   09 부채   10
통념   11 결손   12 시비   13 결손   14 다반사
15 유통   16 ⑤   17 ③   18 **예시 답안** 박태원의 작
품은 그 당시 세태를 감각적으로 묘사한 점이 돋보인다.
19 **예시 답안** 정부는 우리나라 가계 부채가 지속적으로 늘
고 있다고 발표했다.

16

'인권'의 의미는 '인간으로서 당연히 가지는 기본적
권리.'이다. 따라서 인간의 이기심을 비판하고 생태
계 보호에 앞장서는 운동가는 인권 운동가가 아닌
환경 운동가가 적절하다.

17

'납부하다'는 '세금이나 공과금 따위를 관계 기관에
내다.'라는 뜻이다. 은수는 납입금을 내지 못했다는
문장이므로 '돈을 내어 주다. 또는 값을 치르다.'라는
의미의 '지불하다'를 '납부하다'와 바꿔 쓸 수 있다.

✕오답 풀이
① 수금(收金)하다: 받을 돈을 거두어들이다.
② 수출(輸出)하다: 국내의 상품이나 기술을 외국으로 팔아
　내보내다.
④ 징수(徵收)하다: 나라, 공공 단체, 지주 등이 돈, 곡식, 물
　품 따위를 거두어들이다.

문해력 완성 하기 ▶ 본문 30~31쪽

01 ⑤   02 ⓖ 공공복리 ⓒ 통념   03 **예시 답안** 왜냐
하면 사회 복지 정책은 세금을 부과함으로써 특정한 사
람이 가지고 있는 사유 재산권 행사의 자유가 부분적으
로 줄어들지만, 공공복리를 증진시켜 다른 사람의 자유
를 그만큼 증가시키기 때문이다.   04 ⑤   05 ⑤
06 **예시 답안** 〈사리화〉는 백성을 수탈하는 탐관오리가 기
승을 부리는 세태를 풍자(비판)하고 있다.

01

이 글은 사회 복지 정책을 시행하기 위해 세금을 부
과하는 것이 특정한 사람들의 자유를 제한하는 것이
아니라 국민들이 공공재를 제공받기 위해 자신의 자
유를 줄이는 데 합의한 것으로 보는 것이 올바르다
고 설명하고 있다.

✕오답 풀이
①, ②, ④ 사회 복지 정책의 한계와 사회 복지 정책의 사례,
　발전 과정은 이 글에 나와 있지 않다.
③ 사회 복지 정책의 양면성은 1문단에 나와 있으나 이 글의
　전체를 포괄하는 주제로는 적절하지 않다.

04

'호랑이보다 세금이 더 무섭다'는 정약용의 작품 내
용이 아니라 중국의 고사이다.

✕오답 풀이
① 1문단의 '도담삼봉은 원래 강원도 정선군에 있던 삼봉산이
　홍수 때 떠내려 온 것이라고 한다'를 통해 알 수 있다.
② 1문단의 '욕심 많은 정선 군수는 도담삼봉이 원래 정선 소
　유이니 단양 백성들에게 세금을 납부하라고 기승을 부렸
　다'를 통해 알 수 있다.
③ 2문단의 '소수 탐관오리의 배를 채우는 가혹한 세금은 민
　중의 인권을 침해하는 결과를 가져오기 때문이다.'를 통해
　알 수 있다.
④ 2문단의 '조선 후기 탐관오리들은 자신의 이익을 채우기
　위해 세금을 가혹하게 매기기 다반사였고 이런 세태는 정
　약용을 비롯한 많은 작가들의 작품에 고스란히 나타난다.'
　를 통해 알 수 있다.

05

'다반사'는 차를 마시고 밥을 먹는 일이라는 뜻으로,
보통 있는 예사로운 일을 이르는 말이다.

06

〈사리화〉에서 참새는 늙은 홀아비가 기른 벼와 기장
을 다 먹어버린다. 이는 백성을 수탈하는 탐관오리
를 빗대어 세태를 풍자하는 것이다.

01 청구   02 보편적   03 배상   04 공청회
05 구제   06 미룸   07 거두어들이다   08 없어지
는   09 적법하다   10 도용   11 궁극적   12 궁극
적   13 유예   14 도용   15 ①   16 ③
17 **예시 답안** 초콜릿을 먹으면 울적한 기분이 상쇄된다.
18 **예시 답안** 관리자는 돈을 안 내고 시설을 이용한 사람
에게 사용 요금을 청구했다.

15

'위계적'의 의미는 '위치나 지위가 품계적인 것'이다.
허물없는 정도로 친한 친구 사이는 평등한 관계이
므로 '위계적'이라는 단어를 사용한 것은 적절하지
않다.

16

첫 번째 문장은 경찰이 취한 조치가 법규에 맞다는
의미로 빈칸에는 '법규에 맞다.'라는 뜻의 '적법'이 들
어가기에 적절하다. 두 번째 문장은 그가 공용 공간
인 복도에 cctv를 설치하여 이웃 주민의 사생활을
침범한 상황으로, '침범하여 해를 끼치다.'라는 뜻의
'침해하다'가 빈칸에 들어가기 적절하다.

✗오답 풀이

①, ② 수렴(收斂)하다: 의견이나 사상 따위가 여럿으로 나뉘
   어 있는 것을 하나로 모아 정리하다.
② 지적(指摘)하다: 꼭 집어서 가리키다.
④ 보호(保護)하다: 위험이나 곤란 따위가 미치지 아니하도
   록 잘 보살펴 돌보다.

01 ⑤   02 ㉠ 공청회 ㉡ 수렴   03 **예시 답안** 참여 민
주주의는 각계각층의 다양한 의견을 수렴하여 민주주의
의 절차적 정당성과 규범성이 확대되는 장점이 있는 반
면 이기적인 태도 등으로 인해 국민의 의사를 왜곡하기
도 하는 단점도 있다.   04 ⑤   05 ④   06 **예시 답안**
손해 배상은 불법 행위로 인한 피해를 물어주는 민법이
고, 손실 보상은 적법 행위로 인한 손실을 물어주는 공법
이다.

01

이 글은 참여 민주주의의 정의와 장단점을 살피고
참여 민주주의의 단점을 해소할 숙의 민주주의를 제
시하고 있다.

03

1문단에 의하면 참여 민주주의는 절차적 정당성, 규
범성 확대의 장점이 있는 반면 다수의 횡포나 소수
의 선동, 자기가 속한 집단만의 이해관계를 관철하
려는 이기적 태도로 국민 의사를 왜곡하는 문제점이
있다.

04

정부가 고속 도로 건설을 위해 개인 소유의 땅을 수
용한 것은 적법 행위이므로 손해 배상이 아니라 손
실 보상을 해야 한다.

✗오답 풀이

① 1문단의 '법률의 규정에 따라 남에게 끼친 손해를 물어주
   는 것을 손해 배상이라고 한다'를 통해 알 수 있다.
② 돈을 빌리고도 갚지 않는 것은 채무 불이행에 해당되므로
   손해 배상을 청구 당할 수 있다.
③ 1문단의 '손해 배상을 발생시키는 원인으로 가장 중요한
   것에는 채무 불이행과 불법 행위가 있다'를 통해 이 두 가
   지는 손실 보상을 발생시키지 않는 것을 알 수 있다.
④ 공놀이를 하다가 자동차의 유리창을 깬 것은 불법 행위이
   므로 그로 인한 손해, 권리 침해를 배상해야 한다.

05

'적법(適法)'은 '법규에 맞음'이란 뜻이다.

06

손해 배상은 민법이고, 불법 행위와 관련되어 있다.
그리고 손실 보상은 공법이고, 적법 행위와 관련되
어 있다는 점을 대비해 서술해야 한다.

16

낚시를 할 때 뾰족한 갈고리와 미끼는 유용한 '도구'
나 '수단'이 된다. '척도'의 의미는 '평가하거나 측정
할 때 의거할 기준'이므로 이 문장에 사용하기 적절
하지 않다.

17

학습 동아리 활동으로 인해 성적이 좋아지고 있다는
문장이다. '촉진하다'는 '다그쳐 빨리 나아가게 하다.'
라는 뜻이므로 '촉진하다'를 '도와주다'로 바꿔 쓰는
것이 가장 적절하다.

✘ 오답 풀이

① 거부(拒否)하다: 요구나 제의 따위를 받아들이지 않고 물
리치다.
② 생산(生産)하다: 인간이 생활하는 데 필요한 각종 물건을
만들어 내다.
③ 저해(沮害)하다: 막아서 못 하도록 해치다.
④ 방해(妨害)하다: 남의 일을 간섭하고 막아 해를 끼치다.

01

밀러는 실험을 통해 무기물만 존재하던 원시 지구의
대기에서 유기물이 발생할 수 있다는 가능성은 확인
할 수 있지만 최초의 지구 생명체 탄생을 확인한 것
은 아니다.

✘ 오답 풀이

① 1문단의 '생명체는 ~ 유기물로 이루어진 존재를 두루 일
컫는다.'에서 알 수 있는 내용이다.
② 2문단의 '생물체가 존재하지 않던 고대 지구의 환경에서'
를 통해 알 수 있는 내용이다.
③ 2문단의 '가스 혼합물에 전기 불꽃을 일으켜 번개를 대신
하도록 하였다'를 통해 알 수 있는 내용이다.
⑤ 2문단에 따르면 밀러는 '플라스크 안에 수소, 메탄, 암모니
아를 채워 넣어 초기 지구의 대기를 모방'한 실험 기구를
만들었다.

03

밀러의 실험은 무기물이 에너지를 흡수하여 단순 유
기물로 전환되고 점차 복잡한 최초의 생명체가 탄생
했다는 가설을 지지하는데 이는 창조론을 약화시키
고 진화론을 강화할 수 있는 근거이다.

04

이 글은 과학적 현상인 우리 몸의 면역 체계를 선천
성 면역과 후천성 면역으로 나누고 이를 '전쟁'에 비
유하여 설명하고 있다. 선천성 면역 체계는 침입자
의 독성이 약하거나 소규모 게릴라 수준일 때로 전
쟁의 1단계 작전으로 비유하였고, 후천성 면역 체계
는 대규모 병력의 정규군 수준의 침입자가 발생할
경우 발휘되는 2단계 작전으로 비유하여 읽는 사람
이 이해하기 쉽게 설명하고 있다.

05

'양성(養成)'은 '가르쳐서 유능한 사람을 길러 냄'이라
는 뜻이다. '사람이나 동식물 따위가 자라서 점점 커
짐'이라는 뜻의 단어는 '성장(成長)'이다.

01 ⓒ   02 ⓒ   03 ⓔ   04 ⓔ   05 기온   06 많은   07 깎는   08 도출   09 극한   10 탐색   11 궤도   12 분화   13 불가피   14 도출   15 기하급수적   16 ①   17 ②   18 **예시 답안** 이번 홍보 전략을 통해 우리 회사는 정상적인 궤도에 안착하였다. 19 **예시 답안** 차량을 운행할 때는 가시권 밖의 움직임에도 유의해야 한다.

16

'극한'의 의미는 '어떤 사물이나 일 따위가 궁극적으로 도달할 수 있는 한계.'이다. 따라서 여유롭게 책을 읽은 시간을 극한의 시간이라고 할 수 없다.

17

'규명하다'는 '어떤 사실을 자세히 따져서 바로 밝히다.'라는 뜻이다. 사건의 진상을 따지는 기자회견을 열었다는 문장이므로 '규명하다'를 '옳고 그름 따위를 판단하여 드러내 알리다.'라는 뜻을 가진 '밝히다'로 바꿔 쓰는 것이 가장 적절하다.

✗오답 풀이

① 다하다: 어떤 것이 끝나거나 남아 있지 아니하다.
③ 수렴(收斂)하다: 돈이나 물건 따위를 거두어들이다.
④ 몰아내다: 몰아서 밖으로 쫓거나 나가게 하다.
⑤ 주장(主張)하다: 자기의 의견이나 주의를 굳게 내세우다.

01 ④   02 ⓒ 극한 ⓒ 탐색   03 **예시 답안** 인류는 미래에 태양이 커지면 생존할 수 없는 극한 상황을 맞이하게 되어 다른 별(유로파)로의 이주가 불가피하다. 04 ④   05 ③   06 **예시 답안** 환경에 유해한 오염 물질을 줄이기 위해 '방귀세'를 신설하는 것은 근본적 대책이 아닌 임시방편에 불과하다.

01

지구인이 유로파를 식민지로 삼는 SF 영화가 만들어졌는지는 이 글을 통해 알 수 없다.

✗오답 풀이

① 2문단에 의하면 태양의 직경이 커지고 밝기가 높아지면 지구의 강물이 모두 말라버려 생명이 살 수 없는 별이 된다고 하므로 태양은 미래 인류의 멸망 원인이 될 수 있다.
② 2문단에 의하면 현재 태양은 청년기이나 앞으로 30억 년 동안 크기가 커진다고 하였으므로 옳은 진술이다.
③ 3문단에 의하면 현재의 유로파 위성은 표면이 얼음으로 덮여 있으므로 인류가 생존하기에 적합하지 않다.
⑤ 2문단에 의하면 과학자들은 6억 년 뒤에 지구의 강물이 모두 말라버리는 극한 상황이 온다고 예견하고 있다.

03

태양의 크기가 커져서 지구의 강물이 말라버리면 결국 지구는 생명이 살 수 없는 별이 된다고 한다. 따라서 다른 별(유로파)로의 이주를 피할 수 없을 것이다.

04

농장의 가축들이 내뿜는 방귀와 트림에서 발생하는 오염 물질 중 하나인 메탄 가스는 이산화 탄소보다 11배나 더 강한 온실가스이다.

✗오답 풀이

② 2문단에서 농장 가축들은 자동차보다 40%나 많은 온실가스를 배출한다는 자료가 있다고 했다.
③ 2문단에서 가축의 배설물에서 발생하는 많은 오염 물질이 산성비 생성과 오존층 파괴를 일으킨다고 하였으므로 목축 사업이 환경 오염을 초래한다고 볼 수 있다.
⑤ 2문단에서 목초지 조성, 사료용 곡물 재배, 가축 운송, 육류 유통 과정 등에서 온난화를 일으키는 물질이 발생된다고 하였다.

05

'삼림'은 나무가 많이 우거진 숲을 말한다. '들 가까이의 나지막한 산'의 뜻을 가진 단어는 '야산'이다.

문해력 기초 다지기
▶ 본문 52~53쪽

01 식별	02 원동력	03 구축	04 인위적
05 고갈	06 내보내다	07 외부	08 제어
09 명료하다	10 동력원	11 제어	12 방출
13 명료	14 구축	15 ③	16 ②	17 예시답안

우리 회사는 전기 자동차와 같은 친환경 동력원을 활용하는 사업을 진행하고 있다. **18 예시답안** 이 조형물에 인위적인 힘을 가하면 망가질 수 있으니 조심해야 한다.

15
'출력'의 의미는 '엔진, 전동기, 발전기 따위가 외부에 공급하는 기계적·전기적 힘.'이다. 따라서 생물인 강아지가 힘이 없는 모습을 표현할 때 사용하는 것은 적절하지 않다.

16
첫 번째 문장은 진영이가 일관성 없는 불분명한 태도를 취했다는 의미이므로, 빈칸에는 '말이나 태도가 흐리터분하여 분명하지 않다.'라는 뜻을 가진 '모호한'이 적절하다. 두 번째 문장은 반장이 친구들을 강압적으로 다루며 통솔했다는 의미이므로, 빈칸에는 '상대편을 억눌러서 마음대로 다룸.'이라는 뜻을 가진 '제어'가 적절하다.

✗오답 풀이
① 확고(確固)하다: 태도나 상황 따위가 튼튼하고 굳다.
③ 호응(呼應)하다: 부름이나 호소 따위에 대답하거나 응하다.
⑤ 고려(考慮)하다: 생각하고 헤아려 보다.

문해력 완성 하기
▶ 본문 54~55쪽

| 01 ④ | 02 ㉠ 제어 ㉡ 식별 | 03 예시답안 화물 승강 |

기에 적재 중량이 넘는 화물이 실리면 벨이 울리도록 하고 벨이 고장나서 울리지 않더라도 적재 중량이 넘으면 자동으로 작동이 멈추도록 설비한다. **04 ③ 05 ⑤ 06 예시답안** 이 글과 〈보기〉는 인위적 요인으로 인한 지구 온난화에 대한 책임을 강조한다는 공통점이 있다.

01
폐색 구간에 두 대의 열차가 있으면 바로 비상 제동 장치가 작동하는 것이 아니라, 차상장치에 적색등이 켜지고 정지벨이 5초 이상 울려도 열차의 속도가 줄어들지 않아야 작동된다.

✗오답 풀이
① 1문단에서 폐색 구간에는 한 대의 열차만 운행하도록 한다는 내용이 나온다. 따라서 두 대의 열차가 다니면 안 된다.
② 2문단에 의하면 자동 폐색 장치는 열차 위치에 따라 열차가 있을 때에는 적색등, 열차가 없을 때는 녹색등이 켜지는 작동을 한다.
③ 1문단에 의하면 자동 열차 정지 장치는 폐색 구간을 안전하게 운행하는 데 도움을 주는 장치 중 하나이다.
⑤ 3문단에 의하면 차상장치에 적색등이 켜지고 정지벨이 5초 이상 울렸는데도 속도가 줄지 않으면 자동 열차 정지 장치가 작동하게 된다.

03
폐색 구간에서의 열차의 안정적 운행을 위해 1차로 신호등으로 진입 여부를 통제하고 폐색 구간에 잘못 진입했다면 강제로 비상 제동하는 2차로 통제하는 방식을 화물 승강기 안전 운행에 적용해야 한다.

04
온실가스는 실제로 지구 온난화를 일으키므로 지구 온난화를 유발한다는 오해를 받았다는 설명은 적절하지 않다.

✗오답 풀이
① 2문단에 의하면 지구 온난화는 간빙기에 발생할 수 있는 자연 현상의 하나로 볼 수 있다고 한다.
② 1문단에 의하면 산업 혁명 이후 석탄이나 석유 등 화석 연료를 사용하면서 온실가스의 농도가 증가했다고 한다.
④ 1문단에서 온실가스 중 이산화 탄소 배출량 증가로 인한 지구 온난화가 심해졌다는 것을 알 수 있다.
⑤ 2문단에 의하면 지금의 간빙기는 2만 8천 년 정도 지속될 것이고 1만 5천 년쯤 뒤에 다음 빙하기가 도래할 것이기 때문에 약 4만 3천 년 후에 지구는 다음 빙하기가 올 것이다.

05
'명료하다'는 뚜렷하고 분명하다는 뜻이다. 일을 꾀할 때 내세우는 구실이나 이유 따위가 있다는 뜻의 단어는 '명분'이다.

문해력 기초 다지기 ▶ 본문 58~59쪽

01 혹평   02 중첩   03 역동적   04 전율
05 대중성   06 전문적인   07 변형   08 구체적인
09 걸작   10 절묘하다   11 형상화   12 역동
적   13 대중성   14 조형물   15 ②   16 ④
17 예시 답안 제인이는 청중들이 전율을 느낄 정도로 멋진
피아노 연주를 하였다.   18 예시 답안 종이에 인쇄된 글
자가 중첩되어 무슨 글인지 알아보기가 힘들었다.

15

'혹평'의 의미는 '가혹하게 비평함.'이다. 관객들이 영
화의 연출이 기발하고 흥미롭다고 긍정적으로 평가
하는 문장에 '혹평'을 쓰는 것은 적절하지 않다.

16

첫 번째 문장은 그 가수가 용모도 아름답고 실력까지
뛰어나 인기가 많다는 의미이므로, 빈칸에는 '빼어
나게 아름다운.'이라는 뜻을 가진 '수려한'이 적절하
다. 두 번째 문장은 기사문은 화려한 문장과 미사여구
가 아닌 정확하고 진실된 내용이어야 한다는 의미이므
로, 빈칸에는 '시나 글 따위에 아름다운 수식이 많아서
문체가 화려한.'이라는 뜻을 가진 '현란한'이 적절하다.

✘오답 풀이
① 평범(平凡)하다: 뛰어나거나 색다른 점이 없이 보통이다.
② 애매(曖昧)하다: 희미하여 분명하지 아니하다.
　　초라하다: 겉모양이나 옷차림이 호졸근하고 궁상스럽다.
③ 담백(淡白)하다: 욕심이 없고 마음이 깨끗하다.
⑤ 소박(素朴)하다: 꾸밈이나 거짓이 없고 수수하다.

문해력 완성 하기 ▶ 본문 60~61쪽

01 ⑤   02 ㉠ 현란하다 ㉡ 수려하다   03 예시 답안 모
차르트 음악이 정서적, 지적으로 효과가 있다고 믿으면
플라세보 효과처럼 실제 그와 같은 효과를 얻을 수 있다.
04 ⑤   05 ㉠ 문외한 ㉡ 전율   06 예시 답안 피카소는
다른 작가들의 장점을 적극 수용하고 다양한 습작을 하
는 노력을 했기 때문에 많은 걸작을 탄생시킨 천재 화가
가 될 수 있었다.

01

'모차르트 효과'에 대한 찬성론으로는 프란세스 라
우셔 박사의, 반대론에는 일부 심리학자들의 견해가
제시되어 있으므로 반대론에 전문가의 견해가 제시
되지 않았다는 설명은 옳지 않다.

✘오답 풀이
① 2문단에서 베토벤 음악과 쇼팽 음악, 교회 성가, 록 음악
　등과 비교하며 차이점을 밝히고 있다.
② 모차르트 효과라는 현상에 대해 1문단에서는 찬성, 3문단
　에서는 반론이 제시되어 있다.
③ 마지막 문단에서 글쓴이는 불안하고 집중력이 떨어질 때
　모차르트 음악을 들어 충분한 휴식을 취하는 것이 모차르
　트 효과라고 하며 모차르트 음악에 대한 자신의 견해를
　제시하고 있다.
④ 3문단에서 일부 심리학자들은 모차르트 효과는 정서적 각
　성일 따름이라고 일축하고 있으므로 정서적 효과는 인정
　하고 있다고 볼 수 있다.

03

플라세보 효과는 환자가 가짜 약을 복용하더라도 병
이 나을 것이라 믿으면 회복 효과가 나타나는 현상
이므로 이러한 관점에서 보았을 때 모차르트 효과도
믿으면 그 효과를 얻을 수 있다.

04

미완의 중간 단계의 그림은 피카소가 최종 작품 완
성을 위해 노력한 근거로 제시된 것으로 그림 자체
가 미완에 그친 것은 아니다.

✘오답 풀이
① 2문단에 의하면 〈아비뇽의 여인들〉은 처음에는 혹평 받았
　지만 피카소를 천재의 반열에 올려주었다.
② 1문단에 의하면 피카소는 대중성과 작품성을 동시에 획득
　하였다고 한다.
③ 3문단에 의하면 〈게르니카〉는 스페인 내란을 주제로 하여
　전쟁의 비극성을 표현하였다.
④ 2문단에 의하면 피카소는 작품을 위해서라면 다른 작가들
　의 장점을 적극 수용하는 노력을 하였다고 한다.

09회 | 사람의 감정

문해력 기초 다지기

▶ 본문 66~67쪽

01 ㉢   02 ㉣   03 ㉠   04 ㉡   05 정신   06 탄
식함   07 분명하지   08 부아   09 애수   10 조바
심   11 기색   12 허심탄회   13 망연자실   14 애
수   15 부아   16 ②   17 ④   18 **예시 답안** 중간고
사를 앞두고 게임만 하는 아들을 보고 어머니께서는 애
간장이 탔다.   19 **예시 답안** 단짝 친구가 전학가고 난 뒤
나는 헛헛한 마음이 들어 하루 종일 창밖만 보고 있었다.

16

'조바심'의 의미는 '조마조마하여 마음을 졸임.'이다.
병민이는 늘 여유 있게 일을 진행한다고 했으므로
조바심을 내며 일한다는 표현은 적절하지 않다.

17

'조급하다'는 '참을성이 없이 몹시 급하다.'라는 뜻이
다. 동생은 마감 날이 아직 많이 남았는데도 서두르
는 상황이므로 '성질이 급하다'라는 의미를 지닌 '성
급하다'로 바꿔쓰는 것이 가장 적절하다.

문해력 완성 하기

▶ 본문 68~69쪽

01 ③   02 ㉠ 애간장 ㉡ 봉변   03 **예시 답안** 응칠이가
빚진 사람들은 빚을 갚을 수 없다는 응칠이의 글을 보고
망연자실했을 것이다.   04 ④   05 ⑤   06 閻 ㉮ 기
대감 ㉯ 황망함 ㉰ 헛헛함

01

응칠이는 늘어만 가는 빚을 감당할 길이 없어 가족
들과 마을에서 몰래 도망쳐 나왔으므로 빚을 모두
갚고 고향을 떠난 것이 아니다.

✗오답 풀이
① 그는 과거에 농사일을 열심히 했지만 빚은 줄어들지 않았
다는 점에서 확인할 수 있다.
② 그는 5년 전에 사랑하는 아내와 아들이 있었다고 하는 점
에서 확인할 수 있다.

④ '그는 한 구석에 머물러 있음은 가슴이 답답할 만치 도리
어 괴로웠다'에서 확인할 수 있다.
⑤ 응칠이가 팔자를 고친 첫날이 빚을 갚지 않고 집에서 도
망쳐 나온 날이었다는 점에서 확인할 수 있다.

03

응칠이는 열심히 일을 했지만 사람들에게 빌린 돈을
갚지 못해 집과 세간을 버리고 한밤중에 식구들과
도망을 칠 정도로 가난하다. ㉮는 응칠이가 빚을 진
사람들이고 ㉯는 자신이 빚을 갚지 못하니 집에 있
는 세간이라도 나눠 가지라는 응칠이의 글이다.

04

이 시에서는 의성어가 아닌 의태어(허둥지둥, 우당
탕탕 등)를 사용하여 화자가 임을 보기 위해 서두르
는 모습을 표현하고 있다.

✗오답 풀이
① 중문과 대문을 나가 문지방 위에 앉아서 임이 오는지 살
피고 임을 발견하자 버선을 품고 뛰어간다는 점에서 공간
의 이동에 따른 화자의 행동이 다르게 나타난다.
② 손을 이마에 붙이고 임이 오는지 안 오는지 살피며 임이
보이자 허겁지겁 뛰어가는 장면에서 확인할 수 있다.
③ 자신을 속인 주추리 삼대를 원망하며 화풀이하고 있다.
⑤ 화자는 주추리 삼대를 임으로 착각할 만큼 임을 그리워
하고 있다. 이 광경을 남이 보면 웃음을 살 뻔했다는 말을
통해 화자가 임을 기다리는 간절한 마음을 해학적으로 표
현했음을 알 수 있다.

05

화자는 임이 돌아온 줄 알고 달려나가 말을 걸려고
했지만 임이 아닌 주추리 삼대였다는 것을 알게 되고
주추리 삼대가 자신을 속였다면서 실망하고 있다.

✗오답 풀이
① 화자는 문지방 위에서 애수에 잠기지 않고 임이 오는지
확인하고 있다.
② 화자는 비탄에 빠져있지 않고 임이 올 것이란 기대감을
갖고 있다.
③ 화자는 거뭇하고 희끗한 것에 대해 의심스러운 마음 없이
임이라고 생각하고 달려나온다.
④ 화자는 임에게 화가 나서 뛰어간 게 아니라 그리웠기 때
문에 뛰어간 것이다.

문해력 기초 다지기

▶ 본문 72~73쪽

01 미쁘다　　02 진솔하다　　03 모질다　　04 불측
05 도량　　06 엄정한　　07 가볍다　　08 엉큼한
09 범상하다　　10 수더분하다　　11 간사하다
12 범상　　13 도량　　14 수더분　　15 ⑤　　16 ①
17 예시 답안 단짝 친구와 우정에 대해 진솔하게 대화를
나눴다.　　18 예시 답안 실수를 하고도 천연덕스럽게 구는
아이를 보면 웃음이 난다.

15

'불측'은 '생각이나 행동 따위가 괘씸하고 엉큼함.'이
라는 뜻으로, 어려운 이웃을 도와주는 선한 마음을
표현하는 단어로 쓰인 것은 적절하지 않다.

16

첫 번째 문장은 옛 어머니들은 자식들에게 일부러
매섭게 대하며 예의를 가르쳤다는 의미이므로, 빈칸
에 들어갈 말로 '마음씨가 몹시 매섭고 독하다'는 뜻
의 '모질다'가 적절하다. 두 번째 문장은 누구보다 먼
저 나서서 일을 하는 그 모습은 믿음성 있어 보인다
는 뜻으로, 빈칸에는 '믿음성이 있다.'라는 의미를 가
진 '미쁘다'를 사용해야 한다.

✘오답 풀이
② 청결(淸潔)하다 : 맑고 깨끗하다.
④, ⑤ 나태(懶怠)하다 : 행동, 성격 따위가 느리고 게으르다.

문해력 완성 하기

▶ 본문 74~75쪽

01 ③　　02 ㉠ 해쓱하게 ㉡ 천진하고　　03 예시 답안 일
제의 갖은 압박에도 굴하지 않고 농촌 계몽 활동을 이어
갈 것이다.　　04 ④　　05 ①　　06 예시 답안 평소에 천
연덕스러운 성격인 점순이는 자신의 애정을 무시한 '나'
의 태도에 분노와 수치심을 느꼈기 때문이다.

01

아이들이 '무서운 선고나 내리기를 기다리는 듯한 표
정'을 지었을 뿐, 그런 천진한 얼굴들을 보며 눈시울
이 뜨거워진 것은 영신이다.

03

이 글에서 가르치는 아이들의 수를 줄이라는 일제
의 압박으로 인해 영신은 금 밖에 앉아 있는 아이들
은 공부를 시킬 수 없다고 말한다. 하지만 한겨울에
도 늘 푸른 상록수와 같은 의지를 지닌 영신은 일제
의 갖은 압박에도 굴하지 않고 꿋꿋하게 농촌 계몽
활동을 계속할 것이라는 점을 예상할 수 있다.

04

'나'는 이 동네에 이사 온 지 삼 년밖에 안 되었으므
로 어릴 때부터 친구라는 설명은 잘못되었다.

✘오답 풀이
① 동리 어른의 말을 천연덕스럽게 받아치는 점순의 모습에
　서 확인할 수 있다.
② 봄감자가 맛있다며 '나'에게 감자를 쥐어주는 모습에서 확
　인할 수 있다.
③ '나'는 점순이가 준 감자를 거절하자 점순이 눈에 눈물이
　어리는 것을 보고 '참으로 놀랐다'라고 하였다.
⑤ 점순이는 '나'가 자신의 호의를 거절한 것 때문에 '잡아먹
　으려 기를 복복 쓰는' 것이지만 '나'는 점순이의 호의를 눈
　치채지 못했었다.

05

점순이는 속으로는 '나'를 좋아하지만 이를 직접적으
로 드러내지 않고 감자를 건네고 있으므로 능청스럽
다고 할 수 있다.

06

평소에는 부끄러움이 없고 천연덕스러운 성격인 점
순이가 눈물까지 어리며 이를 악물고 엎어질 듯 가버
린 이유는 감자를 통해 건넨 '나'에 대한 자신의 애정
이 무시당했다고 생각했기 때문이다.

문해력 **기초** 다지기
▶ 본문 78~79쪽

01 ⓒ 02 ⓔ 03 ⓖ 04 ⓒ 05 원망함
06 가깝게 07 불평 08 간파 09 동경 10 과
오 11 현혹 12 바투 13 지청구 14 선연히
15 동경 16 ⑤ 17 ① 18 예시답안 그는 모두가
꺼려하는 일이라도 서슴지 않고 앞장섰다. 19 예시답안
우리는 대책을 마련하지 못해 하릴없이 시간만 보내고
있었다.

16
'푸념'의 의미는 '마음속에 품은 불평을 늘어놓음. 또
는 그런 말.'이다. 따라서 상대에게 용기를 주는 상
황에 '푸념'을 사용하는 것은 적절하지 않다.

17
'하직하다'는 '무슨 일이 마지막이거나 무슨 일을 그
만두다.'라는 뜻이다. 진욱이가 동아리 회장 활동을
마치고 인사했다는 문장이므로 '하던 일이나 지위를
내놓고 나오다.'라는 뜻을 지닌 '물러나다'와 바꿔쓰
기에 적절하다.

문해력 **완성** 하기
▶ 본문 80~81쪽

01 ④ 02 ⓖ 하릴없다 ⓒ 부질없다 03 예시답안 〈박
씨전〉에는 여성 영웅이 등장하여 초월적 능력으로 국난
을 극복하고 남존여비 의식을 비판하며 남녀평등을 지향
했다는 근대적 요소가 나타난다. 04 ① 05 ⑤
06 예시답안 이 시의 화자는 오지 않는 임에게 부질없는
푸념을, 〈보기〉의 화자는 오동에게 자신의 감정을 투영하
여 지청구를 늘어놓고 있다.

01
용골대가 조선과 화친을 맺고 왕대비와 세자를 볼모
로 잡아가려 하자 박 씨가 왕대비를 데려가지 못하
게 하고 있다.

✗오답 풀이
① 박 씨가 청나라 군사들에게 은혜지국(恩惠之國)을 침범했

다고 꾸짖고 있는 모습에서 확인할 수 있다.
② 박 씨가 부채로 불을 부쳐 청나라 병사들을 물리치는 장
면에서 확인할 수 있다.
③ 용골대가 청나라로 떠나면서 왕대비와 세자, 대군, 장안
미녀들을 데려간다고 하였다.
⑤ 용골대가 '부질없이 조그만 계집을 시험하다가 공연히 장
졸만 다 죽였으니'라고 말하는 부분에서 확인할 수 있다.

03
〈박씨전〉은 남존여비의 조선 사회에서 국난을 극복
하는 여성 영웅인 박 씨를 등장시켜 남성의 무능함
을 비판한다. 이를 통해 이 작품이 남녀평등을 지향
하는 근대적 요소가 드러난다는 것을 서술해야 한
다.

04
반어적 표현이 아닌 해학적이고 과장된 표현으로 화
자의 정서를 드러냈다.

✗오답 풀이
② '어이 못 오던가', '날 보러 올 하루가 없느냐'를 통해 오지
않는 임에 대한 그리움, 원망의 마음이 드러난다.
③ 해학은 익살스럽고도 품위가 있는 말이나 행동을 말한다.
중장에서 임이 오는 길에 있을 법한 일을 추측하면서 암
울한 기분을 해학적으로 드러내고 있다.
④ 중장의 '무쇠로 성을 쌓고, 성 안에 담을 쌓고 담 안에 집
을 짓고~ 꼭꼭 잠갔더냐'에서 연쇄적 표현을 활용한 박
진감 넘치는 내용을 확인할 수 있다.
⑤ '무쇠로 성을 쌓고', '궤짝 안에 너를 결박해 놓고 쌍배목
외걸쇠에 용거북 자물쇠로 꼭꼭 잠갔더냐'에서 과장적 언
어가 드러난다.

05
이 시의 화자는 님이 오지 않는 이유를 상상하면서,
임을 원망하면서도 그리워하고 있다.

✗오답 풀이
① 화자는 임이 처한 상황을 모르기 때문에 오지 않는 임을
원망하고 있다.
② 임은 이미 떠나있는 상태이므로 떠나는 임에게 푸념을 늘
어놓고 있는 것은 적절하지 않다.
③ 화자는 임이 오지 않는 이유를 모르기 때문에 원망하고
그리워하고 있다.
④ 화자가 자신의 잘못을 반성하고 있는 모습은 찾아볼 수
없다.

문해력 기초 다지기
▶ 본문 84~85쪽

01 성례 02 막역하다 03 우격다짐 04 맹신
05 백년해로 06 꼬집어 07 무릎 08 특권
09 모멸 10 담소 11 끄나풀 12 담소 13 맹
신 14 모멸 15 ⑤ 16 ③ 17 [예시 답안] 나는 항
상 우리를 위해 노력하시는 선생님의 노고를 칭송하였
다. 18 [예시 답안] 그 수영 학원은 회원들이 텃세를 부리
는 것으로 유명하다.

15

'우격다짐'의 의미는 '억지로 우겨서 남을 굴복시킴.'
이다. 따라서 회원들의 공정한 투표를 통해 자리에
오른 상황에 쓰기에는 적절하지 않다.

16

첫 번째 문장은 민서와 지효는 우정이 깊은 사이라
는 의미이므로 빈칸에는 '허물이 없이 아주 친하다.'
라는 뜻의 '막역하다'가 적절하다. 두 번째 문장은 서
로에게 의지하며 살아온 노부부가 사람들에게 귀감
이 된다는 의미이므로 빈칸에는 '부부가 되어 한평생
을 사이좋게 지내고 즐겁게 함께 늙음.'이라는 뜻인
'백년해로'가 들어가는 것이 적절하다.

문해력 완성 하기
▶ 본문 86~87쪽

01 ③ 02 ㉠ 백년해로 ㉡ 용납 03 [예시 답안] 주생과
선화는 월하노인이 인연을 맺어주지 않아 성례를 하지
못하고 이별한다. 04 ② 05 ② 06 [예시 답안] 글쓴
이가 물건인 바늘을 막역한 친구로 칭송하는 것은 슬하
에 한 자녀도 없는 외로움 때문이므로 글쓴이의 처지가
매우 측은하다.

01

주생은 선화에게 매파를 보내 정식으로 청혼하겠노
라고 약속을 했을 뿐, 이를 실행한 것은 아니다.

✘오답 풀이
① '비록 낭군님과 손을 잡고 일생을 같이 지내고자 한들~'
에서 알 수 있다.
② '저는 정절을 지키지 못했다는 조롱을 받게 되어~'에서
알 수 있다.
④ '오늘 우리의 일은 ~ 일시의 향락을 누리오나'에서 알 수
있다.
⑤ 선화의 말에서 주생과의 사랑이 탄로 나면 친척들에게 용
납되지 못할 것이고 고을 사람들에게 멸시를 받는다고 한
것에서 알 수 있다.

03

〈보기〉를 바탕으로 본다면 남녀의 인연을 맺어 준다
는 월하노인이 주생과 선화의 인연을 맺어 주지 않았
기 때문에 성례를 올리지 못한 채 이별을 하게 된다.

04

글쓴이는 하늘이 미워해서 자식이 없는 것이 아니라
바늘이 부러진 것이 하늘의 미움 때문이라고 말하고
있다.

✘오답 풀이
① '너로 하여 생애를 도움이 적지 아니하더니'에서 알 수 있
다.
③ '너는 미묘한 품질과 특별한 재치를 가졌으니'에서 알 수
있다.
④ '우리 시삼촌께옵서 ~ 바늘 여러 쌈을 주시거늘'에서 알
수 있다.
⑤ '너 하나를 여러 해가 지나도록 보전하니'에서 알 수 있다.

05

글쓴이는 부러진 바늘에 대한 측은한 심정을 '슬프
다, 불쌍하다, 아깝다'는 표현을 통해 드러내고 있
다.

06

글쓴이는 남편도 일찍 죽고 자식도 없기 때문에 바
늘을 친구삼아 견디다가 바늘이 부러지자 사람이 세
상을 떠난 것처럼 슬퍼하며 제문 형식으로 안타까운
심정을 표현한다. 이렇게 바늘을 의인화하여 칭송하
는 표현을 통해 글쓴이의 외롭고 측은한 처지를 잘
보여준다.

01 ⓛ　02 ㉣　03 ㉢　04 ㉠　05 한 달　06 북쪽　07 도회　08 피란　09 유년　10 치하　11 귀양　12 두메산골　13 달포　14 도화　15 삭풍　16 ④　17 ①　18 **예시 답안** 6.25 전쟁 때 우리 할아버지께서는 부산으로 피란을 오셨다.　19 **예시 답안** 사장님께서는 전 직원들에게 치하의 의미로 선물을 주셨다.

16

'유년'의 의미는 '어린 나이나 때. 또는 어린 나이의 아이.'이다. 은퇴 후에 다가올 시기는 '유년'이 아닌 '나이가 들어 늙은 때'를 의미하는 '노년'이 적절하다.

17

'움트다'는 '기운이나 생각 따위가 새로이 일어나다.'라는 뜻으로 〈보기〉에서는 머릿속에서 기발한 생각이 새로 일어난다는 의미로 쓰였다. 따라서 '어떤 생각·감정·현상 따위가 처음 생겨나다.'라는 뜻의 '싹트다'와 바꿔 쓰기에 가장 적절하다.

✖오답 풀이
② 변(變)하다: 무엇이 다른 것이 되거나 혹은 다른 성질로 달라지다.
③ 시들다: 꽃이나 풀 따위가 말라 생기가 없어지다.
④ 소멸(消滅)하다: 사라져 없어지다.
⑤ 사라지다: 현상이나 물체의 자취 따위가 없어지다.

01 ⑤　02 ㉠ 나룻배 ㉡ 여울　03 **예시 답안** 이 시에서 행인은 인간 세상에서 고통 받는 중생, 나룻배는 중생을 구원해주는 부처로 볼 수 있다.　04 ②　05 ③　06 **예시 답안** 표현하려는 원뜻과 정반대되는 말로 표현하는 반어법을 사용하여 하층민의 비참한 삶을 효과적으로 나타냈다.

01

대상을 의인화한 것이 아니라 시적 화자를 나룻배에 비유하고 있으며, 부정적 현실에 대한 극복 의지를 나타내는 것이 아니라 당신이 오기까지 참고 견디는 인고의 자세를 노래하고 있다.

✖오답 풀이
① '-ㅂ니다'의 종결 어미를 반복하여 운율이 느껴진다.
② '-ㅂ니다', '-요'의 경어체를 사용하여 진실함을 강조한다.
③ '나는 나룻배 / 당신은 행인'이 첫 연과 마지막 연에 반복되는 수미상관이다.
④ '밤에서 낮까지 당신을 기다리고 있습니다.', '나는 당신을 기다리며 날마다 날마다 낡아 갑니다.'에서 알 수 있다.

03

〈보기〉에서 인간 세상에서 고통 받는 '중생'은 이 시의 '행인'으로 볼 수 있고, 이를 구원해 주는 '부처'는 '나룻배'로 연결지어 생각할 수 있다.

04

'돈 벌 용기가 병자에 대한 염려를 사르고 말았다'는 표현에서 김첨지는 일을 하면서도 아내에 대한 걱정을 잊지 않고 있다는 것을 알 수 있다.

✖오답 풀이
① 아내가 기침을 한지 벌써 달포가 넘었다고 했다.
③ 김첨지는 자신의 입으로 큰 액수를 부르고도 스스로 놀랐다고 하였다.
④ 김첨지는 아내가 열흘 전에 조밥을 먹고 체해서 병이 심해졌다고 생각한다.
⑤ 아내는 일어나지도 못할 뿐더러 눕는 방향도 바꾸지 못할 정도로 몸이 아픈 상태이다.

05

신조(信條)는 '굳게 믿어 지키고 있는 생각.'이라는 뜻이다.

06

이 소설은 운수가 좋아서 평소보다 돈을 많이 번 기쁜 날에 비극적이게도 아내가 죽었으므로 당대 하층민의 비극을 효과적으로 나타낼 수 있다.

문해력 기초 다지기
▶ 본문 96~97쪽

01 허망   02 적막   03 참상   04 환란   05 아슴
푸레   06 아늑   07 예스러운   08 의도적으로
09 삼삼하다   10 부산하다   11 엄습하다   12 적
막   13 부산   14 삼삼   15 ⑤   16 ⑤
17 예시 답안 비오는 날에는 창밖의 불빛이 아물거린다.
18 예시 답안 친구가 나를 희화화한 글을 써서 발표하자
교실이 웃음바다가 됐다.

15
'허망'은 '어이없고 허무함.'의 의미로 선생님이 감사
인사를 하는 학생들을 보며 보람을 느끼는 상황에서
쓰이기엔 적절하지 않다.

16
첫 번째 문장은 전쟁을 겪는 민간인들을 적나라하게
보여주는 상황이다. '참상'은 '비참하고 끔찍한 상태
나 상황.'을 의미하므로 빈칸에 들어갈 말로 적절하
다. 두 번째 문장은 선생님이 이미 다 알고 계셨다는
생각이 갑자기 들자 기분이 오싹해짐을 보여준다.
'엄습하다'의 의미는 '감정, 생각, 감각 따위가 갑작
스럽게 들이닥치거나 덮치다'이므로 빈칸에 들어갈
말로 적절하다.

✘오답 풀이
②, ③, ④: 현상(現狀): 나타나 보이는 현재의 상태.
①, ②, ③: 습격(襲擊): 갑자기 상대편을 덮쳐 침.

문해력 완성 하기
▶ 본문 98~99쪽

01 ④   02 ㉠ 피란 ㉡ 아슴푸레   03 예시 답안 이 글
과 〈박씨전〉에는 각각 임진왜란과 병자호란이라는 국가
적 환란에 희생당하는 민중들의 참상이 잘 나타나 있다.
04 ①   05 ①   06 예시 답안 이 작품은 초여름에 농사
일로 부산한 농부들의 일상을 고풍스러운 말투로 그려내
고 있다.

01
최척의 가족이 연곡사에 피란을 갔다가 왜적의 침입
으로 최척과 가족 간의 생사가 두절되기까지의 사건
을 요약적으로 제시하며 속도감이 느껴진다.

03
이 글의 시대적 배경은 임진왜란 시기이고 〈박씨전〉
은 병자호란을 배경으로 한다. 〈박씨전〉은 현실에선
패배한 전쟁에 영웅을 등장시켜 승전사로 꾸며놓았
지만 민중의 전란 중에 겪는 참상을 사실적으로 그
렸다는 점에서 이 글과 공통점이 있다.

04
'도랑 쳐 물길 내고 비 새는 곳 기와 고쳐 장마를 방
비하면'에서 알 수 있듯이 도랑 정비는 가뭄이 아니
라 앞으로 다가올 장마를 대비한 것이다.

✘오답 풀이
② '면화를 많이 가소 방적의 근본이라.'에서 알 수 있다.
③ '식량이 부족하니 환곡(還穀) 타 보태리라'에서 알 수 있
다.
④ '갈 꺾어 거름할 제 ~ 이른 모 내어 보세.'에서 알 수 있
다.
⑤ '농사도 한창이요, 잠농(蠶農)도 한창이라.'와 '한 잠 자고
이는 누에 ~ 햇잎은 제쳐 따소'에서 알 수 있다.

05
남녀노소가 농사일에 골몰하여 집에 있을 틈이 없다
고 했으므로 아무도 없는 고요한 집안을 적막하다고
표현할 수 있다.

06
'부산하다'는 '급하게 서두르거나 시끄럽게 떠들어 어
수선하다'라는 의미이므로 농사일로 바쁜 농부들을
표현하는 데에 사용할 수 있다. '고풍스럽다'는 '보기
에 예스러운 데가 있다.'라는 뜻으로, 이 글에서 쓰
인 '~하소', '~나니'와 같은 말투는 고풍스럽다고 할
수 있다.

문해력 기초 다지기
▶ 본문 102~103쪽

01 ㉣   02 ㉢   03 ㉠   04 ㉤   05 도리   06 좋
은   07 부끄러움   08 초월   09 거동   10 애호가
11 북새   12 모함   13 북새   14 애호가   15 상
책   16 ②   17 ⑤   18 **예시 답안** 어린 철민이가 자기
도 대장부라며 큰 소리로 웃었다.   19 **예시 답안** 누나는
순리를 따를 뿐 자신의 의지대로 움직이려 하지 않는다.

16

'철면피'의 의미는 '쇠로 만든 낯가죽이라는 뜻으로,
염치가 없고 뻔뻔스러운 사람을 낮잡아 이르는 말.'
이다. 따라서 질서를 잘 지키는 소향이를 철면피라
고 할 수 없다.

17

이 문장은 컴퓨터 프로그램에서 뜻하지 않은 오류가
발생한 상황이다. '예기하다'는 '앞으로 닥쳐올 일에
대하여 미리 생각하고 기다리다.'라는 뜻으로 '어떤
일을 직접 당하기 전에 미리 생각하여 두다.'의 의미
인 '예상하다'로 바꿔 쓰는 것이 가장 적절하다.

✘오답 풀이
① 분석(分析)하다: 얽혀 있거나 복잡한 것을 풀어서 개별적
   인 요소나 성질로 나누다.
② 기억(記憶)하다: 이전의 인상이나 경험을 의식 속에 간직
   하거나 도로 생각해 내다.
③ 회상(回想)하다: 지난 일을 돌이켜 생각하다.
④ 기록(記錄)하다: 주로 후일에 남길 목적으로 어떤 사실을
   적다.

문해력 완성 하기
▶ 본문 104~105쪽

01 ④   02 ㉠ 순리 ㉡ 용이   03 **예시 답안** 아들은 땅
을 경제적 이득을 얻는 도구이고 금전적인 가치로 바
라보고 있다.   04 ②   05 ①   06 **예시 답안** 장끼는
여성이 남성의 말에 따르는 것을 순리라고 생각하지만
까투리는 가부장적 권위주의를 비판하는 진보적 의식을
가진 여성이다.

01

아들은 땅을 팔아 병원을 확장하여 돈을 벌면 서울
에서 가까운 땅을 살 수 있다고 했지 판 농토를 다시
살 수 있다고 말하지는 않았다.

✘오답 풀이
① 아들은 환자가 나날이 늘어나 입원실이 부족하고 새 병원
   을 차리기 알맞은 건물이 났다는 등의 이야기를 하면서
   아버지에게 병원을 확장하고 싶은 이유를 들고 있다.
② 아들은 아버지가 땅을 팔아서 자신의 병원 확장에 보태주
   길 바라고 있다.
③ 아들은 시골에 땅을 두고 있으면 일 년에 겨우 삼천 원을
   이득보지만 그 땅을 판 돈으로 병원을 확장하면 그보다
   더 큰 이익을 창출할 수 있다고 아버지를 설득하고 있다.
⑤ 아들은 자신이 외아들인데도 진작에 부모님을 모시지 못
   한 게 잘못이라면서 부모님이 농토를 팔고 서울로 올라오
   길 바라고 있다.

03

아들은 땅이 농민의 삶의 근본이며 가족의 역사를
담고있다는 사실은 무시하고 오로지 경제적 관점에
서 바라보고 있다.

04

이 작품은 당대의 남성을 장끼로 의인화하여, 남편
의 가부장적 권위주의를 비판하고 있다.

05

'염치(廉恥)'는 '체면을 차릴 줄 알며 부끄러움을 아
는 마음.'이라는 뜻이다.

06

장끼는 까투리가 남편인 자신의 말을 거스르지 않고
따라야 한다는 권위적인 생각을 가진 반면, 까투리
는 자신의 말을 듣지 않아 죽음을 맞이한 장끼의 가
부장적인 권위를 비판하는 모습을 보여주고 있다.

16회 | 선조들의 생활과 표현

문해력 기초 다지기

▶ 본문 108~109쪽

01 부마　02 이실직고　03 소저　04 삭정이
05 빙자옥질　06 백성　07 겨울　08 기름　09 탐
관오리　10 풍상　11 녹의홍상　12 송사　13 소
저　14 탐관오리　15 ③　16 ②　17 예시 답안
그 모자는 흉계를 꾸며 장화와 홍련을 내쫓았다.
18 예시 답안 아무도 찾지 않는 산골의 낙목한천은 쓸쓸하
기만 하다.

15

'빙자옥질'의 의미는 '얼음같이 맑고 깨끗한 살결과 구
슬같이 아름다운 자질.'이다. 따라서 투박하고 성실히
일하는 일꾼을 비유하는 단어로는 적절하지 않다.

16

첫 번째 문장은 이육사의 꺾이지 않는 꿋꿋한 절개
를 이야기하므로 빈칸에 들어갈 말로는 '소나무와 대
나무를 아울러 이르는 말.'인 '송죽'이 적절하다. 두
번째 문장은 범인이 자신의 죄를 형사에게 털어놓는
상황이므로 빈칸에 들어갈 말로 '사실 그대로 고함.'
의 의미인 '이실직고'가 적절하다.

✖오답 풀이
① 우유부단(優柔不斷): 망설이기만 하고 결단성이 없음.
③ 오매불망(寤寐不忘): 자나 깨나 잊지 못함.
④ 감언이설(甘言利說): 귀가 솔깃하도록 남의 비위를 맞추
　거나 이로운 조건을 내세워 꾀는 말.
⑤ 전전긍긍(戰戰兢兢): 몹시 두려워서 벌벌 떨며 조심함.

문해력 완성 하기

▶ 본문 110~111쪽

01 ④　02 ㉠ 낙목한천 ㉡ 빙자옥질　03 예시 답안
(가)의 국화는 서리, (나)의 매화는 눈으로 상징된 풍상을
이겨냈으므로 송죽과 같이 지조 있는 존재이다.　04 ④
05 ②　06 예시 답안 윤지경은 옹주와 귀인 박씨의 흉계
에 빠져 시련을 겪게 된다.

01

(가)는 국화가 서리를, (나)는 매화가 눈을 이겨내고

꽃을 피우는 것을 보고 국화와 매화를 바람직한 가
치관을 가진 인격체로 대우하고 있다.

✖오답 풀이
① (가)와 (나) 모두 풍류를 즐기는 삶을 추구하는 모습은 찾
　아볼 수 없다.
② (가)와 (나) 모두 꽃을 의인화하였지만 이를 통해 부정적인
　현실을 비판하고 있지는 않다.
③ (가)와 (나) 모두 소박하고 검소한 삶을 즐기기를 바라는
　모습은 찾아볼 수 없다.
⑤ (가)와 (나)는 각각 자연물인 국화와 매화를 예찬한다는 점
　에서 자연 친화적이라 볼 수 있지만 작가가 부귀공명을
　버렸는지는 알 수 없다.

03

국화와 매화가 겪은 '풍상'은 각각 서리와 눈이다. 이
러한 풍상을 이겨내고 변함없이 꽃을 피어냈으므로
송죽과 같이 지조 있는 존재라고 할 수 있다.

04

연화는 옹주와 결혼한 부마(윤지경)와 몰래 만남을
계속하고 있으므로 (윤)지경을 다시 보면 안 되겠다
는 마음을 가졌을 것이라는 추측은 옳지 않다.

✖오답 풀이
① 윤지경은 왕의 후궁 딸인 연성 옹주의 부마가 되지만 연
　화를 사랑하는 마음은 변치 않았다.
② 윤지경은 옹주의 어머니인 귀인 박씨가 간악하여 반드시
　흉계를 꾸밀 것이라고 말한 점에서 알 수 있다.
③ 어쩔 수 없이 부마가 된 지경이 옹주를 멀리하면서 갈등
　을 빚는다는 점에서 알 수 있다.
⑤ 연화의 아버지인 최공은 자신의 딸을 만나기 위해 밤마다
　몰래 담을 넘어 들어온 윤지경을 안타까워하지만 이 사실
　을 옹주에게 들킬까봐 걱정하고 있다.

05

'이실직고(以實直告)'는 '사실 그대로 고함.'이라는 뜻
이다.

06

옹주와 귀인 박씨는 윤지경과 적대적인 관계이므로,
'위기' 단계에서 윤지경을 흉계에 빠뜨려 시련을 겪
게 만들 것임을 추측할 수 있다.

문해력 기초 다지기
▶ 본문 116~117쪽

01 중언부언　02 연하고질　03 백척간두　04 오월동주　05 폭발　06 흥취　07 견강부회　08 무위자연　09 십시일반　10 순망치한　11 십시일반　12 음풍농월　13 중언부언　14 ⑤　15 ③　16 **예시 답안** 우리와 순망치한의 관계인 옆 가게가 망해서 우리도 걱정이 크다.　17 **예시 답안** 나와 재현이는 사이가 안 좋지만 같은 팀이 되어 오월동주로 뭉쳤다.

14
'견강부회'의 의미는 '이치에 맞지 않는 말을 억지로 끌어 붙여 자기에게 유리하게 함.'이다. 따라서 논리적이고 정직한 발언을 하는 삶과는 어울리지 않는 한자 성어이다.

15
'백척간두'는 '백 자나 되는 높은 장대 위에 올라선 것처럼, 몹시 어렵고 위태로운 지경'을 이르는 말이다. 건우는 취업에 실패하고 자격증 시험에도 떨어지는 벼랑 끝에 선 상황이므로 이를 비유하는 한자 성어로 '백척간두'가 가장 적절하다.

문해력 완성 하기
▶ 본문 118~119쪽

01 ④　02 ②　03 **예시 답안** 이완이 견강부회하며 어렵다는 답만 하자 허생이 칼로 이완을 찌르려는 절체절명의 순간에 이완이 도망친다.　04 ①　05 ③　06 **예시 답안** 정철과 윤선도의 문학은 음풍농월하는 삶을 추구한다는 공통점이 있다.

01
변 씨 집에 와 있던 손님들이 크게 놀란 것은 허생의 태도 때문이 아니라 이름도 묻지 않고 돈 만 냥을 선뜻 빌려준 변 씨의 태도 때문이다.

✗오답 풀이
①, ② 허생은 만 냥을 빌리면서도 당당한 태도를 보였고 변 씨 또한 허생의 됨됨이를 보고 큰일을 할 인물로 판단하여 이름도 묻지 않고 선뜻 만 냥을 빌려 주는 것으로 보아 둘 다 대범한 성격을 지녔다고 할 수 있다.
③ 변 씨 집의 자제들은 허생의 초라하고 꾀죄죄한 몰골을 보고는 비렁뱅이라고 생각했다.
⑤ 변 씨는 보통 무언가를 빌리러 오는 사람은 자신의 생각을 떠벌리고 신의를 보이려 하지만 태도가 비굴하다고 말했다.

02
'이미 한 말을 자꾸 되풀이한다.'는 뜻의 한자 성어는 중언부언(重言復言)이다.

03
'이치에 맞지 않는 말을 억지로 끌어다 붙이며'는 '견강부회'로, '이완을 칼로 찌르려 하자 목숨에 위태로움을 느낀'은 '절체절명'으로 바꾸어 표현할 수 있다.

04
전유암은 허유의 무덤 옆에 살면서 허유를 친구라 칭했을 뿐, 친구로 기산에서 같이 산 것은 아니다.

✗오답 풀이
② 요임금이 허유에게 왕위를 물려주려고 하자 허유는 '더러운 말'을 들었다며 귀를 씻었다.
③ 전유암의 어머니와 부인도 속세가 싫어 함께 기산에서 살게 되었다.
④ 전유암의 자연 친화 사상은 우리나라 문학에도 많은 영향을 미쳤다.
⑤ 전유암 또한 샘과 바위를 좋아하는 병과 안개와 노을을 사랑하는 병이 들었다고 했으므로 자연을 좋아하는 병에 걸렸다는 관동별곡의 첫머리와 유사하다.

06
정철의 〈관동별곡〉이나 윤선도의 〈만흥〉에는 맑은 바람과 달을 대상으로 시를 짓고 흥취를 즐기는 음풍농월을 이상적인 삶으로 여기는 태도가 나타난다.

18회 | 한자 성어 ②

문해력 기초 다지기

▶ 본문 122~123쪽

01 결초보은 02 재자가인 03 어부지리 04 교각살우 05 배신 06 고마움 07 과유불급 08 대기만성 09 연목구어 10 청출어람 11 과유불급 12 대기만성 13 결초보은 14 ④ 15 ④ 16 **예시 답안** 겨울에 에어컨을 파는 것은 연목구어와 같은 행동이다. 17 **예시 답안** 수희가 전학을 간다는 청천벽력 같은 소식을 듣고 나는 멍하니 서 있었다.

14

'청출어람'의 의미는 '쪽에서 뽑아낸 푸른 물감이 쪽보다 더 푸르다.'는 뜻으로, 제자나 후배가 스승이나 선배보다 나음을 비유적으로 이르는 말이다. 따라서 피아노 실력이 늘지 않아 선생님께서 화를 내신 상황에 쓰이기엔 적절하지 않다.

15

'백골난망'은 '죽어서 백골이 되어도 잊을 수 없다.'는 말로, 남에게 큰 은덕을 입었을 때 고마움의 뜻으로 이르는 말이다. 따라서 억울한 나를 적극적으로 변호해준 그분에 대한 고마움의 표현으로 적절하다.

문해력 완성 하기

▶ 본문 124~125쪽

01 ③ 02 ② 03 **예시 답안** 금은보화를 주신 부인께 결초보은했을 뿐입니다. 04 ⑤ 05 ③ 06 **예시 답안** 두 사람이 이해득실 때문에 서로 싸우는 사이에 엉뚱한 사람이 애쓰지 않고 이익을 가로챈다.

01

부인이 음식을 베풀어 준 승려를 '사람을 살리는 부처'라 칭송한 것이지 실제 부처님을 만나 도움을 받은 것은 아니다.

✖오답 풀이

① 부인은 간신 이두병에 쫓겨 변장을 했고, 본인을 '가난한 중'이라고 했다. 그리고 승려가 부인에게 '승려의 옷을 입고 변장을 한들'이라 말한 것을 미루어보면 부인은 승려로 변장하고 있음을 알 수 있다.

② 승려의 말에 의하면 조웅의 어머니가 조 승상의 부인이므로 조 승상은 조웅의 아버지이다.

④ 승려는 과거에 부인에게 금은보화를 얻어 온 은혜를 잊지 않고 있다고 했다.

⑤ 부인은 간신 이두병에게 쫓기고 있는 상황이므로 신분을 숨기기 위해 승려에게 자신은 가난한 중이라고 거짓말을 했다.

02

'각골난망(刻骨難忘)'은 남에게 입은 은혜가 뼈에 새길 만큼 크다는 뜻이므로 '백골난망(白骨難忘)'과 바꾸어 쓸 수 있다.

✖오답 풀이

① 배은망덕(背恩忘德): 남에게 입은 은덕을 저버리고 배신하는 태도가 있음.

03

이 글에서 부인이 승려에게 음식을 나누어 준 것에 대해 사례하자 승려는 과거에 부인에게 금은보화를 얻은 것에 대한 보답이라고 말하고 있으므로 '결초보은'이라는 한자성어를 사용해야 한다.

04

연나라 사신은 진나라를 도요새와 조개를 한꺼번에 얻은 어부에 빗대었지 망태에 빗댄 것이 아니다.

✖오답 풀이

① 조나라가 연나라를 공격하려고 해서 연나라 왕이 조나라에 사신을 보낸 것이다.

② 도요새로부터 방어하기 위해 입을 오므린 조개는 조나라에게 공격 받을 위기에 처한 연나라에 해당된다.

③ 연나라 사신이 도요새와 조개 이야기로 현 상황을 비유하자 조나라 왕은 수긍하고 공격 계획을 중지하였다.

④ 도요새가 조개를 먹기 위해 먼저 공격했으므로 이는 연나라를 공격하는 조나라에 해당된다.

06

〈보기〉는 '어부지리(漁父之利)'와 같은 뜻을 가진 '견토지쟁(犬兔之爭)'의 고사 내용이다. 도요새와 개, 조개와 토끼, 어부와 농부는 서로 대응된다.

▶ 본문 128~129쪽

문해력 기초 다지기

01 표리부동 02 가렴주구 03 임기응변 04 와
신상담 05 노력 06 비위 07 노심초사 08 교
언영색 09 조삼모사 10 전전반측 11 교언영색
12 임기응변 13 전전반측 14 ④ 15 ② 16
예시 답안 성공을 위해서라면 우공이산과 같이 노력해야
한다. 17 예시 답안 그 정치인은 표리부동해서 믿을 수
없는 인물이다.

14

'태평성대'의 의미는 '어진 임금이 잘 다스리어 태평
한 세상이나 시대.'이다. 따라서 전쟁이 수시로 발생
하는 나라는 '태평성대'한 나라라고 볼 수 없으므로
한자 성어의 쓰임이 적절하지 않다.

15

'조삼모사'는 '간사한 꾀로 남을 속여 희롱함을 이르
는 말.'이다. 배달료를 받지 않지만 음식 가격이 다
른 곳보다 비싼 가게는 결과적으로 지불해야 할 돈
의 액수에는 차이가 없으므로 '조삼모사'의 상황이라
고 볼 수 있다.

문해력 완성 하기

▶ 본문 130~131쪽

01 ① 02 ② 03 예시 답안 그믐달을 보는 사람들은
고달픈 인생으로 노심초사하며 살아간다. 04 ⑤
05 ② 06 예시 답안 이 글과 〈보기〉의 한자 성어 모두 한
가지 목표를 이루기 위해 포기하지 않는다는 점이 공통적
이다.

01

'철모르는 처녀 같은 느낌'은 그믐달이 아닌 초승달
에 대한 이미지이다.

✗오답 풀이

② 평화롭게 잠든 세상을 저주하며 우는 청상과 같다고 하였다.
③ 말을 붙일 수도 없이 깜찍하게 예쁜 계집 같다고 하였다.
④ 세상의 풍상을 다 겪고 나중에 원한을 품고 쓰러지는 원
부(怨婦)와 같다고 하였다.

⑤ 가슴이 저리고 쓰리도록 가련한 달이라고 하였다.

02

'전전반측(輾轉反側)'은 누워서 몸을 이리저리 뒤척
이며 잠을 이루지 못한다는 의미이므로 임이 그리워
서 잠 못 들어 하는 상황에 어울린다.

✗오답 풀이

① 동상이몽(同床異夢): 같은 자리에 자면서 다른 꿈을 꾼다
는 뜻으로, 겉으로는 같이 행동하면서도 속으로는 각각
딴생각을 하고 있음을 이르는 말.
③ 와신상담(臥薪嘗膽): 원수를 갚거나 마음먹은 일을 이루
기 위하여 온갖 어려움과 괴로움을 참고 견딤.
④ 교언영색(巧言令色): 아첨하는 말과 알랑거리는 태도.
⑤ 표리부동(表裏不同): 겉으로 드러나는 언행과 속으로 가
지는 생각이 다름.

03

그믐달을 보는 사람들은 걱정이나 원한, 그리움 등
몹시 마음을 쓰며 애를 태운다는 공통된 심리가 있으
므로 '노심초사(勞心焦思)'라는 한자 성어를 사용해야
한다.

04

노파는 이백에게 커다란 도끼라도 중간에 그만두지
않고 열심히 간다면 바늘이 될 수 있다고 하였다. 그
러므로 이 글은 포기하지 않고 끝까지 노력하는 자
세를 강조하고 있다.

05

도끼를 갈아 바늘을 만든다는 '마부위침(磨斧爲針)'
과 비슷한 뜻을 가진 한자 성어는 '어떤 일이든 끊임
없이 노력하면 반드시 이루어짐'을 뜻하는 '우공이산
(愚公移山)'이다.

06

'마부위침(磨斧爲針)'과 '와신상담(臥薪嘗膽)'은 모두
한 가지 목표를 이루기 위해 포기하지 않는다는 점
에서 공통점을 찾을 수 있다.

20회 | 속담 ①

문해력 기초 다지기

▶ 본문 134~135쪽

01 ㄴ　02 ㄷ　03 ㄱ　04 ㄷ　05 ㄱ　06 ㄴ
07 소용　08 밀접　09 손쉬운　10 원숭이　11
고슴도치　12 길, 걸음　13 ②　14 ③　15
예시답안 달도 차면 기우는 것처럼 그의 인생의 황금기가
끝이 났다.　16 예시답안 구슬이 서 말이라도 꿰어야 보
배라고 공터를 공원으로 꾸몄더니 이용객이 많아졌다.

13

'입술이 없으면 이가 시리다'의 의미는 '서로 밀접한
관계에 있어서 하나가 망하면 다른 하나도 망하게 된
다는 말.'이다. 전학 간 성은이 덕분에 1등을 차지하
게 된 것은 좋은 일이므로 이 속담과는 관련이 없다.

14

'소 잃고 외양간 고친다'는 '일이 이미 잘못된 뒤에는
손을 써도 소용이 없음을 비꼬는 말.'이라는 뜻이다.
지진이 나서 인명 피해가 크게 난 후, 내진설계를 시
행하는 법을 만드는 것은 일이 잘못된 뒤에 손을 쓰
는 것과 같으므로 빈칸에 들어갈 속담은 '소 잃고 외
양간 고친다'가 가장 적절하다.

문해력 완성 하기

▶ 본문 136~137쪽

01 ④　02 구슬이 서 말이라도 꿰어야 보배　03
예시답안 에디슨이 발명한 영화는 혼자서 볼 수 있는 형태
이므로 오늘날의 대중적인 영화와는 거리가 멀기 때문이
다.　04 ②　05 ⑤　06 예시답안 더 많은 소를 잃어
버리는 잘못을 반복하지 않으려면 외양간을 고쳐야 한다
는 의미로도 볼 수 있다.

01

자본가들은 영화가 상품처럼 대량 생산이 가능한 것
을 눈여겨보고 영화 산업에 뛰어들어 큰 성공을 거
두었다.

❌오답 풀이
① 에디슨과 뤼미에르가 거의 동시에 비슷한 형태의 영화를

만들었다.
② 상업 영화는 뤼미에르가 아니라 자본가들의 투자로 만들
어졌다.
③ 초창기 영화는 호기심 많은 사람들의 흥미만 끌었을 뿐
대중 예술의 중심이 되게 한 것은 자본가들의 덕이다.
⑤ 영화의 성공으로 큰돈을 번 사람들은 에디슨과 뤼미에르
가 아니라 자본가들이다.

04

이 글은 집을 수리한 경험을 예로 들면서 잘못을 알
면 즉시 고치는 자세의 중요성을 강조하고 있다.

❌오답 풀이
① 기초가 튼튼해야 해야 한다는 내용은 나오지 않는다.
③ 자신의 잘못을 빨리 고쳐야 한다는 내용은 있지만 자신이
잘못하고 남 탓하면 안 된다는 내용은 없다.
④ 이 글은 잘못을 즉시 고치는 것이 중요함을 강조할 뿐 사
소한 잘못이라도 저지르면 안 된다는 의도는 나타나지 않
는다.
⑤ 이 글은 잘못을 빨리 고치는 행동이 필요하다고 말하고
있지만 잘못을 인정하는 인식이 필요하다는 의도는 나타
나지 않는다.

05

비가 새는 것을 알면서도 그냥 두었다가 대들보까지
썩어 많은 비용이 들었으므로 커지기 전에 처리하였
으면 해결되었을 일을 방치했다가 나중에 큰 힘을
들인다는 뜻인 '호미로 막을 것을 가래로 막는다'와
의미가 통한다.

❌오답 풀이
① 세상 만물에는 흥망성쇠가 있다는 말이다.
② 서로 밀접한 관계에 있어서 하나가 망하면 다른 하나도
망하게 된다는 말이다.
③ 어떤 시련을 겪은 뒤에 더 강해짐을 이르는 말이다.
④ 아무리 훌륭하고 좋은 것이라도 다듬고 정리하여 쓸모 있
게 만들어 놓아야 값어치가 있다는 것을 이르는 말이다.

06

이 글은 잘못을 알면 즉시 고칠 것을 강조하고 있으
므로 이를 속담에 적용하면 더 많은 소를 잃지 않기
위해서는 외양간을 고쳐야 한다는 의미로 해석할 수
도 있다.

문해력 기초 다지기

▶ 본문 140~141쪽

01 ⓛ 02 ㉠ 03 ㉢ 04 ㉠ 05 ⓛ 06 ㉢
07 물건 08 불평함 09 은혜 10 게, 빛 11 빠
진, 봇짐 12 토끼, 하나 13 ② 14 ② 15
예시 답안 제 논에 물대기처럼 효주는 조별 과제 시간에 자
기 개인 과제에만 열중했다. 16 **예시 답안** 종로에서 뺨
맞고 한강에서 눈 흘긴다는 말처럼 나는 시험을 망치고
괜시리 엄마에게 투덜거렸다.

13

'굴러온 돌이 박힌 돌 뺀다'의 의미는 '새로 들어온
사람이 본래 터를 잡고 있었던 사람을 내쫓거나 해
를 입힌다는 것을 이르는 말.'이다. 혜연이는 새로
가입한 동아리에서 사람들과 잘 어울려 화목하게 지
내므로 이 속담과는 어울리지 않는다.

14

'달면 삼키고 쓰면 뱉는다'는 '옳고 그름이나 신의를
돌보지 않고 자기의 이익만 꾀함을 이르는 말.'이다.
일부 회사들이 지원금을 받기 위해 경력 단절 여성
을 일시적으로 채용했다가 강제 퇴사를 시키고 이득
을 챙기는 상황에 쓰이기 적절한 속담이다.

문해력 완성 하기

▶ 본문 142~143쪽

01 ③ 02 굴러온 돌이 박힌 돌 빼내는 03 토끼 둘
을 잡으려다가 하나도 못 잡은 04 ⑤ 05 ④ 06
예시 답안 감나무 밑에서 홍시 떨어지기를 기다리지

01

헨리 8세는 재정에 보충할 은을 확보하기 위해 기존
의 정상적인 은화(양화)보다 은 함량이 적은 은화(악
화)를 발행했다.

✗ 오답 풀이

① 당백전 때문에 상평통보가 통용되지 않았으므로 당백전
  이 악화이고 상평통보가 양화이다.
② 당백전의 가치는 정부가 정한 상평통보의 100배보다 훨씬

못 미쳤지만 상평통보보다 실질적 가치가 5~6배였으므로
상평통보가 당백전보다 실질적 가치가 높은 것은 아니다.
④ 흥선대원군은 경복궁 재건에 필요한 비용을 마련하기 위
  해 당백전을 발행했다.
⑤ '악화가 양화를 몰아낸다'는 말은 엘리자베스 1세가 아니
  라 영국의 재정가인 그레셤이 한 말이다.

03

흥선대원군은 왕권도 강화하고 경복궁을 재건할 비
용도 해결하기 위해 당백전을 발행하였다. 그러나
물가 폭등을 가져와 왕권도 위협받고 경제도 힘들어
졌으므로 흥선대원군의 계획은 토끼 두 마리를 잡으
려다 한 마리도 못 잡은 격이 되었다.

04

시적 화자는 오지 않는 임에 대한 미움을 개에게 뒤
집어씌우며 분풀이로 밥을 주지 않겠다는 것이지 밥
을 주기 싫어서 핑계를 대는 것은 아니다.

✗ 오답 풀이

① '살랑살랑', '캉캉'과 같은 음성 상징어와 '바둥거리며', '그
  릇그릇'과 같은 다양한 우리말 어휘를 구사하여 생동감을
  주고 있다.
② 시적 화자는 오지 않는 임에 대한 원망을 개에게 뒤집어
  씌울 만큼 임이 오기를 간절히 기다리고 있다.
③ 개가 미워하는 임에게는 꼬리를 흔들어 반기고 좋아하는
  임에게는 캉캉 짖어 돌아가게 한다는 대조적인 표현을 사
  용하고 있다.
④ 종장에 설의적 표현으로 개에게 밥을 주지 않겠다는 원망
  의 심리를 드러내고 있다.

05

임에 대한 미움을 엉뚱하게 개에게 화풀이하고 있으
므로 '종로에서 뺨 맞고 한강에서 눈 흘긴다'가 적절
하다.

06

임이 찾아오기만 소극적으로 기다리지 말라고 했으
므로 '감나무 밑에 누워서 홍시 떨어지기를 기다린
다'는 속담을 사용하는 것이 적절하다.

문해력 기초 다지기

▶ 본문 146~147쪽

01 ② 02 ⑤ 03 © 04 ③ 05 ⑥ 06 ③
07 © 08 도움 09 묘안 10 실천 11 중압감
12 가슴이 뜨거워졌다 13 피가 되고 살이 되었다
14 어깨를 짓눌렀다 15 머리를 쥐어 짰 16 ③
17 ⑤ 18 **예시 답안** 참전했던 삼촌이 집에 돌아오실 때까지 우리는 피가 마르는 것 같았다. 19 **예시 답안** 항상 말만 앞세우고 행동으로 옮기지 않는 효민이가 얄미웠다.

16

'머리가 깨다'의 의미는 '뒤떨어진 생각에서 벗어나다.'이다. 사장님이 예전 방식을 고집하는 것은 머리가 깨어 있는 것과는 반대 의미이므로 관용어의 쓰임이 적절하지 않다.

17

'어깨를 으쓱거리다'는 '뽐내고 싶은 기분이나 떳떳하고 자랑스러운 기분이 되다.'라는 뜻으로 시험 성적이 많이 오른 동생의 모습을 표현하기에 적절하다. 또 '가슴이 무겁다'는 '슬픔이나 걱정으로 마음이 가라앉다.'라는 의미이므로 지영이가 입원을 했다는 소식을 듣고 나타날 수 있는 반응을 표현하기에 적절하다.

문해력 완성 하기

▶ 본문 148~149쪽

01 ① 02 ③ 가슴이 뜨거워졌다 ⑥ 머리가 깨게
03 **예시 답안** 성직자들은 갈릴레이의 연구가 신성 모독이라고 갈릴레이의 어깨를 짓눌렀지만 결코 과학적 진리를 덮을 수는 없었다. 04 ④ 05 ③ 06 **예시 답안** 어깨를 으쓱거렸, 말을 잃었다

01

이 글에서 갈릴레이는 종교 재판에 회부되었지만 코페르니쿠스가 종교 재판에 회부되었는지는 알 수 없다.

✕오답 풀이
② 갈릴레이는 1609년에 망원경을 스스로 제작하여 목성의 위성, 토성의 띠 등 천체를 관찰하였다.

③ 갈릴레이는 종교 재판에서 지동설을 부정하고 천동설을 수용함으로써 교회의 용서를 받았다.
④ 소크라테스가 추구한 철학적 진리는 이론적이며 객관적인 과학적 진리와 달리 실천적이며 주관적이다.
⑤ 종교 재판에서 교회의 억압에 굴복하여 자신의 과학적 업적을 스스로 부정한 갈릴레이의 모습은 나약한 지식인의 모습으로 볼 수 있다.

03

'갈릴레이에게 중압감을 주었다'는 부분을 '의무나 책임, 제약 따위가 중압감을 주다.'라는 뜻을 가진 '어깨를 짓누르다'를 활용하여 '갈릴레이의 어깨를 짓눌렀'다고 표현할 수 있다.

04

토끼는 자라의 거짓말에 속아 넘어갔지만 자라가 토끼의 거짓말에 속아 넘어간 내용은 나오지 않는다.

✕오답 풀이
① 자라는 달콤한 말로 토끼를 속여 용궁으로 데려왔고, 토끼는 좋은 말주변으로 용왕을 속였으므로 둘 다 말로써 상대방을 속였다.
② 용왕은 토끼가 육지에 간을 두고 왔다는 말에 속아서 토끼를 육지로 돌려보내려 하고 있다.
③ 용왕은 토끼의 말을 처음에는 믿지 않았지만 나중에는 거짓말을 믿고 토끼를 육지로 돌려보내려 한다.
⑤ 자라는 간을 얻기 위해, 토끼는 목숨을 구하기 위해 모두 거짓말을 하였다.

05

위기를 벗어날 묘안을 애써 생각하는 것이므로 '머리를 쥐어짜다'가 적절하다.

✕오답 풀이
① 잊지 않게 단단히 마음에 기억한다는 뜻이다.
② 책임이나 제약 등이 중압감을 준다는 뜻이다.
④ 말만 앞질러 하고 실천은 하지 않는다는 뜻이다.

06

토끼를 잡아온 자라는 자랑스러워 어깨를 으쓱거렸겠지만 토끼의 말주변에 넘어가 용왕이 토끼를 육지로 되돌려 보내려 하자 놀라고 어이가 없어 말을 잃었을 것이다.

23회 | 관용어 ②

문해력 기초 다지기
▶ 본문 152~153쪽

01 ㉡ 02 ㉣ 03 ㉠ 04 ㉢ 05 ㉢ 06 ㉠
07 ㉡ 08 배척 09 나른 10 기세 11 연결
12 하늘을 찔렀다 13 오금이 저렸다 14 찬물을 끼
얹는 15 뜬구름을 잡는 16 ① 17 ②
18 예시 답안 즐거웠던 캠핑은 모기 때문에 산통이 깨졌
다. 19 예시 답안 우리는 여행지에서 파김치가 될 때까
지 돌아다녔다.

16
'등을 돌리다'의 의미는 '배척하거나 관계를 끊다.'이
다. 따라서 믿음직스런 보영이가 좋다는 문장에 쓰
이기 적절하지 않다.

17
'시치미를 떼다'는 '자기가 하고도 하지 아니한 체하
거나 알고 있으면서도 모르는 체하다.'라는 뜻이다.
첫 번째 문장은 강아지가 바닥을 어질러 놓고는 아
닌 척하는 상황이므로 '시치미를 떼다'가 적절하다.
또, '진땀을 빼다'는 '어려운 일이나 난처한 일을 당
해서 진땀이 나도록 몹시 애를 쓰다.'라는 의미이다.
두 번째 문장은 정윤이가 동생에게 자신에게도 어려
운 수학 문제를 설명해주는 상황이므로 '진땀을 빼
다'가 적절한 표현이다.

문해력 완성 하기
▶ 본문 154~155쪽

01 ④ 02 다 잘 되어가던 일이 뒤틀리다. 03
예시 답안 점술은 과학이 발달하지 못한 옛날에 나라의 대
소사에 대한 길흉화복을 점쳐서 예측하는 기능을 했다.
04 ④ 05 ③ 06 예시 답안 계월의 하늘을 찌르는 위
엄에 보국이 진땀을 빼고 있다.

01
길이 10 cm 정도로 1부터 8까지 숫자를 새겨 넣은 것
은 산통이 아니라 산가지이다.

✘오답 풀이
① 산통점은 산가지를 산통에 넣고 흔들어야 점을 칠 수가
있는데 산통이 깨지면 당연히 산통점을 칠 수가 없다.
② 『삼국유사』에 백제가 멸망할 때 '백제는 몰락하고 신라는
강성해진다'는 복골의 예언이 쓰인 등딱지가 있었다는 기
록이 있다.
③ 고대 중국 상나라의 역사와 우리 역사서 『삼국유사』를 보
면 고대 중국과 우리나라에 복골 풍습이 널리 퍼져 있다
고 볼 수 있다.
⑤ 복골은 얇은 뼈나 거북이 등딱지와 같은 재료를 불에 구
워 갈라지는 방향을 보고 미래를 예측하는 점술이다.

04
보국은 군령을 거역한 것이 아니라 군령을 게을리
하여 계월이 엄벌이 내리려고 하는 것이다.

✘오답 풀이
① 계월은 원수이고 보국은 그 밑의 중군장으로 군대에서의
지위는 계월이 보국보다 높다.
② 계월이 군령을 게을리 한 보국에게 엄벌을 내리려고 하자
보국은 엄벌을 당하다 죽으면 부모에게 불효라는 핑계를
대며 이를 면하고자 한다.
③ 계월은 자신의 호통에 쩔쩔매는 보국을 보며 속으로 우스
워한다.
⑤ 보국은 여장군 계월 밑에서 중군장으로 부림당하는 것에
분함이 측량할 길이 없을 만큼 불만을 품고 있다.

05
분함이 '측량할 길이 없다'는 분함이 '하늘을 찌르다'
라는 관용어로 바꾸어 표현할 수 있다.

✘오답 풀이
① 서로의 사이가 벌어지거나 틀어진다는 뜻이다.
② 잘되어 가는 일에 뛰어들어 분위기를 흐리거나 공연히 트
집을 잡아 헤살을 놓는다는 뜻이다.
④ 다른 사람을 배척하거나 관계를 끊는다는 뜻이다.
⑤ 두려움 등으로 마음이 졸아든다는 뜻이다.

06
원수의 기세가 드높다는 것은 '하늘을 찌르다'로, 보
국이 겁을 먹고 얼굴에 땀을 흘리는 것은 '진땀을 빼
다'의 관용어로 바꾸어 표현할 수 있다.

문해력 기초 다지기

▶ 본문 158~159쪽

01 ㉠   02 ㉢   03 ㉣   04 ㉡   05 ㉤   06 돋우
다   07 맞히다   08 넓이   09 거리   10 비교
11 권한   12 결제   13 갈음   14 두절   15 돋우
16 ①   17 ③   18 예시 답안 그 집은 거실 넓이가 넓
어서 답답하지 않다.   19 예시 답안 언니는 신던 구두와
새 구두의 크기를 맞추어 보았다.

16

'돋구다'의 의미는 '안경의 도수 따위를 더 높게 하
다.'이다. 빵 냄새가 나의 입맛을 돌게 하고 있으므
로 '입맛을 당기게 하다.'를 의미하는 '돋우다'가 적절
하다.

17

'가늠'은 '사물을 어림잡아 헤아림.'이라는 뜻으로 천
방지축인 동생의 생각을 헤아리기 어렵다는 문장에
사용하기 적절하다. 또, '맞히다'는 '문제에 대한 답
을 틀리지 않게 하다'라는 의미이다. 따라서 문제를
모두 틀리지 않아 기분이 좋다는 문장에 사용하기
적절하다.

문해력 완성 하기

▶ 본문 160~161쪽

01 ③   02 ②   03 예시 답안 제안자는 수령자가 만족
할 몫을 어림잡아 분배해야 하므로 '갈음'이 아닌 '사물을
어림잡아 헤아림.'의 의미를 가진 '가늠'으로 고쳐야 한
다.   04 ⑤   05 ③   06 예시 답안 벌레로 변한 그레
고르는 차별과 편견의 대상이 되어 가족과 사회로부터
단절되는 상황에 처한다.

01

최후통첩 게임은 정해진 액수를 제안자가 수령자와
얼마씩 나눌 것인가를 결정하고 그 제안을 수령자가
받아들여야만 돈을 받을 수 있으므로 돈을 받을 수
있는 최종 권리는 수령자에게 있다.

✘오답 풀이

① 최후통첩 게임에는 반드시 제안자와 수령자가 있어야 한다.
② 전통 경제학에 따르면 수령자가 단돈 100원이라도 받는
  것이 양측 모두 이익임에도 실제로는 평균적으로 7대 3으
  로 배분하지 않을 경우 수령자가 제안을 거부하는 것으로
  보아 전통 경제학의 예측이 옳지 않다는 것을 확인할 수
  있다.
④ 최후통첩 게임에서 7대 3 이하의 배분을 거부하는 것은
  일정액의 30% 정도의 이익을 포기하는 것이므로 전통 경
  제학에 따르면 비합리적인 선택이다.
⑤ 최후통첩 게임에서 게임 참가자들이 경제적 이득을 보기
  위해서는 수령자가 수긍할 만한 공정성과 상호 혜택이 있
  어야 한다.

02

이 글의 '돋우다'는 '감정이나 기색 따위를 생겨나게
하다.'의 의미로 사용되었다.

04

벌레로 변한 그레고르가 지배인과의 대화에서 몸이
불편하고 현기증이 나서 일어날 수가 없다고 말했
다. 따라서 몸이 불편하고 현기증을 느끼다가 벌레
로 변한 것이 아니다.

✘오답 풀이

① 그레고르는 어느 날 아침 악몽에서 깨어났을 때 딱딱한
  껍데기를 가진 벌레로 변했다.
② 그레고르는 벌레로 변한 뒤에도 지배인에게 출근하겠다
  고 말하고 있다.
③ 아버지는 벌레로 변한 그레고르에게 사과를 던져 그레고
  르의 등을 맞혔다.
④ 지배인은 (방 안에서 말하는) 그레고르의 말을 알아듣지
  못하고 그레고르의 부모에게 우리를 놀리는 것 아니냐고
  되묻고 있다.

05

㉠은 물체(사과, 화살)를 쏘거나 던져서 어떤 물체(그
레고르의 등, 과녁)에 닿게 한다는 뜻으로 쓰였다.

06

이 글에서 벌레가 된 그레고르는 직장 지배인에게
무시당하고 가족인 아버지에게도 대접을 받지 못한
다. 이처럼 '벌레'는 가족과 사회로부터 단절된 사회
적 소수자를 상징한다.

문해력 기초 다지기
▶ 본문 164~165쪽

01 ⓒ   02 ㉠   03 ㉤   04 ㉣   05 ㉢   06 스러
지다   07 벼르다   08 빌리다   09 어깨   10 공짜
11 연장   12 매어   13 게시   14 벼르고   15 빌
어   16 ④   17 ①   18 예시답안 성냥의 불꽃은 어
느새 스러지고 없어졌다.   19 예시답안 그는 신의 계시
에 따라 고기를 먹지 않겠다고 말했다.

16

'삭히다'의 의미는 '김치나 젓갈 따위의 음식물을 발
효시켜 맛이 들게 하다.'이다. 형은 조용한 도서관에
서 합격 소식을 들었기 때문에 흥분된 기분을 가라
앉혀야 하므로 '긴장이나 화를 풀어 마음을 가라앉히
다'의 의미를 가진 '삭이다'가 쓰이는 것이 적절하다.

17

첫 번째 문장은 준비물을 잊고 안 가져와서 옆 반 친
구에게서 받아왔다는 문장이므로, '남의 물건이나 돈
따위를 나중에 도로 돌려주거나 대가를 갚기로 하고
얼마 동안 쓰다.'를 의미하는 '빌리다'를 사용하는 것
이 적절하다. 두 번째 문장은 오징어 젓갈을 발효시
켜서 맛이 깊어졌다는 문장이므로 '김치나 젓갈 따위
의 음식물을 발효시켜 맛이 들게 하다.'라는 의미를
가진 '삭히다'를 사용하는 것이 적절하다.

문해력 완성 하기
▶ 본문 166~167쪽

01 ②   02 빌려   03 예시답안 글쓴이는 책을 소장하
는 사람을, 〈보기〉는 책을 남들과 주고받는 사람을 바보
로 여긴다.   04 ⑤   05 ②   06 예시답안 오소리와
너구리는 소송 당하는 서대주에게서 뇌물을 뜯어내려 하
고 있기 때문에 당시의 탐관오리를 상징한다.

01

우리나라 사람들이 책에 장서인을 많이 찍는 것이 관
청의 장부와 같다고 비유한 것이지 우리나라 관청이
장서인을 거듭 찍는다고 주장하는 것은 아니다.

✖오답 풀이

① 글쓴이는 책이 널리 유통되기를 바라면서 그 방법으로 남
에게 책을 빌려주기를 권장하고 있다.

③. ⑤ 글쓴이는 중국의 장서인은 서화에 감상의 글을 덧붙이
는 것처럼 고상하다고 평가한 반면 우리나라는 장서인을
관청의 장부처럼 거듭거듭 찍어서 저속하다고 평가했다.

④ 책을 소장하는 것을 근본으로 삼는 것은 책 바보라고 비
판하고 있다.

03

글쓴이는 남에게 책을 빌려주지 않으면 바보라고 말
하고 〈보기〉는 책을 빌리거나 빌려주거나, 반납하면
바보라고 말한다. 즉 글쓴이는 책을 소장하는 사람
을, 〈보기〉는 책을 주고받는 사람을 바보라고 말하
고 있다.

04

서대주가 소송을 당하자 크게 긴장한 것은 맞지만
부당하게 재물을 모았는지는 알 수 없다.

✖오답 풀이

①. ④ 오소리의 말에 의하면 서대주는 오소리와 너구리를 하
찮게 여겨 내심 벼르고 있었는데 서대주가 소송에 얽힌
약점을 잡아 앙갚음을 하려고 한다.

② 오소리와 너구리는 의기양양하게 서대주의 집 앞으로 가
서대주에게 호령하고 있다.

③ 오소리는 너구리에게 서대주로부터 뇌물 수백 냥을 뜯어
내자고 말한다.

05

ⓒ '벼르는'의 뜻은 '어떤 일을 이루려고 마음속으로
준비를 단단히 하고 기회를 엿보는'이다.

06

오소리와 너구리는 '소송 당하는 쪽은 형리들에게 뇌
물을 쓰는 것이 예사'라고 말하며 뇌물을 받는 것을
아무렇지 않게 생각하고 있다. 그러면서 둘은 서대
주에게 뇌물 받기를 공모하고 있으므로 오소리와 너
구리는 당시의 탐관오리를 상징한다고 할 수 있다.

문해력 기초 다지기

▶ 본문 170~171쪽

01 ⓒ　　02 ⓜ　　03 ㉠　　04 ㉣　　05 ⓒ　　06 지양
07 헤치다　　08 썩히다　　09 목표　　10 기술
11 마음　　12 장이　　13 추돌　　14 쟁이　　15 지향
16 ④　　17 ①　　18 예시답안 올 여름에는 해충들이 농작물을 해쳐서 많은 농민들이 큰 피해를 입었다.　　19 예시답안 그 배우는 드라마에서 주로 조연으로 출연하고 있다.

16

강아지가 흙 속에 있는 간식을 드러나게 하려고 땅을 판 상황이므로, '손상시키거나 해롭게 하다.'를 의미하는 '해치다'를 사용한 것은 적절하지 않다. 이때는 '속에 든 물건을 드러나게 하려고 덮인 것을 파거나 젖히다.'의 뜻을 지닌 '헤치다'가 적절하다.

17

첫 번째 문장은 '나'가 사춘기 때 부모님에게 걱정을 많이 끼쳤다는 의미이다. 따라서 '걱정이나 근심 따위로 마음이 몹시 괴로운 상태가 되게 만들다.'라는 뜻을 가진 '썩이다'가 사용되어야 한다. 두 번째 문장에서 '그'는 부모님이 세상을 뜨자 고향을 떠났다. 그러므로 '부모나 사랑하는 사람이 죽어서 이별하다.'인 '여의다'가 사용되어야 한다.

문해력 완성 하기

▶ 본문 172~173쪽

01 ③　　02 ㉠ 썩이는 ⓒ 충돌　　03 예시답안 과학 기술에 대한 이분법적 사고를 지양하고 환경 문제를 해결하기 위해 서로 협력해야 한다.　　04 ⑤　　05 ③
06 예시답안 글쓴이는 나무처럼 주어진 분수에 만족할 줄 아는 삶의 자세를 지향하고 있다.

01

과학 기술 비관론과 마찬가지로 과학 기술 낙관론도 환경 문제의 원인이 과학 기술임은 인정하고 있다.

✘오답 풀이

① 환경 문제와 관련하여 과학 기술 비관론과 과학 기술 낙관론의 상반된 시각이 있다.
② 과학 기술 비관론은 과학 기술이 자연을 단지 이용의 대상물로만 파악하는 그릇된 자연관을 가지고 있다고 비판하고 있다.
④ 과학 기술 비관론은 과학 기술이 인간을 과학 기술의 종으로 전락시켰다고 비판하고 있다.
⑤ 과학 기술 낙관론은 과학 기술을 이용하여 방사성 폐기물이나 산업 쓰레기를 지구 밖으로 내보내 환경 문제를 해결할 수 있다고 주장한다.

03

과학 기술 비관론과 낙관론은 이분법적 사고에 빠져 상대 주장을 비난하거나 자신의 주장만 옳다고 우기는 태도를 버리고 환경 문제 해결에 협력하는 태도를 가져야 한다.

04

자기 마음 내키는 때 찾아와 쏘삭쏘삭 알랑거리는 것은 새가 아니라 바람이다.

✘오답 풀이

① 바람은 변덕 많고 수다스러워 믿지 못할 친구이고, 새는 자기 마음 내키는 때 찾아왔다 자기 마음 내키는 때 달아나기 때문에 믿지 못할 친구라고 하였다.
② 바람은 달과 달라 아주 변덕 많고 수다스럽고 믿지 못할 친구라고 했으므로 달은 변덕이 많거나 수다스럽지 않다.
③ 새는 믿지 못할 친구이기는 하지만 지쳤을 때 찾아와 푸념하는 것 귀엽다고 하였다.
④ 나무는 자기 분수에 만족해 하며 나무로 태어난 걸 탓하거나 자신이 놓인 위치에 대한 이유를 묻지 않는다고 하였다.

05

'간판과 관련된 기술을 가진 사람'은 '간판쟁이'가 아닌 '간판장이'라고 써야 한다. '겁쟁이', '멋쟁이', '고집쟁이', '수다쟁이'처럼 '그러한 특성을 많이 가진 사람'의 뜻을 더하여 명사를 만들 때에는 접미사 '–쟁이'로 쓰는 것이 옳다.

문해력 기초 다지기 ▶ 본문 176~177쪽

01 ㉡　　02 ㉡　　03 ㉠　　04 ㉠　　05 이익　　06 그
치기　　07 얼굴　　08 거짓　　09 절실　　10 ②　　11
①　　12 ①　　13 ②　　14 예시 답안 화가 난 언니는 얼
굴이 상기된 채 나에게 따져 물었다.　　15 예시 답안 그 제
안은 현실과 유리된 말이라 아무도 귀담아 듣지 않았다.

10

본부에서는 이번 사건을 바로잡을 대책을 세우고 있
다는 문장이므로 '어수선한 사태를 거두어 바로잡
음.'이라는 뜻의 '수습'이 쓰인 것은 적절하다.

13

첫 번째 문장에서 쓰인 '사유'는 '일의 까닭.'이란 의
미이다. 반면 두 번째 문장의 '사유'는 '개인이 사사
로이 소유함. 또는 그런 소유물.'이란 뜻으로 쓰였
다. 따라서 두 단어의 의미가 같지 않다.

문해력 완성 하기 ▶ 본문 178~179쪽

01 ⑤　　02 ②　　03 예시 답안 영화 〈매트릭스〉를 보고
미래에 인간이 인공 지능에 지배를 당하는 두려움을 절
감했다.　　04 ⑤　　05 ③　　06 예시 답안 ㉠과 ㉡은 발음
은 같지만 ㉠은 금이나 줄을 그린다는 뜻이고 ㉡은 비를
피한다는 뜻으로 서로 의미의 관련성이 없기 때문이다.

01

모피어스와 그의 동료들처럼 인공 지능 밖에 존재하
는 인간들은 매트릭스에 침투해 매트릭스 프로그램을
응용하여 자신들의 뇌세포에 각종 데이터를 입력하기
는 하지만 매트릭스에 자신들의 뇌세포 데이터를 입
력한다는 내용은 나오지 않는다.

✘오답 풀이
① 영화 속에서 인간은 인공 지능이 생명을 연장하는 에너지
　로 사용된다.

② 태어나자마자 인공 지능이 만들어낸 인공 자궁 안에 갇힌
　인간의 뇌세포에 매트릭스라는 프로그램이 입력된다.
③ 〈매트릭스〉는 인공 지능이 인간을 지배하는 암울한 미래
　를 묘사하고 있다.
④ 인공 지능은 매트릭스 밖에 존재하는 모피어스와 그의 동
　료들과 같은 인간들을 위험한 존재로 인식한다.

03

영화 〈매트릭스〉에서 인간들은 인공 지능에 의해 통
제를 받는 세상에서 살아간다. 〈보기〉에 따르면 현
실에서도 인공 지능이 계속 해서 발전하는 중이기
때문에 언젠가 우리도 영화 〈매트릭스〉처럼 인공 지
능에게 지배를 당할지도 모른다고 느낄 수 있다.

04

광문은 싸움을 말리기 위해 일부러 우스꽝스럽게 시
비를 가리는 시늉을 하는 것이지, 그것을 좋아하는 것
은 아니다.

✘오답 풀이
① 광문의 말솜씨는 남을 감동시킬 만하지 않다고 했다.
② 광문은 거지 아이들이 추대하여 패거리의 우두머리가 된
　적이 있다고 했다.
③ 광문이 빚보증을 서 주면 돈놀이 하는 자들이 담보를 따
　지지 않고 천 냥이라도 당장 내주곤 하므로 믿음성이 있
　다고 볼 수 있다.
④ 광문은 외모가 추해서 아이들이 상대를 욕할 때 '네 형이
　달문이다.'라고 할 정도로 놀림거리가 되기도 했다.

05

광문은 외모가 추하지만 사람들과 어울려 살면서 싸
움도 슬기롭게 해결하고 욕심 없이 자유분방한 삶을
사는 인간이다. 그러므로 광문이 현실과 동떨어진
이상을 추구하지는 않는다.

06

㉠과 ㉡의 '긋다'는 동음이의어로 발음과 표기는 같
지만 의미가 전혀 다르므로 다른 단어로 인정되는
것이다.

문해력 기초 다지기

▶ 본문 182~183쪽

01 ⓒ 02 ⓒ 03 ⓐ 04 ⓐ 05 수준 06 장
소 07 중대 08 무게 09 일정 10 ① 11 ②
12 ② 13 ① 14 ④ 15 **예시 답안** 혜수는 공무원
시험에 붙어서 너무 기뻤다. 16 **예시 답안** 민아는 학생
측 입장에 서서 학교 측과 의논을 했다.

12

②는 마음속으로 결정을 했다는 문장이므로 '계획, 결심, 자신감 따위가 마음속에 이루어지다.'의 의미인 '서다'로 사용된 것이다.

14

〈보기〉의 문장에 쓰인 '가볍다'는 '비중이나 가치, 책임 따위가 낮거나 적다.'의 의미로 사용되었다. ④의 '나'는 지난해보다 부담이 적은 임무를 맡았다는 의미이므로 〈보기〉의 ⓐ과 같은 의미로 쓰였다.

✗오답 풀이
①, ② '무게가 일반적이거나 기준이 되는 대상의 것보다 적다.'는 의미로 쓰였다.
③, ⑤ '마음이 홀가분하고 경쾌하다.'는 의미로 쓰였다.

문해력 완성 하기

▶ 본문 184~185쪽

01 ⑤ 02 ⑤ 03 **예시 답안** 어떤 제품이든지 소비자가 요구하는 것을 제대로 파악해야 성공할 수 있다.
04 ③ 05 ③ 06 **예시 답안** '갈래갈래 갈린 길'은 지나다닐 수 있는 도로일 뿐 시적 화자가 지향하는 삶의 방향은 찾을 수 없기 때문이다.

01

2문단의 '(마늘은) 고기의 단백질을 응고시켜 소화를 돕는 작용도 한다.'에서 확인할 수 있다.

✗오답 풀이
① 2문단에 따르면, 암을 예방하는 효과가 있는 성분은 알리신이 아니라 알릴설파이드이다.

② 2문단에 따르면, 비타민 B_1과 결합하는 성분은 알릴설파이드가 아니라 알리신이다.
③ 1문단에 따르면, 이탈리아나 프랑스, 스페인 남부 사람들은 마늘을 먹는다.
④ 3문단에 따르면, 냄새 없는 마늘이 시장에서 외면당한 것은 가격 때문이 아니라 음식 맛이 제대로 나지 않았기 때문이다.

02

ⓐ의 '따라'는 '어떤 일이 다른 일과 더불어 일어나다.'라는 의미이다. ⑤는 네가 무엇을 선택하든 그에 상응하는 대가가 더불어 일어날 것이라는 뜻의 문장이므로 ⓐ과 문맥적 의미가 같다.

✗오답 풀이
①, ② '다른 사람이나 동물의 뒤에서, 그가 가는 대로 같이 가다.'의 의미로 쓰였다.
③ '좋아하거나 존경하여 가까이 좇다.'의 의미로 쓰였다.
④ '앞선 것을 좇아 같은 수준에 이르다.'의 의미로 쓰였다.

04

'기러기'는 길 없는 공중에서 잘 가는 존재이므로 갈 길을 못 찾는 시적 화자와 대비되는 소재이다.

✗오답 풀이
② '〜소'나 '〜오', '〜까'나 '〜가' 등 특정한 종결어미를 반복하여 운율감을 얻고 있다.
④ '까마귀'는 나그네 집에서 갈 길을 찾지 못해 서글퍼하는 시적 화자의 감정이 이입된 소재이다.
⑤ '산으로 올라 갈까 들로 갈까'하고 스스로 묻고 '오라는 곳이 없어 나는 못 가오.'라고 스스로 답하고 있다.

05

ⓐ의 '길'은 '사람이 살아가거나 지향하는 방향'을 뜻한다.

✗오답 풀이
①, ② '사람이나 동물 또는 자동차 따위가 지나다니는 도로'의 의미이다.
④, ⑤ '어떠한 일을 하는 도중이나 기회'의 의미이다.

어휘력 테스트

▶ 2쪽

01회

01 관점	02 유추	03 간주하다	04 논증
05 사유	06 대조	07 촉발하다	08 관찰
09 생각	10 마음	11 추측하는	12 정의로운
13 꿰뚫어	14 고정 관념	15 추론	16 상념
17 대조	18 관점	19 통찰	

15

'추론하다'는 '미루어 생각하여 논하다.'의 의미이다. 발언자의 의도는 발언을 둘러싼 상황과 맥락으로 미루어 짐작할 수 있으므로 빈칸에 들어갈 말은 '추론'이 적절하다.

▶ 3쪽

02회

01 폄하하다	02 기리다	03 공감하다	04 내력
05 맹목적	06 배척하다	07 폐쇄적	08 갈라서게
09 주장	10 경력	11 역성	12 빼앗다
13 긍지	14 맹목적	15 결렬	16 공감
17 두둔	18 단서	19 회의적	

17

세호가 후배를 감싸 주고 잘못을 덮어주는 상황이므로, '편들어 감싸 주거나 역성을 들어 준다.'는 뜻의 '두둔하다'를 사용해야 한다.

▶ 4쪽

03회

01 독점	02 사회화	03 납부하다	04 세태
05 부채	06 다반사	07 통설	08 불완전함
09 복지	10 분배되는	11 말다툼	12 인간
13 개념	14 시비	15 기성세대	16 부채
17 기승	18 다반사	19 유통	

16

부모님께서 열심히 일해서 빚을 갚아도 여전히 빚이 남아 있어 걱정을 하고 있는 상황이다. 따라서 빈칸에는 '남에게 빚을 짐. 또는 그 빚.'이라는 뜻을 가진 '부채'가 적절하다.

▶ 5쪽

04회

01 침해하다	02 공청회	03 수렴하다	04 유예
05 위계적	06 적법하다	07 궁극적	08 재해
09 요구하다	10 손해	11 하나로	12 한정
13 상반	14 보편적	15 적법	16 유예
17 위계적	18 수렴	19 도용	

18

'수렴하다'의 의미는 '의견이나 사상 따위가 여럿으로 나뉘어 있는 것을 하나로 모아 정리하다.'이다. 따라서 이번 회의에서는 각계의 의견을 하나로 모아 정리했다는 의미로 쓰인 '수렴'이 빈칸에 들어갈 말로 가장 적절하다.

▶ 6쪽

05회

01 촉진하다	02 무기물	03 분비하다	04 의거하다
05 활성화	06 연명하다	07 침투하다	08 내보내다
09 결과	10 마땅히	11 힘	12 기준
13 발휘함	14 분석	15 약화	16 결여
17 유기물	18 척도	19 활성화	

19

'활성화'의 의미는 '생체나 생체 물질이 그 기능을 발휘함. 또는 그런 일.'이다. 독서를 할 때 뇌 기능이 발휘되어 사고력 증진으로 이어지는 것은 결국 뇌가 '활성화'되었다는 것을 뜻한다.

▶ 7쪽

06회

01 극한	02 가시권	03 기하급수적	04 영구적
05 탐색	06 유해하다	07 불가피하다	08 방출되다
09 기온	10 결론	11 방향	12 따져서
13 지표	14 분화	15 유해	16 온난화
17 불가피	18 도출	19 극한	

17

'불가피하다'의 의미는 '피할 수 없다.'이다. 오래된 아파트에 금이 가는 위험한 상황이므로 안전을 위해 다시 건축할 수밖에 없는 불가피한 상황이라고 할 수 있다.

18

'도출'은 '판단이나 결론 따위를 이끌어 냄.'을 뜻한다. 재형이는 시험 문제에 대한 해결 방안을 논리적으로 이끌어냈으므로, 빈칸에 알맞은 말은 '도출'이 된다.

16

'식별'의 의미는 '분별하여 알아봄.'이다. 소연이가 표정 변화를 분별해서 알아차리는 능력이 뛰어나다는 의미로 쓰였으므로 '식별'이 빈칸에 들어가기에 적절하다.

19

'역동적'의 의미는 '힘차고 활발하게 움직이는. 또한 그런 것.'이다. 따라서 성장하는 대한민국을 꾸며주는 말로 '역동적'이라는 단어가 빈칸에 들어가기에 적절하다.

17

'허심탄회'의 의미는 '품은 생각을 터놓고 말할 만큼 아무 거리낌 없고 솔직함.'이다. 이 문장은 우리 반의 건의할 사항에 대해서 평소 생각을 솔직하게 말하는 시간을 갖겠다는 의미이므로 빈칸에 '허심탄회'가 들어가는 것이 적절하다.

15

'진솔하다'의 의미는 '진실하고 솔직하다.'이다. 엄마와 진로에 대해 나눈 대화는 거짓 없이 솔직했으므로 빈칸에는 '진솔'이 들어가는 것이 가장 적절하다.

14

그가 큰소리치며 자기 잘못을 인정하지 않는 상황이므로, 빈칸에는 '부주의나 태만 따위에서 비롯된 잘못이나 허물.'을 의미하는 '과오'를 써야 한다.

19

'성례'는 '혼인의 예식을 지냄.'이다. 선생님께서 많은 사람들의 축복 속에 결혼을 했다는 의미의 문장이므로 빈칸에는 '성례'가 들어가야 한다.

01 사랑방	**02** 나룻배	**03** 두메산골	**04** 귀양
05 도화	**06** 치하	**07** 유년	**08** 피하여
09 한 달	**10** 삯	**11** 바람	**12** 싹, 돋아
13 집채	**14** 피란	**15** 유년	**16** 더부살이
17 도화	**18** 나룻배	**19** 귀양	

18

'나룻배'의 의미는 '나루와 나루 사이를 오가며 사람이나 짐 따위를 실어 나르는 작은 배.'이다. 마을 사람들이 나무로 만든 배로 이웃 마을을 오갔다는 문장이므로 빈칸에는 '나룻배'가 들어가야 한다.

01 적막	**02** 아물거리다	**03** 고즈넉하다	**04** 아슴푸레
05 정갈하다	**06** 부산하다	**07** 희화화	**08** 예스러운
09 비참	**10** 재앙	**11** 또렷	**12** 습격
13 허무	**14** 희화화	**15** 참상	**16** 정갈
17 적막	**18** 부산	**19** 허망	

14

'희화화'의 의미는 '어떤 인물의 외모나 성격, 또는 사건이 의도적으로 우스꽝스럽게 묘사되거나 풍자됨.'이다. 사회 이슈를 풍자하는 개그가 유행한다는 의미의 문장이므로 빈칸에는 '희화화'가 들어가야 한다.

01 거동	**02** 애호가	**03** 고단하다	**04** 북새
05 상책	**06** 예기하다	**07** 철면피	**08** 파렴치한
09 한계	**10** 순종	**11** 사내	**12** 꾀
13 부끄러움	**14** 철면피	**15** 초월	**16** 애호가
17 상책	**18** 고단	**19** 모함	

19

'모함하다'는 '나쁜 꾀로 남을 어려운 처지에 빠지게 하다.'의 뜻이다. 형원이는 내가 희수를 괴롭혔다는 거짓말을 하면서 나를 어려운 처지로 만든다는 의미의 문장이므로 빈칸에 들어갈 적절한 말은 '모함'이다.

01 이실직고	**02** 탐관오리	**03** 녹의홍상	**04** 고혈
05 부마	**06** 빙자옥질	**07** 송사	**08** 계략
09 나무	**10** 겨울, 쓸쓸	**11** 아가씨	**12** 대나무
13 서리	**14** 흉계	**15** 풍상	**16** 이실직고
17 송사	**18** 부마	**19** 녹의홍상	

17

'송사'의 의미는 '백성끼리 분쟁이 있을 때, 관부에 호소하여 판결을 구하던 일.'이다. 〈서동지전〉은 다람쥐의 소송 사건을 다루는 소설이란 문장이므로 빈칸에 들어갈 적절한 말은 '송사'이다.

01 중언부언	**02** 무위자연	**03** 견강부회	**04** 순망치한
05 십시일반	**06** 오월동주	**07** 시, 흥취	**08** 고질
09 장대	**10** 폭발	**11** 목숨, 절박	**12** 견강부회
13 오월동주	**14** 절체절명	**15** 무위자연	**16** 중언부언
17 십시일반			

13

'오월동주'의 의미는 '서로 적의를 품은 사람들이 한자리에 있게 된 경우나 서로 협력하여야 하는 상황을 비유적으로 이르는 말.'이다. 따라서 매일 싸우던 준하와 명수가 같은 팀이 되어 한마음으로 시합에 임했을 때 쓸 수 있는 적절한 한자 성어이다.

01 과유불급	**02** 어부지리	**03** 백골난망	**04** 교각살우
05 대기만성	**6** 남자, 여자	**07** 쪽, 제자	**08** 물고기
09 은혜	**10** 은덕	**11** 날벼락	**12** 대기만성
13 청천벽력	**14** 연목구어	**15** 청출어람	**16** 과유불급
17 배은망덕			

12

'대기만성'의 의미는 '큰 그릇을 만드는 데는 시간이 오래 걸린다.'로, 크게 될 사람은 늦게 이루어짐을 이르는 말이다. 50대에 자신의 꿈을 이뤘으므로, 뒤늦게 훌륭하게 되었다는 의미인 대기만성이 빈칸에 들어가기에 가장 적절하다.

13

'가렴주구'의 의미는 '세금을 가혹하게 거두어들이고, 무리하게 재물을 빼앗음.'이다. 이 문장은 탐관오리들의 횡포에 못 이겨 농민들이 동학 농민 운동을 벌였다는 문장이므로 '가렴주구'가 빈칸에 들어가기 적절하다.

12

'달도 차면 기운다'의 의미는 '세상의 온갖 것이 한번 번성하면 다시 쇠하기 마련이라는 말.'이다. 따라서 디자인의 유행이 지난 상황에 쓰이기 적절한 속담이다.

15

'남의 손의 떡은 더 커 보인다'의 의미는 '물건은 남의 것이 제 것보다 더 좋아 보이고 일은 남의 일이 제 일보다 더 쉬워 보임을 이르는 말.'이다. 따라서 내 옷보다 언니의 원피스가 더 좋아 보이는 상황에 쓰이기 적절한 속담이다.

14

'말만 앞세우다'의 의미는 '말만 앞질러 하고 실천은 하지 않다.'이다. 혜영이가 매번 약속을 지키지 않아서 신뢰를 잃었으므로 '말만 앞세우다'가 들어가는 것이 가장 적절하다.

14

'오금이 저리다'의 의미는 '공포감 따위에 맥이 풀리고 마음이 졸아들다.'이다. 63층의 높이에서 아래를 봐서 공포를 느낀 상황이므로 '오금이 저리다'가 쓰이는 것이 적절하다.

17

'넓이'의 의미는 '일정한 평면에 걸쳐 있는 공간이나

범위의 크기.'이다. 축구장의 10배의 쇼핑몰이 들어
선다는 것은 공간의 크기에 해당이 되므로 '넓이'가
쓰이는 것이 적절하다.

11

그는 실제와는 동떨어진 이론을 제안했다는 의미이
므로, 이 문장에서 '유리'는 '따로 떨어짐'을 뜻한다.

14

'쓰러지다'의 의미는 '힘이 빠지거나 외부의 힘에 의
하여 서 있던 상태에서 바닥에 눕는 상태가 되다.'이
다. 이는 보라가 운동을 하다가 힘이 빠져 운동장에
눕는 상태가 된 상황에 쓰이기 적절한 표현이므로
빈칸에 알맞은 단어는 '쓰러졌다'이다.

16

'지양'의 의미는 '더 높은 단계로 오르기 위하여 어떠
한 것을 하지 아니함.'이다. 지구 온난화를 막기 위
해 플라스틱 사용을 자제해야 한다는 문장에서는 '지
양'이 쓰이는 것이 적절하다.

13

반 아이들이 현주를 좋아하여 좇았다는 의미이므로,
이 문장에서 '따르다'는 '좋아하거나 존경하여 가까이
좇다.'를 뜻한다.

www.ggumtl.co.kr

92명의 내용 검토진, 61명의 디자인 자문단과 함께
정성을 다해 이 책을 디자인하고 개발하였습니다.

문해력 완성

중학 어휘 단계 **3**

어휘와 독해를 결합한 최적의 문해력 학습 시스템

♥ 중학생이 알아야 할 401개의 필수 어휘 총정리

♥ 재미있는 56개의 지문으로 독해력 향상 훈련

♥ 직접 써 보는 연습으로 사고력과 표현력 기르기

♥ 비판적 독해력과 문제 해결력을 키우는 문해력 학습

대표 **문학 작품** 감상 & **문제 해결** 훈련

꿈틀 중학 문학 (전 3권)

필수 개념 학습	대표 작품 학습	문제 풀며 훈련
문학 갈래별 **주요 개념 익히기**	교과서 수록 빈도 높은 **문학 작품 감상하기**	시험에 출제되는 **문제 유형 적응하기**

중학교 국어 **실력 향상**의 지름길

꿈틀 중학 국어 (전 3권)

이런 학생들에게 추천합니다!

❶ 중학생이 알아야 할 국어의 필수 개념을 총정리하고 싶어요.

❷ 대표적인 문학 작품과 여러 종류의 글을 읽으며 독해력을 다지고 싶어요.

❸ 다양한 문제를 풀어 보며 문제 유형을 익히고 학교 시험에 대비하고 싶어요.

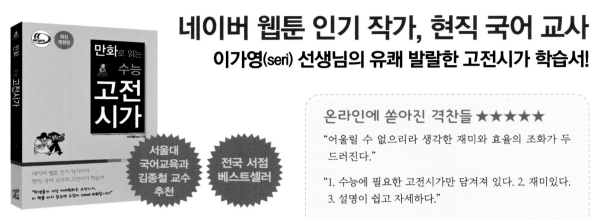